高等职业教育创新型系列教材

智慧物流与供应链基础

（活页式教材）

主编 邱仁义 黄裕章

北京理工大学出版社
BEIJING INSTITUTE OF TECHNOLOGY PRESS

版权专有　侵权必究

图书在版编目(CIP)数据

智慧物流与供应链基础 / 邱仁义，黄裕章主编. --
北京：北京理工大学出版社，2024.6.
ISBN 978-7-5763-4131-7

Ⅰ. F252.1-39

中国国家版本馆 CIP 数据核字第 2024K2S658 号

责任编辑：李　薇	文案编辑：李　薇
责任校对：周瑞红	责任印制：施胜娟

出版发行 / 北京理工大学出版社有限责任公司
社　　址 / 北京市丰台区四合庄路 6 号
邮　　编 / 100070
电　　话 / (010) 68914026 (教材售后服务热线)
　　　　　(010) 68944437 (课件资源服务热线)
网　　址 / http://www.bitpress.com.cn

版 印 次 / 2024 年 6 月第 1 版第 1 次印刷
印　　刷 / 河北盛世彩捷印刷有限公司
开　　本 / 787 mm×1092 mm　1/16
印　　张 / 14.5
字　　数 / 337 千字
定　　价 / 49.80 元

图书出现印装质量问题，请拨打售后服务热线，负责调换

前 言

物流业是支撑国家经济发展的核心产业,对于建设现代化强国具有战略意义。党的二十大报告中突出了物流业在促进内需、推动供给侧结构性改革、提升经济循环质量、加快现代化经济体系建设中的关键作用。十四届全国人大常委会第二次会议政府工作报告进一步强调了物流业的发展方向,包括优化产业链供应链、加强基础设施建设、支持跨境电商等新业态,为物流业的发展提供了明确指引。

随着中国特色社会主义进入新阶段,物流业正向智慧物流与供应链转型,这一转变得到了党和国家政策的有力支持。政策文件如《关于促进快递业发展的若干意见》《"互联网+"高效物流实施意见》《新一代人工智能发展规划》等,为智慧物流的发展奠定了坚实基础,推动了行业的现代化和智能化。

智慧物流的快速发展带来了新的应用场景和技术革新,如即时配送、新零售、视觉导航和激光导航等,这些变革要求物流人才从传统操作型向智能工具型和复合型转变。为应对人才需求的增长和供给的不足,高等教育正在推进产教融合的人才培养模式改革。本教材由行业专家和教学经验丰富的教师共同编写,融合最新技术和标准,采用模块化、项目化的教学体系,以学习者为中心,构建深度学习管理体系,致力培养能够适应未来物流行业挑战的高素质智慧物流人才。

本书的编写有以下特色。

1. 将思政内容浸润于文中,构建智慧物流与供应链知识体系和价值体系

本教材以习近平新时代中国特色社会主义思想和党的二十大精神为指引,全面贯彻党的教育方针,落实立德树人根本任务。本教材以三精神(工匠精神、劳动精神、劳模精神)、三意识(安全意识、服务意识、创新意识)为教材思政主线,凝练课程思政元素。课前包含技术的发展、需求、应用等内容,激发学习者的爱国热情,培养科技强国、技术报国的精神;课中通过"做中学、学中做"增强学习者对职业的认同感与成就感;课后的"项目总结"以及"项目铸魂"部分,创新性地开设了"物流人风采""政策解读""文化传承"等创新栏目,引导学习者了解国家政策、行业发展前沿,将社会主义核心价值观、职业道德、法律法规、优秀文化等内化于心,贯穿始终,体现本教材的价值取向。

2. 校企多元合作开发,教材结构体系科学,内容体系符合教学规律和智慧物流人才培养需求

本教材是我校(福州职业技术学院)京东数字供应链产业学院的重要成果之一,由学校和企业共同组织编写团队,把企业的新工艺、新技术、新标准、新应用场景等引入教材,每个项目采用"点、线、面"的结构方式来设计,围绕智慧物流与供应链

技术（点）、智慧物流与供应链系统（线）、智慧物流与供应链应用（面）构建教材体系。本教材主要内容分为七个项目及二十一个任务。每个项目遵循"学习目标"（知识目标、能力目标和素质目标）→"项目引入"→"项目实施任务"→"知识讲解"→"项目评价"的逻辑结构展开。同时，本教材构建了线上学习数字资源，能激发学习者学习兴趣，加深学习者对重点、难点知识的理解。

3."岗课赛证"融通

本教材实现了"岗课赛证"的融通。本教材紧密结合智慧物流与供应链的岗位标准和技能需求，与"智慧物流"技能大赛、"供应链管理"技能大赛、"1+X物流管理"职业技能等级证书考试对接。教材旨在培养学习者的智慧物流思维，强调对智慧物流与供应链的基本理论、技术和方法的系统掌握。它旨在提升学习者对行业、作业和应用场景的认知与分析能力，初步培养其使用数字分析工具进行分析的技能，并激发学习者在智慧物流和供应链方面的创新意识。

本教材由邱仁义、黄裕章担任主编。具体编写分工如下：项目一由邱仁义、黄裕章编写；项目二由黄清娟、邱仁义编写；项目三由陈美华、黄裕章编写；项目四由黄裕章编写；项目五由邱仁义编写；项目六由邱仁义、黄裕章、杨安琪（北京京东乾石科技有限公司）、蔡娟编写；项目七由邱仁义、黄裕章、杨维维（北京京东乾石科技有限公司）、徐世文（北京京东乾石科技有限公司）、邓熠、林叶倩、蔡娟编写；全书统稿、定稿工作由邱仁义、黄裕章完成。特别感谢北京京东乾石科技有限公司、厦门中诺思教育科技有限公司等校企合作企业在本教材编写过程中在素材方面提供的帮助和支持。

本教材在编写过程中借鉴了国内外许多专家、学者的观点，参考了许多论文、专著、教材、报纸、杂志和网络资源等，由于来源较广，未一一标明出处，在此向有关作者表示深深的谢意。

由于编者水平有限，时间仓促，不足之处在所难免，恳请使用本教材的广大读者提出宝贵意见，以便进一步完善。编者邮箱：443548330@qq.com，敬请各位读者批评指正。

编　者

目 录

项目一　智慧物流与供应链认知 ·· 1

　　任务一　了解智慧物流基础与行业发展 ·· 4
　　任务二　了解供应链基础与行业发展 ··· 16

项目二　智慧仓储 ·· 39

　　任务一　认知仓储管理与智慧仓储 ·· 42
　　任务二　掌握智慧仓储的体系构成 ·· 47
　　任务三　掌握智慧仓储的应用与发展 ··· 53

项目三　智慧运输 ·· 67

　　任务一　认知运输管理与智慧交通 ·· 70
　　任务二　掌握智慧运输的体系构成 ·· 75
　　任务三　了解智慧运输的应用与发展 ··· 80

项目四　智慧配送 ·· 92

　　任务一　认知配送管理与智慧配送 ·· 95
　　任务二　掌握智慧配送的体系构成 ·· 100
　　任务三　掌握智慧物流配送的应用与发展 ·· 108

项目五　智慧供应链 ·· 120

　　任务一　认知智慧供应链 ·· 123
　　任务二　掌握智慧供应链管理体系构建 ··· 130
　　任务三　了解智慧供应链应用与发展 ··· 138

项目六　智慧物流信息技术及应用 ··· 150

　　任务一　认识智慧物流信息技术 ·· 153
　　任务二　掌握智慧物流信息技术应用与发展 ·· 161

项目七　智慧物流应用场景 ··· 177

　　任务一　了解智慧物流应用场景 ·· 181

任务二　认知应急物流 …………………………………………………………… 185
任务三　认知智能生产物流 ……………………………………………………… 193
任务四　认知新零售物流 ………………………………………………………… 199
任务五　认知智慧港口物流 ……………………………………………………… 206

参考文献 …………………………………………………………………………… 219

附　录 ……………………………………………………………………………… 221

项目一　智慧物流与供应链认知

学习目标

[知识目标]
1. 理解智慧物流与供应链的基本概念、关键环节和功能要素。
2. 了解不同类型的物流企业及其组织结构，了解供应链中的关键岗位和职责。
3. 领会物流与供应链管理的发展趋势，特别是新兴技术在物流领域的应用。

[能力目标]
1. 能够对物流行业企业、岗位进行系统分析。
2. 能够分析和应用智慧物流与供应链的基础理论，解决实际问题。

[素质目标]
1. 培养对物流行业的兴趣和职业自豪感，理解物流人的职业精神和责任感。
2. 通过团队合作，收集和整理物流与供应链相关工作岗位的信息，提升职业规划能力。
3. 树立正确的价值观，认识到物流与供应链管理在国家经济发展和人民生活中的重要作用。

项目导图

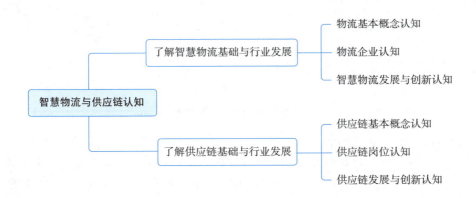

直通职场

参照二维码"供应链专员"的内容,各项目小组查找物流与供应链行业相关工作岗位,填写表1-1,内容至少包含以下模块:岗位名称、岗位职责、岗位技能、薪酬水平。

供应链专员

表1-1 物流与供应链行业相关工作岗位

岗位名称		薪酬水平	
岗位职责			
岗位技能			
备注			

物流先锋栏目

华为物流与供应链团队

华为物流与供应链团队在全球范围内高效运作,确保了华为产品的及时供应和全球分销。面对国际市场的复杂挑战,华为通过优化供应链管理,加强了供应链的韧性,保障了全球业务的连续性和稳定性。华为物流与供应链团队的卓越表现不仅体现在物流效率的提升,还体现在包括对环境友好型包装的创新,以及在紧急情况下快速响应能力的建设。华为物流与供应链团队的成就,展现了中国企业在全球供应链管理领域的先进水平和创新能力。

项目引入

亚马逊、联邦快递和京东物流的发展模式与创新

"智慧物流与供应链认知"是一个与现代物流和供应链管理密切相关的主题,涉及了物流和供应链领域的前沿技术、业务模式和创新认知。通过深入了解亚马逊、联邦快递和京东物流这三家领先的物流和供应链服务提供商,可以窥见其各自的特点和业务模式。

亚马逊因综合的电子商务平台和全球物流网络而闻名,它通过技术驱动的物流解决方案提供了快速、高效的配送服务。其特点包括自有物流、强大的技术创新和全球扩张。亚马逊的物流模式更加垂直一体化,可以满足在线零售和 Prime 会员服务的需求。未来,亚马逊将继续扩大物流网络,提高客户满意度,同时也可能拓展更多的物流和供应链服务领域。

联邦快递是一家全球领先的物流和快递公司,其特点包括强大的全球网络、供应链解决方案和技术投资。联邦快递的业务模式着重国际和国内快递服务、全球供应链管理和高级技术应用。他通过广泛的网络、技术创新和可持续性实践来满足客户的物流需求。未来,联邦快递将继续扩展全球物流服务,包括跨境电商和可持续物流。

京东物流是中国领先的电子商务物流提供商,其特点包括快速配送、技术创新和全面供应链解决方案。京东物流的业务模式包括快递和配送、仓储和供应链管理、最后一公里配送等。它们致力于通过技术和数据驱动的方法提高物流效率,提升客户体验。未来,京东物流将继续发展多元化的物流服务,支持电子商务和供应链需求。

尽管这三家公司在物流领域都有各自的特点,但它们也存在一些同质化的业务模式,如都提供快递和配送、仓储和供应链管理等核心服务。出现这一情况的原因是,这些服务在现代物流和供应链中是基本的要求,不同公司都在不同程度上提供这些服务。竞争格局将在技术创新、服务质量和可持续性等方面展开,这将影响未来的市场份额和地位。

随着物流和供应链领域的不断发展,技术创新和业务模式的不断变革将成为决定企业竞争力的重要因素。

价值探究:

在我国物流业高质量发展的战略背景下,这三家公司的发展经验和创新实践对我们有哪些启示?我们应如何借鉴这些经验来提升我国物流业的国际竞争力?

项目实施任务:物流与供应链优化案例分析

任务背景: 当前,物流与供应链行业正面临着数字化转型的挑战和机遇。企业需要优化其物流和供应链流程,以提高效率、降低成本并提升客户满意度。

任务目标: 分析一个具体的物流或供应链案例,并提出优化建议。

任务要求：

1. 案例选择：选择一个真实的物流或供应链案例，可以是一个企业、一个项目或一个特定事件。

2. 现状分析：描述案例中的物流或供应链现状，包括关键的物流和供应链环节、存在的问题和挑战。

3. 知识应用：应用智慧物流特征和功能要素，以及供应链管理概念，分析案例中的现状。识别案例中可以应用的物流技术和供应链管理策略。

4. 优化建议：（1）基于分析结果，提出具体的优化建议，如引入自动化设备、改进信息流、采用新的物流模型等。（2）讨论这些建议如何帮助案例中的企业或项目提高物流效率、降低成本或提升客户体验。

任务一 了解智慧物流基础与行业发展

知识链接

知识点1：物流基本概念认知

物流的概念最早是在美国形成的，起源于20世纪30年代，原来的意思是"实物分配"或"货物配送"；20世纪五六十年代被引入日本，在日本的意思是"物的流通"，1965年日本的"物流"一词取代了"物的流通"；我国自20世纪80年代初由日本引入"物流"概念后，物流发展迅速。

视频：彰显中国速度的中国物流

（1）物流定义

物流是指在供应链中，将物品从生产地点或供应源运送到最终用户或目的地的过程，包括物品的存储、运输、分配和管理。物流是为了实现有效的货物流动和资源管理，以满足客户需求并实现最大化效益而进行的一系列活动和操作。中华人民共和国国家标准《物流术语》（GB/T 18354—2006）中将物流定义为："物品从供应地向接收地的实体流动过程，根据实际需要，将运输、储存、装卸、搬运、包装、流通加工、配送、信息处理等基本功能实施有机组合。"CSCMP[①]将物流定义为"管理物品、服务和信息从供应商到最终用户的流动和存储的过程。"CILT[②]将物流定义为"规划、实施和控制从原材料供应到最终消费者手中的货物和服务的有效流动。"早期的物流活动其实是指物流分销，但物流的内涵远比物流分销活动更为深广，关于物流与物流分销的具体区别见表1-2。

---

① 指"Council of Supply Chain Management Professionals"，中文翻译为"供应链管理专业人士委员会"或"供应链管理专家协会"。这是一个国际性的供应链管理专业组织，致力于推动和促进供应链领域的研究、教育和实践。它提供了供应链领域的专业知识和资源，以支持供应链管理专业人士的发展和合作。

② 指"The Chartered Institute of Logistics and Transport"，中文翻译为"物流与运输特许学会"或"物流与运输专业学会"。这是一个国际性的物流和运输领域的专业组织，旨在提供培训、教育和支持，以促进物流和运输领域的专业发展和最佳实践。该组织致力于提高物流和运输领域的专业标准，并鼓励专业人士不断提升他们的知识和技能。

表 1–2　物流与物流分销的具体区别

区别	物流分销（Physical Distribution）	物流（Logistics）
概念最先出现的时间	1915 年阿奇·萧出版的著作《市场流通中的若干问题》	作为一个英文单词，源自古拉丁语，1905 年美国少校琼西·贝克（Major Chauncey B. Baker）提出并解释了"物流"，一般认为该概念在二次世界大战期间才得以广泛使用
最先使用的领域	流通领域	军事领域
目前使用的领域	流通领域	整个供应链（包括生产、流通、消费、军事等各个领域）
概念的外延关系	包含在物流中	包含物流分销
概念的内涵	物流分销是为了计划、执行和控制原材料、在制品库存及制成品从起源地到消费地的有效率的流动而进行的两种或多种活动的集成。这些活动可能包括但不限于：顾客服务、需求预测、交通、库存控制、物料搬运、订货处理、零件及服务支持、工厂及仓库选址、采购、包装、退货处理、废弃物回收、运输、仓储管理	物流是对货物、服务及相关信息从起源地到消费地的有效率、有效益的流动和储存进行计划、执行和控制，以满足顾客要求的过程。该过程包括进向、去向、内部和外部的移动以及以环境保护为目的的物料回收
美国物流管理协会使用的名词	从 1963 年成立到 1985 年下半年使用"物流分销"，1985 年下半年以后用"物流"取代"物流分销"	

商流、物流和信息流这三个既互相联系、又各自独立的三大流是构成现代商品流通不可或缺的组成要素。正是商流、物流、信息流的正常运动，才推动着商品流通的循环往复、稳定发展。伴随商品所有权转移的商流过程和实现物品时空性变换的物流过程具体如图 1–1 所示的商流、物流的基本支撑关系图。

（2）物流包括的关键元素和环节

物流包括货物运输、库存管理、订单处理、信息流、逆向物流和可持续性等多个关键元素和环节。

货物运输：包括货物的运输方式，如陆地运输、海运、空运和铁路运输。采用何种运输方式取决于货物的性质、距离、速度和成本等因素。

库存管理：物流也涉及货物的存储和管理。合理的库存管理可以确保及时供货，并降低库存成本和风险。

订单处理：订单处理涉及订单的接收、处理、拣货、包装和发货等活动。这些过程需要高度的组织和协调，以确保订单的准确和及时处理。

信息流：物流还包括信息的流动，如订单跟踪、库存管理和交付通知等。信息技术在现代物流中起着关键作用，帮助管理和监控物流操作。

逆向物流：逆向物流是指处理退货、退款和回收物品的过程。这是维护客户满意度和可持续性的重要部分。

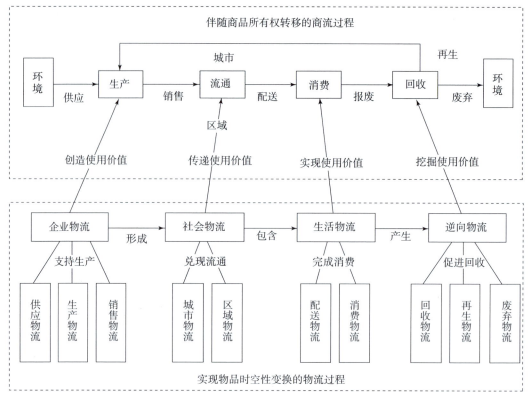

图 1-1 商流、物流的基本支撑关系图

可持续性：现代物流越来越关注可持续性和环保问题，包括减少碳排放、使用可再生能源和减少包装浪费。

物流的目标是确保货物以最低的成本、最高的效率和最好的服务质量从供应源到消费者手中流动。它在各种行业和领域中都起着关键作用，包括制造业、零售业、医疗保健和电子商务等。通过优化物流，企业可以提高竞争力、降低成本并提供更好的客户体验。

（3）智慧物流定义

智慧物流是一种基于先进技术和创新方法的物流管理方式，旨在提高物流效率、降低成本及减少资源浪费，并提供更好的客户服务体验。它将物流操作与现代信息技术、物联网、大数据分析、人工智能、自动化和可持续性等技术和策略相结合，以优化供应链的各个环节。智慧物流的关键特征和组成部分包括以下七个方面。

①实时数据和可见性：通过传感器、监控系统和大数据分析，智慧物流提供了物流活动的实时数据和可见性，使管理者能够更好地了解和掌握供应链的状况。

②自动化和机器人技术：自动化仓储系统、自动化拣货机器人和自动驾驶运输工具等技术在智慧物流中得到广泛应用，提高了仓库和配送中心的效率。

③智能路线规划：智慧物流利用智能算法来优化货物的运输路线，同时考虑交通状况、需求预测和货物特性，从而降低运输成本并减少交通拥堵。

④客户体验提升：智慧物流注重提供更好的客户体验，包括提供实时跟踪信息、

更快速地交付和更高效的客户支持。

⑤可持续性和环保：智慧物流还关注减少碳足迹和资源浪费，它通过采取可持续能源、绿色包装和废物管理等措施，降低对环境的影响。

⑥数据分析和预测：大数据分析和机器学习等技术帮助智慧物流预测需求、优化库存管理和改进运输计划。

⑦供应链协同和合作：智慧物流鼓励供应链各方之间的协同工作和信息共享，以提高供应链的整体效率。

总的来说，智慧物流旨在通过利用现代技术和数据来提高物流和供应链的效率、可见性和可持续性，以满足不断变化的市场需求，提供更高质量的物流服务。它在提高竞争力、降低成本和改善客户满意度方面具有重要作用，是现代供应链管理的重要组成部分。

（4）物流的功能要素

物流的功能要素指的是物流系统所具有的基本能力，这些基本能力有效组合、联合在一起，便成了物流的总功能。物流的功能要素，主要包括以下七个方面。

①包装。指为在流通过程中保护产品、方便储运、促进销售，按一定技术方法而采用的容器、材料及辅助物等的总体名称，也指为了达到上述目的而在采用容器、材料和辅助物的过程中施加一定技术方法等的操作活动。

②装卸搬运。装卸是指物品在指定地点以人力或机械装入运输设备或卸下。搬运是指在同一场所内，对物品进行水平移动为主的物流作业。

③运输。是指用运输设备将物品从一个地点向另一个地点运送。包括集货、分配、搬运、中转、装入、卸下、分散等一系列操作。

④仓储。指利用仓库及相关设施设备进行物品入库、存贮、出库的作业。

⑤流通加工。指物品在从生产地到使用地的过程中，根据需要施加包装、分割、计量、分拣、刷标志、拴标签、组装等简单作业的总称。

⑥配送。指在经济合理区域范围内，根据客户要求，对物品进行拣选、加工、包装、分割、组配等作业，并按时送达指定地点的物流活动。

⑦信息处理。物流活动中各个环节生成的信息，一般随着从生产到消费的物流活动的产生而产生，与物流过程中的运输、储存、装卸、包装等各种职能有机结合在一起，是整个物流活动顺利进行不可缺少的要素。

（5）物流系统

系统是普遍存在的，从基本粒子到河外星系，从人类社会到人的思维，从无机界到有机界，从自然科学到社会科学，系统无所不在。系统的一般模式包括输入、转换处理和输出三个部分。图1-2所示的是系统的一般模式。

物流系统是一种复杂的组织和操作体系，旨在管理和控制物流活动，确保货物和信息在供应链中高效、可靠地流动。物流系统涵盖了各种关键元素和活动，以实现物品从生产地点到最终用户的流动和分配。物流系统的输入部分包括劳动力、原材料、设施设备、资金、信息等。物流系统的转换处理一般包括运输、仓储、包装、装卸搬运、加工、信息处理等。物流系统的输出部分包括服务、效益、人才、信息、产品等。图1-3所示的是物流系统的模式。

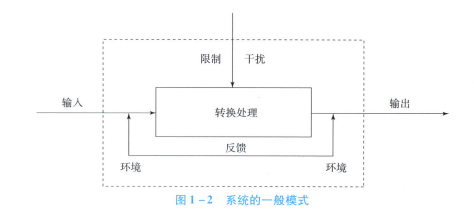

图 1-2　系统的一般模式

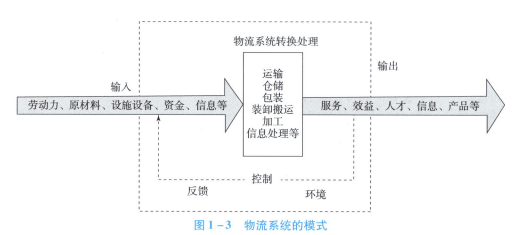

图 1-3　物流系统的模式

智慧物流系统的输入一般通过识别系统、定位系统、跟踪系统等进行要素输入，然后由网络传输层进行传输，之后进入处理环节。通过应用服务层的物流系统进行处理，最后通过输出完成整个物流环节操作、成效转换等。智慧物流系统的体系架构如图 1-4 所示。

物流系统优化涉及各个构成要素的改进和协同作用。通过整体性的规划和设计，以及对功能、物质基础和支撑要素的优化，企业可以实现更高效、更可靠和可持续的物流系统，从而满足不断变化的市场需求并提升竞争力。这种综合性的优化有助于实现物流系统的整体协同和卓越绩效。

（6）常见的物流理论

具有代表性的物流理论有商流与物流分离理论、"黑大陆"理论、"冰山"理论和"第三利润源"理论等。这些理论构成了基本的物流理论体系，对人们认识和理解物流活动起到了重要的指导作用。

①商流与物流分离理论。

商品流通涉及两个核心活动：商流和物流。商流是商品所有权的转移，而物流是商品实体的转移。这两者共同构成了商品从生产到消费的完整流通过程。

商流和物流虽然是商品流通中不可分割的两个方面，但它们在功能和操作上既有联系又有区别。商流主导着流通过程，是物流发生的前提；物流则确保商流的实际完

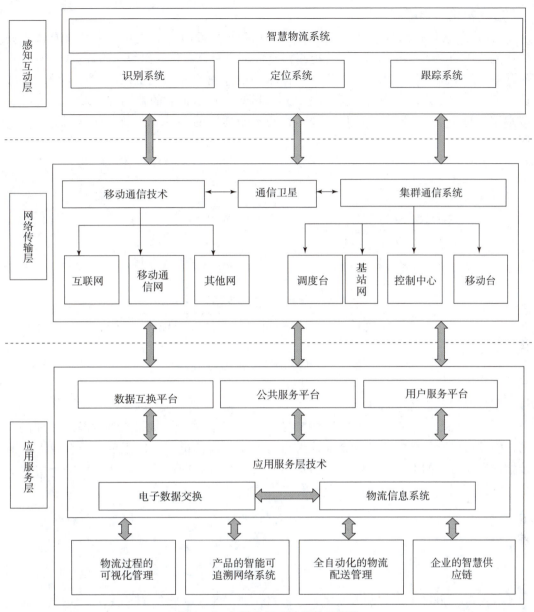

图1-4 智慧物流系统的体系架构

成,是商流的执行保障。没有物流,商流无法实现商品的实际交付;没有商流,物流则失去了其出发点和目的地。

早期社会,由于生产者与消费者之间的距离较近,商流和物流往往是统一进行的。随着社会经济的发展和全球化、信息技术的进步,商流与物流的分离成为提高效率和响应市场需求的必然选择。这种分离促进了物流行业的专业化发展,并为物流作为独立学科和行业的存在提供了理论支持。

② "黑大陆"理论。

1962年,著名管理学专家彼得·德鲁克在《财富》杂志上发表了《经济的黑色大陆》一文,并在文中提出了"黑大陆"理论:物流是"一块未开垦的处女地",是经济领域的"黑大陆"。

③ "冰山"理论

"冰山"理论是由日本早稻田大学教授西泽修于1970年提出的。其含义是说人们对物流费用的总体内容并不掌握,提起物流费用大家只看到露出海水上面的冰山一角,而潜藏在海水里的整个冰山却看不见,海水中的冰山才是物流费用的主体部分。一般情况下,企业会计科目中,只把支付给外部运输、仓库企业的费用列入成本,实际这些费用在整个物流费用中确犹如冰山的一角。具体的"冰山"理论图解如图1-5所示。

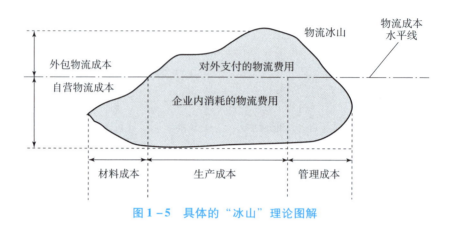

图1-5 具体的"冰山"理论图解

④ "第三利润源"理论。

"第三利润源"理论也是由西泽修提出的,该理论强调物流带来的效益。该理论认为,随着市场竞争日益激烈,企业能够占有的市场份额也有一定限度。当企业无法继续增加利润时,如果能有效降低物流成本在企业总成本中占据的比例,就等于增加了企业利润。因此,物流领域成为企业的"第三利润源"。

物流人风采栏目

张勇——阿里巴巴集团曾经的董事局主席兼 CEO

张勇,2007年8月加入阿里巴巴,担任淘宝网首席财务官(CFO)。他在任职期间,成功推动了淘宝网的商业模式转型,使其从纯粹的C2C平台向B2C平台扩展。2011年,张勇被任命为天猫总裁,他提出了"双十一"购物节的概念,此后这一活动迅速成为全球最大的在线购物事件之一,极大地推动了中国电子商务的发展。2013年,张勇提出了"新零售"战略,推动线上线下融合,这一战略成为阿里巴巴发展的重要方向。2015年,张勇被任命为集团首席执行官(CEO),全面负责集团的战略规划和运营管理。在他的领导下,阿里巴巴不仅在电商领域保持领先地位,还积极拓展云计算、数字媒体和娱乐等新业务。张勇以卓越的战略眼光和执行力,带领阿里巴巴集团不断创造新的商业奇迹。2023年9月,阿里巴巴(中国)有限公司发生工商变更,张勇卸任法定代表人、董事长兼总经理。

知识点 2：物流企业认知

1. 物流企业的类型

物流企业的类型多种多样，它们在供应链和物流服务领域扮演着不同的角色。表 1-3 是一些常见的物流企业类型。

表 1-3 一些常见的物流企业类型

类型	描述
货运运输公司	专注货物运输，包括道路、铁路、海运、航空运输等
仓储和分拣公司	提供货物储存、分拣、包装和发货等仓储和物流服务
第三方物流提供商（3PL）	提供供应链管理、仓储、运输、订单处理等物流服务，可外包物流活动
第四方物流提供商（4PL）	负责整体供应链设计、管理和优化，协调多个第三方物流提应商
快递和快递公司	专注快速、小件货物的运输和递送服务
电子商务物流提供商	为电子商务企业提供特定的物流解决方案，包括订单处理、包装、配送
冷链物流公司	专注对温度敏感货物的运输和储存，如冷冻食品、药品、生鲜产品
供应链咨询公司	提供供应链管理和物流策略的咨询服务，帮助企业优化流程和规划
跨国物流公司	在全球范围内提供物流服务，包括国际运输、海外仓储、跨境电商物流等
社会物流企业	非营利性组织或政府机构，提供紧急救援、人道援助、疫苗分发等社会物流服务

不同类型的企业在物流领域扮演着不同的角色，以满足不同行业和客户的需求。企业可以根据自身需求和战略规划选择合适类型的物流合作伙伴。

2. 物流企业的组织结构

物流企业的组织结构可能因企业的规模、业务类型和战略而有所不同。通常情况下，物流企业的组织结构包括以下关键部门和职能。

（1）高级管理层

首席执行官（CEO）：物流企业的最高领导，负责整体战略、决策和企业方向。

高级副总裁（SUP）：负责日常运营和物流活动的执行。

首席财务官（CFO）：负责财务管理、预算和财务战略。

首席信息官（CIO）：负责信息技术和数字化战略。

首席供应链官（CSCO）：负责供应链策略和协调供应链活动。

首席营销官（CMO）：负责市场营销和客户关系管理。

（2）运营部门

供应链管理：负责供应链规划、设计和执行，包括采购、生产、库存管理和分销。

运输和配送：管理货物的运输方式、路线规划、运输计划和交付。

仓储和分拣：负责仓库管理、货物存储、分拣和包装。

案例：京东 001 号快递员金宜财

订单处理：处理客户订单、拣货、包装和发货。

（3）支持部门

财务和会计：处理财务事务、预算、报告和成本控制。

信息技术：维护和管理物流系统、数据分析和提供数字化解决方案。

人力资源：负责招聘、培训、员工管理和绩效评估。

法律和合规：处理法律事务、合同管理和合规性问题。

市场营销和销售：负责市场推广、客户拓展和销售战略。

（4）战略规划和业务发展

战略规划：制定企业长期和短期战略，包括市场定位、扩张计划和竞争策略。

业务发展：寻找新的市场机会、合作伙伴关系和发掘业务增长途径。

（5）质量控制和性能评估

质量控制：确保物流操作的质量和准确性。

性能评估：监测和评估供应链和物流活动的绩效，以做出改进。

（6）客户服务

客户关系管理：维护和改进与客户之间的关系，解决客户提出的问题，满足客户需求。

客户支持：提供客户支持和反馈渠道，解决问题和回应投诉。

物流企业的组织结构可以根据企业的特定需求和业务模式进行调整。一些物流企业可能更加垂直集成，涵盖更多的运输、仓储和分销活动，而另一些可能专注特定的物流服务领域。物流企业组织结构设置的关键，是确保各个部门之间的协同工作，以实现高效的供应链管理和物流运营。

（7）物流企业常见的组织结构形式

物流企业常见的组织结构形式有直线制、职能制、直线-职能制、矩阵制和事业部制等。

①直线制。

直线制是一种最早也是最简单的组织形式。其特点是企业实行从上到下的垂直领导，下属部门只接受一个上级的指令，各级主管负责人对所属单位的一切问题负责。直线制组织结构如图1-6所示。

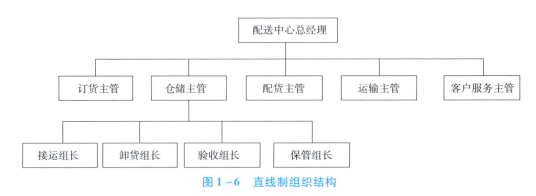

图1-6 直线制组织结构

②职能制。

职能制是指除了各级单位行政主管负责人之外，还设有相应的职能机构。例如，在厂长下面设立职能机构和人员，协助厂长从事职能管理工作。职能制组织结构如图1-7所示。

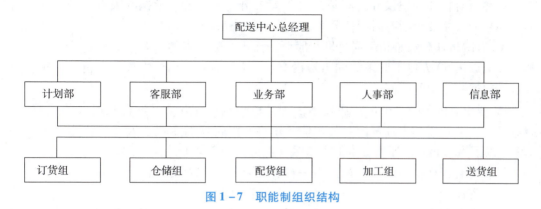

图1-7 职能制组织结构

③直线-职能制。

直线-职能制也叫生产区域制或直线参谋制。它是通过吸取直线制和职能制的优点建立起来的，是目前我国绝大多数物流相关企业采用的组织形式。

④矩阵制。

矩阵制在组织结构上，既有按职能划分的垂直领导系统，又有按项目划分的横向领导关系。它改进了直线职能横向联系不足，缺乏弹性的弊端。矩阵制组织结构如图1-8所示。

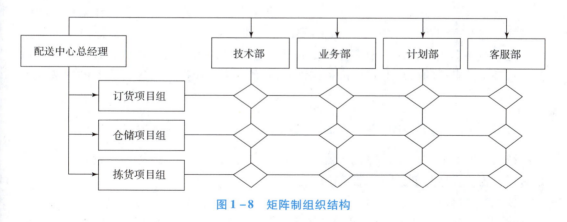

图1-8 矩阵制组织结构

⑤事业部制。

事业部制是一种高度（层）集权下的分权管理体制。它适用于规模庞大、品种繁多、技术复杂的大型企业，是国外较大的联合公司所采用的一种组织形式。近几年我国一些大型企业集团或公司也引进了这种组织结构形式。

3. 物流企业的组织形式

物流企业的组织形式可以根据不同的业务模式和市场需求而有所不同。以下是一些常见的物流企业组织形式。

①私营企业：这是最常见的物流企业形式，由一个或多个私人所有者拥有和经营。私营物流企业可以是小型家庭企业，也可以是大型全球物流公司。

②股份有限公司（有限责任公司）：在这种组织形式下，物流企业以股东的形式分担所有权和责任。股份有限公司通常有法人地位，资金来源于股东的投资。

按照所有权和管理权分离原则，出资者按出资额对公司承担有限责任的企业，就是公司企业，主要包括有限责任公司和股份有限公司。

A. 有限责任公司是指不通过发行股票，而由为数不多的股东集资组建的公司（一般由 2 人以上 50 人以下股东共同出资设立），其资本无须划分为等额股份，股东在出让股权时受到一定的限制。

B. 股份有限公司是全部注册资本由等额股份构成，并通过发行股票（或股权证）筹集资本，公司以其全部资产对公司债务承担有限责任的企业法人（应当由 2 人以上 200 人以下为发起人，注册资本的最低限额为人民币 500 万元）。

③物流合作社：物流合作社是由一群物流从业者或企业共同拥有和经营的，它们通常合并资源和利益，以提高经济效益和市场竞争力。

④上市公司：一些大型物流企业选择在股票交易所上市，以筹集资金、扩大规模和吸引更多投资。这种形式通常需要遵守更多的法规，接受更多监管。

⑤跨国公司（多国经营）：一些物流企业在多个国家或地区开展业务，构成跨国组织。它们在全球范围内运营，有时需要适应各国法律和文化。

⑥特许经营：特许经营模式允许企业使用品牌和业务模式，但要根据特许经营协议的规定运营。这种形式通常见于快递和物流连锁企业。

⑦非营利性组织：一些物流组织可能是非营利性的，例如国际红十字会，它们致力于提供紧急救援和人道援助。

⑧电子商务物流平台：随着电子商务的快速增长，一些物流企业选择采用在线平台模式，将买家和卖家连接起来，提供配送和物流服务。

这些组织形式是物流企业多样性的体现，企业可以根据其目标、资金、市场和法律要求来选择合适的组织形式。每种组织形式都有优势和劣势，适用于不同的商业模式和战略。

知识点 3：智慧物流发展与创新认知

智慧物流发展与创新是现代物流行业响应数字化、智能化趋势的关键转型。以下是对智慧物流发展与创新的详细描述。

1. 技术驱动的创新

物联网（IoT）技术的应用使得物流设备和货物能够实时监控和通信，提高了物流过程的透明度和效率。例如，通过传感器和 RFID 标签，企业能够实时追踪货物的位置和状态，从而优化库存管理和运输调度。

人工智能（AI）和机器学习在需求预测、路径规划、库存管理等方面的应用，使物流决策更加智能化。AI 算法能够分析历史数据，预测未来趋势，帮助企业制订更精确的物流计划。

大数据分析能帮助企业优化物流网络设计，提高资源配置效率，降低运营成本。通过分析大量的物流数据，企业能够发现潜在的效率提升点和成本节约机会。

2. 自动化仓库系统与机器人技术的应用

自动化仓库系统与机器人技术的应用，如无人搬运车、自动分拣系统，提高了仓储和分拣作业的效率和准确性。这些系统能够 7 天 24 小时不间断工作，并能减少人为错误，提升作业速度。

无人机和自动驾驶车辆在配送领域的应用，为解决"最后一公里"配送问题提供了新方案。无人机配送能够快速到达偏远地区，自动驾驶车辆则能够在城市中进行高效配送。

3. 供应链整合与协同

通过云计算平台，实现供应链各环节的信息共享和业务协同，提升整个供应链的响应速度和灵活性。这种平台化的战略使供应链中的各个参与者能够实时共享信息，协同工作，减少信息孤岛。

区块链技术在物流领域的应用，提高了供应链的透明度和安全性。区块链的不可篡改性为供应链提供了一个可靠的数据记录和验证机制。

4. 绿色物流与可持续性

智慧物流强调环保和节能，它通过优化运输模式、推广使用新能源车辆、实施循环包装等措施来减少对环境的影响。例如，通过智能路线规划可以减少不必要的运输里程，降低能源消耗和排放。

通过智能物流系统，可以实现资源的高效利用，降低能源消耗和碳排放，支持可持续发展。例如，智能仓库通过精确控制温度和湿度，可以减少能源浪费。

5. 政策支持与市场驱动

各国政府出台了一系列政策和发展规划，如提供资金支持、税收优惠等，鼓励智慧物流的发展。这些政策为企业提供了创新的动力和方向。

市场需求的增长，尤其是电子商务的快速发展，推动了智慧物流解决方案的需求和创新。消费者对快速、准确、个性化物流服务的需求不断增长，促使物流企业不断创新。

6. 国际合作与交流

随着全球化的深入，国际间的合作和交流在智慧物流领域日益频繁，推动了全球物流网络的优化和升级。跨国物流企业通过合作，能够更好地应对全球市场的挑战和机遇。

智慧物流发展与创新不仅提升了物流行业的效率和服务质量，也为整个社会经济的可持续发展做出了贡献。随着技术的不断进步和应用的不断深化，智慧物流将继续在全球供应链管理中发挥越来越重要的作用。

政策解读栏目

《国家物流枢纽布局和建设规划》

该规划是中国政府为优化国家物流网络布局、提升物流效率、降低物流成本而制定的战略性文件。规划中提出了在全国建设若干国家物流枢纽的目标，这些枢纽将成为连接主要经济区域、产业基地和物流节点的关键基础设施。通过集中物流资源和优化物流组织，国家物流枢纽旨在形成高效、智能、绿色的物流体系，

> 支撑区域经济一体化和产业链升级。规划还强调了多式联运的发展,鼓励不同运输方式的有效衔接,以提高运输效率、降低环境污染。

任务二　了解供应链基础与行业发展

知识链接

知识点1：供应链基本概念认知

1. 供应链的提出背景

供应链的提出背景主要基于技术进步和政策推动两大支柱。

①技术进步。互联网、人工智能、物联网、云计算和大数据的发展极大地推动了社会经济的信息化转型。这些新兴技术的应用不仅改变了企业的生产、服务和管理方式,也为供应链的现代化提供了技术基础。

②政策推动。党的十九大报告首次提出"现代供应链"概念,这标志着供应链发展被提升到国家战略的新高度。国务院办公厅在发布的《关于积极推进供应链创新与应用的指导意见》中提出,到2020年,形成一批适合我国国情的供应链发展新技术和新模式,基本形成覆盖我国重点产业的智慧供应链体系。培育100家左右的全球供应链领先企业,重点产业的供应链竞争力进入世界前列,中国成为全球供应链创新与应用的重要中心。文件明确了供应链创新的目标和任务,旨在通过供应链的优化来降低成本、创造新价值和新动能,促进中国经济由规模速度型向质量效益型转变。

供应链（Supply Chain）的概念是在20世纪80年代提出的,其发展经历了三个阶段。

第一阶段,Michael E·Porter在《竞争优势》中提出了价值链概念,将企业运营分解为多个与战略相关联的活动,包括内部物流、生产、外部物流、市场营销等。这一概念后来被Jack Shank和V. Govindarajan进一步扩展,他们认为企业应将自身价值链放入整个行业的背景下审视,从而形成对整个供应链的全面理解。

第二阶段,James Womack和Daniel Jones在《精益思想》中将价值链理念发展为价值流,强调从原材料到成品的转化过程中价值的创造。

第三阶段,C. Poirier和E. Reiter在此基础上首次提出了供应链的定义：供应链是一个实体的网络,产品和服务通过这一网络传递到特定的顾客市场。

供应链的提出背景和概念发展,体现了技术创新与国家战略的紧密结合,以及对企业运营和产业发展理解的不断深化。供应链管理的现代化对于提升企业竞争力、促进产业升级和推动经济高质量发展具有至关重要的作用。随着全球经济一体化的深入发展,供应链的优化和创新将成为企业乃至国家竞争力的关键。因

动画：一分钟告诉你什么是供应链

此，深入理解和有效管理供应链，对于把握未来发展机遇、构建现代化经济体系意义重大。

2. 供应链的基本概念

（1）供应链的定义

中华人民共和国国家标准《物流术语》（GB/T 18354—2006）对供应链的定义为：生产及流通过程中，涉及将产品或服务提供给最终用户活动的上游与下游企业所形成的网链结构。

图1-9所示为一条典型的完整供应链。它从供应商向制造工厂供货开始，每个工厂负责不同的部分，即不同区域的工厂生产不同型号的产品，或者生产产品的某一个部分，最后汇集到制造总部。制造总部完成之后，转给行销总部，行销总部把产品送到分公司，分公司经过卖场和经销商再卖给客户。

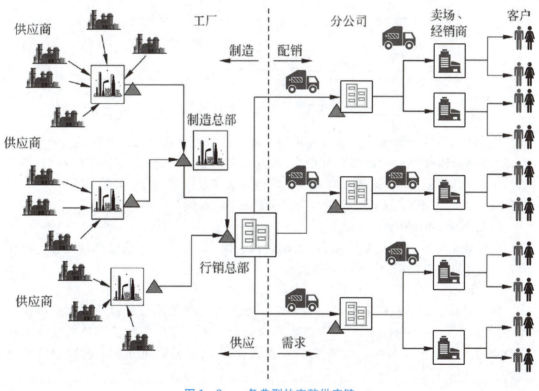

图1-9 一条典型的完整供应链

由于供应链管理还是一个新兴学科，所以目前对供应链存在多种不同的理解。一般认为供应链是指围绕核心企业，通过对信息流、物流、资金流的控制，从采购原材料开始，制成中间产品以及最终产品，最后由销售网络把产品送到消费者手中的将供应商、制造商、分销商、零售商、最终用户连成一个整体的功能网链结构模式。它是范围更广的企业结构模式，包含所有加盟的节点企业，从原材料的供应开始，经过链中不同企业的制造加工、组装、分销等过程直到最终用户。它不仅是一条连接供应商和用户的物料链、信息链、资金链，而且是一条增值链，物料在供应链上因加工、包装、运输等过程而增加其价值，给企业带来收益。

(2) 供应链结构模型

任何一条供应链的主要目的都是为了满足用户的需求，并在满足用户需求的过程中为企业创造利润。因此，供应链是产品或原材料从供应商到制造商到分销商再到零售商直至用户这一链条移动的过程。这一过程可以简单归纳为如图 1-10 所示的供应链结构模型。

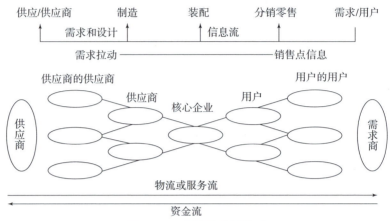

图 1-10　供应链结构模型

从图 1-10 中可以看出，供应链由所有加盟的节点企业组成，一般有一个核心企业（可以是产品制造企业，如华为公司；也可以是大型零售企业，如苏宁电器），节点企业在需求信息的驱动下，通过供应链的职能分工与合作（生产、分销、零售等），以资金流、物流或服务流为媒介实现整个供应链的不断增值。

(3) 供应链的四个流

供应链是动态的，包括不同环节间的物流、商流、信息流、资金流四个流。四个流有各自不同的功能以及不同的流通方向。

① 物流。

物流是涉及商品从供应商到消费者的流通过程。物流流通过程的方向是由供应商经由制造商、批发商与物流、零售商等指向消费者，其核心在于高效低成本地将货物送达。在这一过程中，物流策略着重优化货物的运输和分配，确保物资快速流转。

② 商流。

商流指的是商品所有权转移的商业活动，包括接受订单、签订合同等环节，涉及供应商和消费者之间的双向互动。随着时代发展，商流的流通方式更加多样化，既包括传统的销售模式，如实体店、直销、邮购，也涵盖了电子商务等新兴渠道。

③ 信息流。

信息流是商品和交易信息在供应链中流动的过程，它在供应商和客户之间的双向交流中起着至关重要的作用。信息流的效率和范围直接关系到企业的生产管理与运营决策的能力。在现代物流中，信息流的重要性日益凸显，它不仅支持了对市场需求的快速响应，也逐步取代了传统物流中对实物流动的单一关注，成为提升供应链敏捷性和竞争力的关键因素。

④资金流。

资金流是指货币在供应链中从消费者到零售商、批发商、物流服务提供商、制造商直至供应商的流动过程。这一流动过程对于维持企业的正常运营至关重要，因为只有确保资金的及时回流，企业才能保持健康的财务状况和有效的经营活动。

供应链的四个关键流程——物流、商流、信息流和资金流，在现代商业活动中发挥着至关重要的作用。以沃尔玛为例，该公司不仅销售商品，实现商品所有权转移，还提供价格和产品可获得性信息，确保顾客能够及时了解产品信息并进行购买。顾客支付后，沃尔玛将销售和补货信息传递给仓库和分销商，后者负责将商品送达商店。这一过程中，沃尔玛与分销商之间的资金流也得以完成，分销商提供定价信息和发货计划，沃尔玛则回收包装材料以实现循环利用。

同样，戴尔公司在顾客在线购买计算机时，也展现了供应链的复杂性和效率。顾客通过戴尔销售网站了解产品信息和价格，下单并支付后，戴尔的装配商根据订单信息准备产品。顾客可以随时在线查看订单状态，这一过程涉及信息流的实时更新。整个供应链从顾客到戴尔的各级供应商都紧密协作，确保了商流、物流、信息流和资金流的顺畅运作。这些例子展示了现代供应链管理的高效性和复杂性，以及各流程在确保企业成功运营中的关键作用。

3. 供应链管理的基本概念

（1）供应链管理的概念

各国对供应链管理（SCM）的定义虽有共同之处，但也存在一些差异，这反映了不同国家或地区对供应链管理的理解和侧重点是不同的。以下是根据搜索结果提供的美国、中国和欧洲对供应链管理的定义，以及对它们的比较。

动画：什么是供应链管理

①美国对供应链管理的定义。

美国将供应链管理定义为对从供应商的供应商到客户的产品流、信息流和资金流的集成管理，目的是实现客户价值的最大化和供应链成本的最小化。这一定义强调了供应链的集成性和竞争性，认为全球竞争是供应链与供应链之间的竞争。

②我国对供应链管理的定义。

我国将供应链管理定义为以客户需求为导向，以提高质量和效率为目标，通过整合资源实现产品设计、采购、生产、销售、服务等全过程的高效协同。这一定义强调了供应链的协同性和对客户需求的响应，以及供应链与互联网、物联网的深度融合。

③欧洲对供应链管理的定义。

对供应链管理的定义欧洲没有直接提及，欧洲在供应链管理方面非常重视负责任的商业行为和供应链尽职调查，强调供应链安全、合规和可持续发展。欧洲部分国家对供应链管理的法律，如《德国供应链尽职调查法案》和欧盟的《企业可持续发展尽职调查指令》（Corporate Sustainability Due Diligence Directive），体现了对供应链中人权和环境风险的关注。

④比较。

集成性与协同性：美国和中国的定义都强调了供应链的集成性和协同性，但美国更侧重集成管理带来的竞争优势，而中国则更侧重协同性在提高质量和效率方面的作用。

客户需求与市场导向：中国的定义明确提到了以客户需求为导向，美国虽然未直接提及，但强调了客户价值的最大化。这表明客户需求在供应链管理中的重要性被普遍认可。

技术融合：中国特别强调了供应链与互联网、物联网的深度融合，这反映了中国在智慧供应链发展方面的重视。

合规与可持续性：欧洲的定义虽然没有直接给出，但从相关的立法动作可以看出，欧洲非常重视供应链中的合规性和可持续性，这可能与欧洲对环境和社会治理的高标准有关。

综上所述，不同国家对供应链管理的定义反映了各自的经济特点、发展重点和政策导向。美国强调竞争和集成，中国强调协同和客户需求，而欧洲则强调合规和可持续性。

（2）物流管理与供应链管理的关系

供应链管理（SCM）的概念于 20 世纪 80 年代首次出现，它扩展了物流活动的范围以适应快速发展的全球经济。学术界和产业界有许多关于供应链管理范围以及供应链管理与已有物流概念关系的讨论，并且这种讨论还在继续。如图 1-11 所示，该图显示了物流与供应链管理的三种典型观点。

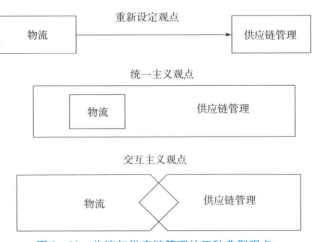

图 1-11　物流与供应链管理的三种典型观点

物流与供应链管理之间的关系在学术界主要有三种观点。

①重新设定观点：早期认为供应链管理只是物流的另一种说法，但随着供应链管理领域的发展，这种观点逐渐减少。

②统一主义观点：物流是供应链管理的子集。供应链管理包括物流以及其他商业环节，如采购和销售，它更强调整体性和系统性。这是目前较为普遍接受的观点。

③交互主义观点：物流是供应链管理的一部分，两者有重叠。供应链管理是一个更广泛的概念，涵盖商业流程的各个方面，但目前缺乏实证研究支持。

在本书中，我们遵循统一主义观点，将物流管理视为供应链管理的一个子集或子系统。物流管理专注货物从起点到终点的流动和储存的计划与控制，它包括了内部和外部的物料流动、物料回收以及原材料和产成品的管理。而供应链管理则更为全面，它不仅包括物流活动，还涵盖了产品从原材料供应到最终消费的整个传递过程，如供应商管理、制造、仓储、订单处理、分销、客户交付、客户关系管理、需求预测、产品设计等。供应链管理的目标是连接所有供应链成员企业，实现整个链条的优化。

简而言之，物流管理是供应链管理中专注于物品流动的执行职能，而供应链管理则是一个更广泛的概念，它整合了跨越企业界限的多个功能，提升了整个供应链的效率和效果。

（3）物流与供应链管理的意义

物流与供应链管理的意义可以从多个角度来理解，它们对于企业运营和整个经济体系都具有重要作用。

①效率提升。

物流通过优化货物流动和储存过程，减少运输成本和时间，提高整体运营效率。供应链管理通过整合上下游企业资源，实现供应链自动化和信息化，进一步提升整个供应链的运作效率。

②成本控制。

物流通过合理规划运输路线、库存水平和仓储策略，有效降低库存成本和运输成本。供应链管理通过对供应链各环节的成本分析和优化，实现总成本最小化。

③客户满意度。

物流确保产品及时准确地送达客户手中，增强客户满意度。供应链管理通过有效地订单处理和分销策略，提高客户服务质量，增强客户忠诚度。

④风险管理。

物流通过应对运输中的各种风险，如延误、损坏等，保障货物流通的稳定性。供应链管理通过对供应链中潜在的风险进行识别、评估和控制，减少供应链中断的风险。

⑤竞争优势。

优秀的物流能力可以成为企业的核心竞争力，它可以通过快速响应市场变化，提供差异化服务。供应链管理通过创新的供应链设计和合作模式，为企业创造独特的市场优势。

⑥可持续发展。

物流通过优化运输方式和路线，减少能源消耗和碳排放，促进环境可持续发展。供应链管理通过推动绿色采购和循环经济，实现经济效益与环境保护的双赢。

⑦创新与合作。

物流鼓励采用新技术，如自动化仓库、无人机配送等，推动物流行业的创新。供应链管理促进跨行业合作，通过共享资源和信息，推动供应链各环节的协同创新。

综上所述，物流与供应链管理对于企业而言是实现高效运作、降低成本、提升客户满意度、管理风险、构建竞争优势、促进可持续发展以及推动创新与合作的关键因素。

知识点2：供应链岗位认知

1. 供应链工作岗位及工作职责认知

供应链管理是一个涉及多个环节和职能的复杂系统，它包含了多种不同的工作岗位。表1-4是一些常见的供应链相关职位及工作职责。

表1-4 一些常见的供应链相关职位及工作职责

职位名称	主要工作职责
供应链经理（Supply Chain Manager）	制定供应链战略，优化流程，管理风险，协调合作伙伴
采购专员（Procurement Specialist）	评估供应商，管理采购订单，监控市场趋势
仓库经理（Warehouse Manager）	管理仓库运作，确保库存准确，维护仓库标准
供应链分析师（Supply Chain Analyst）	收集和分析数据，进行成本效益分析，监控性能指标
需求计划员（Demand Planner）	预测产品需求，制订计划，调整需求预测
运输管理专员（Transportation Manager）	管理运输活动，监控成本和效率，确保货物安全运输
供应链金融专员（Supply Chain Finance Specialist）	管理供应链财务事务，优化资金流，协商支付条件
供应链IT专员（Supply Chain IT Specialist）	管理信息系统，确保数据准确性，推动数字化进程

这些职位的职责可能会根据公司的规模、行业和具体需求有所不同，但它们共同的目标是确保供应链的高效运作和整体优化。根据智联招聘对供应链岗位的数据分析，供应链管理岗位人员的学历分布中，大专学历人员占总体的30.38%，本科学历人员占总体的44.31%，他们构成了供应链从业人员的主体部分，如图1-12所示的是供应链管理岗位人员学历分布图。

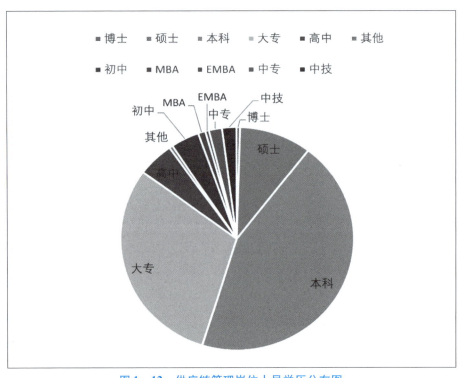

图1-12 供应链管理岗位人员学历分布图

供应链管理岗位的薪资水平统计，如图1-13所示，32.3%的从业者的月薪资为0.4万~0.6万元。

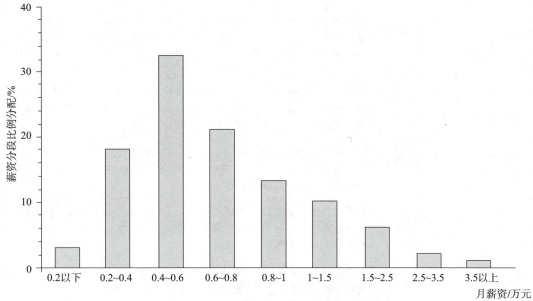

图1-13　供应链管理岗位的薪资水平统计图

从事供应链管理岗位人员所学专业以物流管理专业为主，同时覆盖了工商管理、国际经济与贸易等相关专业，如图1-14所示的是供应链管理相关岗位人员所学专业分布。

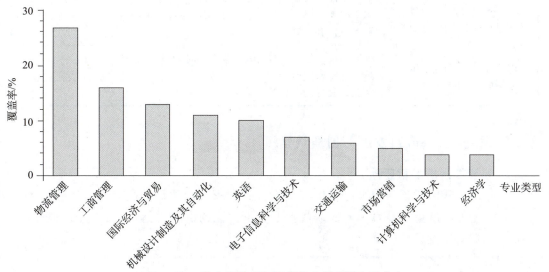

图1-14　供应链管理相关岗位人员所学专业分布

2. 供应链岗位技能要求认知

表1-5是供应链相关工作岗位技能要求，这些技能要求可能会根据具体的公司有所不同，但它们提供了一个基本的框架，可以帮助我们了解供应链岗位所需的关键技能。

视频：眼里有光的
物流女孩

表1-5 供应链相关工作岗位技能要求

岗位名称	详细技能要求
供应链经理（Supply Chain Manager）	深入理解供应链管理原则和实践；强大的战略思维和长期规划能力；高级问题解决和决策制定技能；熟悉全球供应链和物流操作；熟练使用ERP和供应链管理软件；有优秀的沟通和影响力以推动跨部门合作
采购专员（Procurement Specialist）	精通采购流程和供应商管理；能够进行复杂的成本分析和市场价格调研；有强大的谈判技巧以获取最佳价格和条款；熟悉合同法和风险评估；能够管理多个采购项目和优先级
仓库经理（Warehouse Manager）	熟悉仓库管理系统和库存控制程序；能够确保仓库操作的安全性和效率；精通物理库存管理技术；能够领导团队并实施持续改进计划；熟悉供应链软件和自动化技术
供应链分析师（Supply Chain Analyst）	熟练进行数据分析和使用统计工具；能够识别供应链中的瓶颈和改进机会；熟悉财务分析和预算编制；能够使用高级Excel和专业供应链分析软件；良好的报告和呈现技巧
需求计划员（Demand Planner）	精通需求预测技术和工具；能够分析销售数据和市场趋势；熟悉库存管理原则和实践；能够制订和调整销售和生产计划；良好的跨部门沟通和协调能力
运输管理专员（Transportation Manager）	熟悉运输管理流程和最佳实践；能够优化运输路线和成本；熟悉运输法规和合规性要求；能够管理运输供应商和合同；强大的领导能力和团队管理能力
供应链金融专员（Supply Chain Finance Specialist）	熟悉供应链金融和贸易融资；能够进行财务分析和预算控制；熟悉国际支付条款和信用管理；能够评估和规避供应链风险；能够熟练使用财务软件和ERP系统
供应链IT专员（Supply Chain IT Specialist）	熟悉供应链管理软件和系统；能够支持和维护供应链相关的IT基础设施；熟悉数据库管理和数据分析工具；能够参与供应链系统的开发和实施；良好的项目管理能力和沟通能力

知识点3：供应链发展与创新认知

1. 供应链发展的重要性

近年来，我国的各项政策已将供应链提升到国家发展战略的高度。一方面，体现了对供应链的高度重视；另一方面，在新形势下，推动供应链创新发展与国民经济运行效率及发展质量息息相关。

（1）培育经济发展新动能

新时期的供应链基本理念是"包容、开放、共享"，其本质就是创新供给体系，优化供给质量。发展现代供应链要以需求驱动，完善供给体系，创新有效供给，为社会大众创造新的消费空间，从而创造新价值、新财富、新动能。

（2）提高经济发展质量

提高经济发展质量，首先要降低成本。从宏观层面上看，成本主要由劳动力成本、原材料成本和物流成本三个方面构成。长期来看，劳动力和原材料成本上升是不可逆转的，因此降低物流成本则成为国民经济发展质量提升的基本保障。

（3）推进供给侧结构性改革

供应链通过资源整合和流程优化，促进产业跨界和协同发展，有利于加强从生产到消费等各环节的有效对接，降低企业经营和交易成本，促进供需精准匹配和产业转型升级，全面提高产品和服务质量。

（4）提升全球化竞争力

随着供应链全球布局的推进，加强与伙伴国家和地区之间的合作共赢，有利于我国企业更深更广地融入全球供给体系，打造全球利益共同体和命运共同体，提高我国在全球经济治理中的话语权，保障我国资源能源安全和产业安全。

2. 新兴技术对供应链的影响

我国物流新时代正随着新技术的不断创新而到来。当前，我国及全球物流产业正处在新技术、新业态、新模式的转型升级之际，在做大、做强、做精、做细的同时，也需要进一步成为经济发展支撑的新动能。

（1）新兴技术简介

新兴技术是指那些正在快速发展并对各行各业产生重大影响的技术。以下是一些当前和未来可能产生显著影响的新兴技术简介。

①人工智能（AI）。

人工智能涉及机器学习、深度学习、自然语言处理等，它使计算机系统能够模拟人类智能，进行学习、推理、感知、理解语言等。

②物联网（IoT）。

物联网是指将物理设备、车辆、家用电器等连接到互联网，使它们能够收集和交换数据，实现智能化管理和控制。

③区块链技术。

区块链是一种分布式账本技术，因其在比特币等加密货币中的应用而闻名，其去中心化、安全性和透明性特点也使它在供应链管理、金融服务等领域具有潜力。

④5G通信技术。

5G是第五代移动通信技术，能提供比4G更快的数据传输速度、更低的延迟和更高的连接密度，它为物联网、自动驾驶车辆等提供支持。

⑤增强现实（AR）技术和虚拟现实（VR）技术。

增强现实技术和虚拟现实技术通过创造沉浸式体验，改变人们与数字内容的互动方式，这两种技术多应用于游戏、教育、医疗和零售等领域。

⑥自动驾驶技术。

自动驾驶技术利用各种传感器、摄像头、人工智能和机器学习技术，实现无须人工操作的自主导航和驾驶。

⑦可持续能源技术。

可持续能源技术包括太阳能、风能、海洋能和其他可再生能源技术以及能量存储解决方案，如高效电池对减少碳排放和应对气候变化至关重要。

这些新兴技术的不断进步，将在未来几十年内深刻改变我们的生活方式和工作方式。

（2）技术进步对物流与供应链的影响

技术进步正在深刻改变物流和供应链的面貌。成熟的技术如无人机、机器人自动化和大数据部分已投入商业使用,而可穿戴设备、3D 打印和人工智能等预计在未来十年内得到广泛应用,覆盖仓储、运输和配送等关键环节。在电子商务迅猛发展的今天,供应链的优化和管理成为企业竞争的核心。如京东利用大数据进行需求预测和价格预算,通过协同规划、预测与补货(Collaborative Planning Forecasting and Replenishment,CPFR)模型与供应商紧密合作,实现了供应链的智能化。这不仅提升了京东自身的竞争力,也为整个供应链网络创造了更多价值。

3. 供应链的发展方向

为适应快速变化的市场需求和技术进步,供应链的发展正在经历深刻的变革。以下是供应链发展的一些详细方向。

(1)以消费者为中心

供应链设计和服务流程的优化,以满足消费者的个性化需求和提升购物体验为目标。采用先进的需求预测技术,如机器学习和人工智能,可更准确地预测消费趋势和库存需求。发展直接面向消费者的分销渠道,可缩短产品从生产到消费者手中的时间。

(2)贴近消费者

利用大数据和分析工具来理解消费者行为,从而提供更加个性化的产品和服务。通过移动应用、社交媒体等渠道与消费者建立直接联系,收集反馈并快速响应。实施本地化策略,通过在关键市场设立本地仓库或分销中心来减少配送时间和成本。

(3)扩展的供应网络

通过合作伙伴关系和战略联盟,构建更加灵活和响应迅速的供应网络。采用多源采购策略,减少对单一供应商的依赖,提高供应链的抗风险能力。探索与非传统供应商的合作,如小型和中型企业,以获取创新产品和灵活的服务。

(4)敏捷性

实施敏捷供应链管理方法,如精益库存管理和按需生产,可以减少库存积压和提高响应速度。通过实时监控和动态调度,快速适应市场需求变化和解决供应链中断问题。培养供应链的创新文化,鼓励团队不断寻求改进和优化的机会。

(5)数字供应链

利用数字技术实现供应链的端到端可视化,提高透明度和可追溯性。通过区块链技术确保数据的安全性和不可篡改性,增强供应链的信任和合作。采用先进的供应链管理软件和平台,实现数据的集中管理和分析,支持更好的决策制定。

(6)绿色低碳

采用环保包装材料和可再生能源,减少供应链的环境足迹。优化运输模式,如增加铁路和海运的比例,减少碳排放。实施循环供应链策略,鼓励产品回收和再利用。

(7)安全韧性

建立全面的供应链风险评估和管理体系,识别潜在的脆弱点和风险。制定和实施应急预案,确保在自然灾害、疫情或其他危机情况下的供应链连续性。加强与政府机构和行业组织的合作,共同提升整个行业的安全和韧性。

(8)技术创新与业态升级

探索和应用新兴技术,如无人驾驶车辆、自动化仓库和机器人技术,提高物流效率。推动供应链金融科技的发展,如通过区块链技术改善贸易融资流程。通过数字化转型,实现供应链的智能化和自动化,提高效率和减少人为错误。

(9)国际物流网络

加强国际物流基础设施建设,如港口、机场和跨境物流中心,支持全球贸易。与国际物流服务提供商合作,提供更高效、更可靠的国际运输和清关服务。关注全球贸易政策和关税变化,及时调整国际供应链策略。

(10)供应链控制塔

建立集中的供应链管理平台,实现对全球供应链的实时监控和协调。利用先进的分析工具和人工智能,进行供应链性能分析和优化。通过供应链控制塔,实现跨部门和跨组织的协同工作,提高整体供应链的透明度和效率。

这些发展方向强调了供应链的多维度创新,包括技术应用、战略规划、环境责任和全球视野,旨在构建更加高效、可持续和有韧性的供应链体系。

4. 供应链创新

供应链创新在当前经济环境下显得尤为重要,它不仅关系到企业自身的竞争力,也关系到整个国民经济的运行效率和发展质量。以下是对供应链创新六个方面的深入理解。

(1)供应链创新的基本理念

供应链创新强调的是合作而非单纯的竞争,倡导包容、开放和共享的价值观,通过更深层次、更广泛的合作实现共同发展。

(2)供应链创新的关键

创新的关键在于资源整合和优化,通过有效整合各类资源(客户、市场、技术、人力、物流等),实现资源的最大化利用和共享,创造出超过简单叠加的效果。

(3)供应链创新的核心

协同是供应链创新的核心,涉及运行层面、管理层面和战略层面的合作。通过各层面的有效协同,提高整个供应链的运作效率和响应能力。

(4)供应链创新的基本目标

旨在提高经济发展的效益和效率,摒弃传统的规模速度型发展模式,转向更加注重质量和效率的发展路径。

(5)供应链创新的基本趋势和方向

未来的供应链将趋向智慧化和智能化,与科技创新紧密结合,利用人工智能、无人机、大数据、云计算、区块链等技术提升供应链的智能化水平。

(6)供应链创新的本质特征

供应链创新的本质在于价值创造,通过创新驱动减少对资源要素的依赖,降低成本,提高效率,形成新的内生增长动力,支持经济的可持续发展。

综上所述,供应链创新是一个多维度、多层次的发展过程,它要求企业不仅要在技术和管理上进行创新,还要在理念和战略上进行转变,这样才能适应新时代经济发展的要求。

文化传承栏目

茶马古道的现代转化

茶马古道,这条古老的商贸通道,曾经是中国西南地区连接云南、西藏的生命线,承载着丰富的历史文化,有许多民族交融的故事。在现代,随着物流技术的发展,茶马古道的精神得到了新的诠释。现代物流企业通过建立"茶马古道"品牌的特色旅游线路,将这一历史文化遗产转化为现代旅游产品。游客们可以沿着古道,体验马帮文化,感受沿途的自然风光和民族风情。同时,物流公司利用现代物流手段,将沿线地区的特色茶叶、手工艺品等商品快速送达消费者手中。通过电子商务平台,这些传统商品得以更广泛的传播,不仅促进了当地经济的发展,也让更多人了解和欣赏到这一独特的文化遗产。

任务实施

认真阅读项目实施任务要求,提交材料:
(1) 一份书面报告,详细阐述案例分析、优化建议。
(2) 一个PPT演示文稿,用于展示案例分析的主要发现和优化建议。

任务评价

在完成上述任务后,教师组织进行三方评价,填写三方评价表1-6,并对学生任务执行情况进行点评。

表1-6 三方评价表

评价维度	评价内容	学生自评	团队互评	教师评价
知识掌握	理解和应用智慧物流与供应链的基本概念	☆☆☆☆☆	☆☆☆☆☆	☆☆☆☆☆
技能运用	分析问题、提出解决方案的能力	☆☆☆☆☆	☆☆☆☆☆	☆☆☆☆☆
创新思维	提出的优化建议的创新性和实用性	☆☆☆☆☆	☆☆☆☆☆	☆☆☆☆☆
团队合作	团队协作和沟通能力	☆☆☆☆☆	☆☆☆☆☆	☆☆☆☆☆
报告质量	报告的清晰度、组织结构和详细程度	☆☆☆☆☆	☆☆☆☆☆	☆☆☆☆☆
演示效果	演示文稿的清晰性、逻辑性和吸引力	☆☆☆☆☆	☆☆☆☆☆	☆☆☆☆☆
总体表现	综合评价学生在任务中的整体表现	☆☆☆☆☆	☆☆☆☆☆	☆☆☆☆☆

说明:
评价者根据学生的表现在每个评价维度上选择相应的星级打钩。
评价标准可以是5星制,其中5星代表优秀,1星代表不足。
学生自评、团队互评和教师评价的权重分别占20%、30%和50%。

项目总结

通过对智慧物流与供应链的认知学习,不仅让学生们掌握了专业知识,更让学生深化了对国家战略和社会责任的理解。

通过了解亚马逊、联邦快递和京东物流等领先企业的发展模式,使学生认识到了物流行业在全球化背景下的重要性,以及智慧物流对于提升国家竞争力的战略价值。在价值探究环节,学生们被引导去思考和讨论物流供应链在新形势下的发展方向,以及如何更好地服务于国家的改革开放和市场经济的发展。这样的讨论不仅激发了学生们的创新思维,也加深了他们对国家政策和发展战略的理解,从而在思想上与国家的发展同步。

在任务实施环节中,通过团队合作,学生们收集和整理了物流与供应链相关工作岗位信息,这不仅锻炼了他们的职业规划能力,更让他们在实践中体会到了团队协作的力量。这种合作精神和集体荣誉感的培养,正是社会主义核心价值观的体现。

该项目的学习不仅仅是物流与供应链知识的积累,更是一次深刻的思想教育实践。学生们在学习中增强了国家意识、社会责任感和职业荣誉感,为他们未来成为物流行业的专业人才打下了坚实的基础。通过学习,学生们能够更好地理解国家的发展需求,将个人的成长与国家的繁荣紧密联系在一起,为实现中华民族的伟大复兴贡献自己的力量。

项目铸魂

物流视野:供应链与国家发展

"中欧班列"助力"一带一路":远航物流作为国内领先的物流企业,积极响应"一带一路"倡议,参与了中欧班列的运营。该公司通过优化货物装载方案和提升集装箱的周转效率,大幅缩短了货物从中国到欧洲的运输时间。在哈萨克斯坦,远航物流与当地政府合作,升级了铁路基础设施,提高了运输效率,同时也为当地创造了就业机会。远航物流的这一举措,不仅提升了自身的国际竞争力,还促进了沿线国家的经济发展,展现了企业在国家战略中的积极作用。

考证小练

一、单项选择题

1. 2021年5月28日京东物流正式于港交所挂牌交易，拟计划发行10%股份募集35亿美元，估值约350亿美元。京东物流的企业组织形式是（　　）。(1+X中级理论模拟试题)

   A. 独资企业　　　B. 合伙企业　　　C. 有限责任公司　　　D. 股份有限公司

2. 5S现场管理法中，要求"必需品依规定定位、定方法摆放整齐有序，明确标示"的是（　　）。(1+X中级理论模拟试题)

   A. 整理　　　B. 整顿　　　C. 清扫　　　D. 清洁

3. A公司成立于1997年，是中国首家上市的供应链企业，在职员工逾万人，2020年业务量近1 000亿元，连续多年入围中国企业联合会"中国企业500强"榜单。A公司力图构建跨界融合的供应链共享经济平台，紧密聚合品牌商、零售商、物流商、金融机构、增值服务商等群体，向万亿规模的供应链商业生态圈迈进。A公司的物流业务模式属于（　　）。(1+X中级理论模拟试题)

   A. 自营物流　　　B. 第三方物流　　　C. 物流联盟　　　D. 第四方物流

4. A物流公司全国范围内有6 800多家的直营门店，在一线大城市，直营门店超过100家，而一些二、三线城市却只有10多家，公司因营业额的预算不准确，损失了许多机会。从SWOT分析法角度出发，A物流公司网点分布太密集的特点是属于（　　）。(1+X中级理论模拟试题)

   A. 优势　　　B. 劣势　　　C. 机遇　　　D. 威胁

5. PESTLE模型中"L"代表（　　）。(1+X中级理论模拟试题)

   A. 经济因素　　　B. 环境因素　　　C. 法律因素　　　D. 技术因素

二、多项选择题

1. 物流系统的构成要素包括（　　）。(1+X中级理论模拟试题)

   A. 一般要素　　　B. 功能要素　　　C. 物质基础要素　　　D. 支撑要素

2. 根据物流公司提供的服务功能特征不同分类，物流公司的类型包括（　　）。(1+X中级理论模拟试题)

   A. 运输型物流公司　　　B. 仓储型物流公司
   C. 综合服务型物流公司　　　D. 物流代理公司

3. 企业文化的层次包括（　　）。(1+X中级理论模拟试题)

   A. 企业员工创造的各种产品和物质设施
   B. 员工在生产经营活动、学习娱乐活动中产生的文化
   C. 中层的制度文化
   D. 核心层的精神文化

4. 某物流公司采用了5S现场管理，它可能产生的效果包括（　　）。(1+X中级理论模拟试题)

   A. 确保安全　　　B. 扩大销售　　　C. 标准化　　　D. 客户满意
   E. 节约

5. 供应商绩效评估指标有（　　）。(1+X中级理论模拟试题)

A. 质量指标　　　　B. 供应指标　　　　C. 经济指标　　　　D. 服务指标

三、判断题（正确的打"√"，错误的打"×"）

1. 物流业务模式是企业对其生产经营过程中所涉及的物流活动的管理方式和操作标准。（　　）（1+X 中级理论模拟试题）

2. 物流是物品从供应地向接收地的实体流动过程，根据实际需要，将运输、储存、装卸、搬运、包装、流通加工、配送、信息处理等基本功能进行有机结合。（　　）（1+X 中级理论模拟试题）

3. 企业物流是货主企业在生产经营活动中所发生的物流活动。（　　）（1+X 中级理论模拟试题）

4. 一般来说，大中型企业有能力建立自己的物流系统，可以实现自营物流，而小企业受资源的限制，适合把物流管理交给第三方专业物流服务公司。（　　）（1+X 中级理论模拟试题）

5. 节点企业只能是一个供应链的成员，不能成为另一个供应链的成员。（　　）（1+X 中级理论模拟试题）

参考答案

一、单项选择题

| 1. D | 2. B | 3. D | 4. A | 5. C |

二、多项选择题

| 1. ABCD | 2. ABC | 3. ABCD | 4. ABCDE | 5. ABCD |

三、判断题

| 1. √ | 2. √ | 3. √ | 4. √ | 5. × |

ABC 分类

一、实训背景说明

目前为了减少损耗，门店对于短保商品采用代售机制，所有库存均算作企业库存，同时配送中心也对短保商品采用越库发货模式，配送中心仅分拣，不持有库存。为了帮助门店更好的管理商品，经过商讨决定，首先帮助配送中心完成短保食品的 ABC 分类，经过对短保商品消费场景的分析，拟定了如下分类规则。

1. 由于目前短保商品的销售时间较短，沉淀数据较少，所以进行 ABC 分类时，以品种的 10 月门店销售数据为准，此处可不考虑门店间的差异。

2. 对全部商品进行 ABC 分类，取销售毛利润累计占比 70% 的商品且其中商品数占比小于 20% 的商品为 A 类商品，销售毛利润累计占比小于 70% 且商品数累计占比小于 50% 的为 B 类商品，其他为 C 类商品。

3. 毛利润 = 商品门店售价 − 商品订货价。注意订货价不是门店拿货价。

请根据以上原则，完成目前经营所有短保商品的 ABC 分类，注意百分比数值直接填入百分数（即空里已带有百分号）。填入数值均保留 3 位小数。

二、实训信息说明

商品销售数据见表 1−7。商品属性见表 1−8。

表 1−7 商品销售数据

商品	10 月销售量/箱
海南生椰乳	11 158
海南鲜榨椰汁	9 768
海南椰果酸奶	9 462
花农酸奶（桑葚味）	13 953
花农酸奶（原味）	21 551
花农益生菌（橘子味）	9 306
花农益生菌（原味）	7 429
梅林家精制软面包	3 086
梅林家奶香面包	5 423
梅林家蒸真馒头	3 083
味鲜黑椒牛柳三明治	5 582
味鲜鸡肉三明治	5 114
味鲜轻食三明治	4 646
雁塘金标鲜牛乳	21 089
雁塘鹃珊鲜奶屋	103 386
一碗香黑椒牛肉饭	11 155
一碗香鱼香肉丝饭	5 426

表 1-8 商品属性表

货物名称	品种	规格	单位	包装单位	箱内数量	订货单价（元·箱$^{-1}$）	门店拿货价（元·箱$^{-1}$）	保质期/天	最佳货架期/天	门店零售价（元·件$^{-1}$）
雁塘金标鲜牛乳	低温奶	220 mL	个	箱	12	69.6	105.6	7	5	12
雁塘鹃珊鲜奶屋	低温奶	220 mL	个	箱	12	51.6	76.8	7	5	9
一碗香黑椒牛肉饭	冷链盒饭	480 g	份	箱	6	61.8	106.8	7	5	25
一碗香鱼香肉丝饭	冷链盒饭	480 g	份	箱	6	55.2	92.4	7	5	22
味鲜轻食三明治	冷链三明治	420 g	份	箱	8	64.8	114.4	3	1	18
味鲜鸡肉三明治	冷链三明治	420 g	份	箱	8	75.2	132.8	3	1	22
味鲜黑椒牛柳三明治	冷链三明治	420 g	份	箱	8	84	150.4	3	1	24
花农益生菌（原味）	乳酸菌饮品	330 mL	瓶	箱	12	50.4	81.6	15	10	9
花农益生菌（橘子味）	乳酸菌饮品	330 mL	瓶	箱	12	50.4	81.6	15	10	9
花农酸奶（原味）	乳酸菌制品	110 g	瓶	箱	24	62.4	91.2	15	10	6
花农酸奶（桑葚味）	乳酸菌制品	110 g	瓶	箱	24	62.4	91.2	15	10	6
梅林家奶香面包	冷链面包	325 g	个	箱	8	37.6	60.8	5	3	11
梅林家精制软面包	冷链面包	325 g	个	箱	8	45.6	65.6	5	3	13
梅林家蒸真馒头	冷链面包	100 g	个	箱	24	57.6	86.4	5	3	4.5
海南生椰乳	低温奶饮品	180 mL	瓶	箱	12	45.6	70.8	7	5	8
海南鲜榨椰汁	低温奶饮品	180 mL	瓶	箱	12	38.4	63.6	7	5	7
海南椰果酸奶	乳酸菌制品	220 g	瓶	箱	12	50.4	86.4	7	5	9

三、实训操作说明

步骤一：计算商品单位毛利润。

$$商品单位毛利润 = 商品门店售价 - 商品订货价$$

商品单位毛利润见表 1-9。

表 1-9　商品单位毛利润

货物名称	单位毛利润/(元·件$^{-1}$)
雁塘金标鲜牛乳	6.2
雁塘鹃珊鲜奶屋	4.7
一碗香黑椒牛肉饭	14.7
一碗香鱼香肉丝饭	12.8
味鲜轻食三明治	9.9
味鲜鸡肉三明治	12.6
味鲜黑椒牛柳三明治	13.5
花农益生菌（原味）	4.8
花农益生菌（橘子味）	4.8
花农酸奶（原味）	3.4
花农酸奶（桑葚味）	3.4
梅林家奶香面包	6.3
梅林家精制软面包	7.3
梅林家蒸真馒头	2.1
海南生椰乳	4.2
海南鲜榨椰汁	3.8
海南椰果酸奶	4.8

步骤二：计算毛利润总额，并根据毛利润总额进行降序排序。

$$毛利润总额 = 销售量 \times 单位毛利润$$

商品毛利润总额见表 1-10。

表 1-10　商品毛利润总额

商品	10月销售量/箱	单位毛利润/(元·件$^{-1}$)	毛利润总额/元
雁塘鹃珊鲜奶屋	103 386	4.7	485 914.2
一碗香黑椒牛肉饭	11 155	14.7	163 978.5
雁塘金标鲜牛乳	21 089	6.2	130 751.8
味鲜黑椒牛柳三明治	5 582	13.5	75 357
花农酸奶（原味）	21 551	3.4	73 273.4
一碗香鱼香肉丝饭	5 426	12.8	69 452.8

续表

商品	10月销售量/箱	单位毛利润/(元·件$^{-1}$)	毛利润总额/元
味鲜鸡肉三明治	5 114	12.6	64 436.4
花农酸奶（桑葚味）	13 953	3.4	47 440.2
海南生椰乳	11 158	4.2	46 863.6
味鲜轻食三明治	4 646	9.9	45 995.4
海南椰果酸奶	9 462	4.8	45 417.6
花农益生菌（橘子味）	9 306	4.8	44 668.8
海南鲜榨椰汁	9 768	3.8	37 118.4
花农益生菌（原味）	7 429	4.8	35 659.2
梅林家奶香面包	5 423	6.3	34 164.9
梅林家精制软面包	3 086	7.3	22 527.8
梅林家蒸真馒头	3 083	2.1	6 474.3

步骤三：计算毛利润金额累计占比。

各商品的毛利润金额占比 = 该商品的10月毛利润总额/
Σ各商品的10月毛利润总额

该商品的毛利润金额累计占比 = 该商品的毛利润金额占比 + 排序在该商品前面的
其他所有商品的毛利润金额占比之和

商品毛利润金额占比和毛利润金额累计占比见表1-11。

表1-11 商品毛利润金额占比和毛利润金额累计占比

商品	毛利润总额/元	毛利润金额占比/%	毛利润金额累计占比/%
雁塘鹃珊鲜奶屋	485 914.2	33.993	33.993
一碗香黑椒牛肉饭	163 978.5	11.472	45.465
雁塘金标鲜牛乳	130 751.8	9.147	54.612
味鲜黑椒牛柳三明治	75 357	5.272	59.884
花农酸奶（原味）	73 273.4	5.126	65.01
一碗香鱼香肉丝饭	69 452.8	4.859	69.866
味鲜鸡肉三明治	64 436.4	4.508	74.377
花农酸奶（桑葚味）	47 440.2	3.319	77.696
海南生椰乳	46 863.6	3.279	80.975
味鲜轻食三明治	45 995.4	3.218	84.193
海南椰果酸奶	45 417.6	3.178	87.371
花农益生菌（橘子味）	44 668.8	3.125	90.496
海南鲜榨椰汁	37 118.4	2.597	93.093

续表

商品	毛利润总额/元	毛利润金额占比/%	毛利润金额累计占比/%
花农益生菌（原味）	35 659.2	2.495	95.588
梅林家奶香面包	34 164.9	2.390	97.978
梅林家精制软面包	22 527.8	1.576	99.554
梅林家蒸真馒头	6 474.3	0.453	100

步骤四：计算商品数累计占比。

各商品的商品数占比 = 该商品的商品类别数/∑各商品的商品类别数

各商品的商品数累计占比 = 该商品的商品数占比 + 排序在该商品前面的其他所有商品的商品数占比之和

商品数累计占比见表 1 – 12。

表 1 – 12　商品数累计占比

商品	商品数	商品数占比/%	商品数累计占比/%
雁塘鹃珊鲜奶屋	1	5.883	5.883
一碗香黑椒牛肉饭	1	5.883	11.766
雁塘金标鲜牛乳	1	5.883	17.649
味鲜黑椒牛柳三明治	1	5.883	23.532
花农酸奶（原味）	1	5.883	29.415
一碗香鱼香肉丝饭	1	5.883	35.298
味鲜鸡肉三明治	1	5.883	41.181
花农酸奶（桑葚味）	1	5.883	47.064
海南生椰乳	1	5.883	52.947
味鲜轻食三明治	1	5.883	58.830
海南椰果酸奶	1	5.883	64.713
花农益生菌（橘子味）	1	5.883	70.596
海南鲜榨椰汁	1	5.883	76.479
花农益生菌（原味）	1	5.883	82.362
梅林家奶香面包	1	5.883	88.245
梅林家精制软面包	1	5.883	94.128
梅林家蒸真馒头	1	5.883	100

步骤五：ABC 分类。

对全部商品进行 ABC 分类，取销售毛利润累计占比小于 70% 的商品且其中商品数累计占比小于 20% 的商品为 A 类商品，销售毛利润累计占比小于 70% 且商品数累计占比小于 50% 的为 B 类商品，其他为 C 类商品。商品 ABC 分类见表 1 – 13。

表 1-13 商品 ABC 分类

商品	毛利润金额累计占比/%	商品数累计占比/%	ABC 分类
雁塘鹊珊鲜奶屋	33.993	5.883	A
一碗香黑椒牛肉饭	45.465	11.766	A
雁塘金标鲜牛乳	54.612	17.694	A
味鲜黑椒牛柳三明治	59.884	23.532	B
花农酸奶（原味）	65.01	29.415	B
一碗香鱼香肉丝饭	69.869	35.298	B
味鲜鸡肉三明治	74.377	41.181	C
花农酸奶（桑葚味）	77.696	47.064	C
海南生椰乳	80.975	52.947	C
味鲜轻食三明治	84.193	58.830	C
海南椰果酸奶	87.371	64.713	C
花农益生菌（橘子味）	90.496	70.596	C
海南鲜榨椰汁	93.093	76.479	C
花农益生菌（原味）	95.588	82.362	C
梅林家奶香面包	97.978	88.245	C
梅林家精制软面包	99.554	94.128	C
梅林家蒸真馒头	100	100	C

项目二　智慧仓储

学习目标

[知识目标]
1. 理解智慧仓储的基本概念和优势，区分现代仓储与传统仓储。
2. 识别智慧仓储系统的核心组件和技术。
3. 了解智慧仓储的应用实例及其在全球发展中的趋势和挑战。

[能力目标]
1. 能够分析和比较传统仓储与智慧仓储的不同，识别智慧仓储在现代物流中的关键作用。
2. 能够设计和评估智慧仓储系统的基本框架，识别并应用智慧仓储的关键技术。
3. 能够分析智慧仓储技术在特定行业中的应用潜力，提出创新的解决方案以应对行业发展的挑战。

[素质目标]
1. 培养对智慧物流发展趋势的敏感性，以及对新技术应用的好奇心和学习兴趣。
2. 发展系统思维能力，理解复杂技术系统如何协同工作，提升在团队中协作解决问题的能力。
3. 培养创新意识和持续学习的能力，增强对行业发展的责任感和使命感。

项目导图

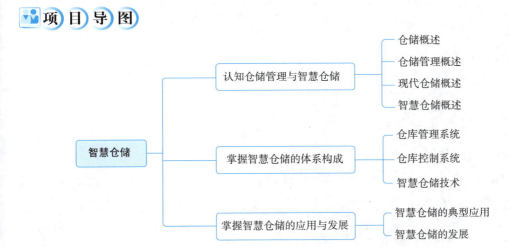

直通职场

参照二维码"仓储工作岗位"的内容,各学习小组查找仓储相关工作岗位,填写表 2-1。至少包含以下模块:岗位名称、岗位职责、岗位技能、薪酬水平。

仓储工作岗位

表 2-1　仓储工作岗位表

岗位名称		薪酬水平	
岗位职责			
岗位技能			
备注			

物流先锋栏目

京东物流

刘强东是京东集团的创始人,他将京东打造成为中国领先的电子商务平台之一,特别是其自建的物流系统——京东物流,以快速和可靠的配送服务著称。京东物流拥有全国范围内的智能仓库网络、应用自动化技术和无人机配送,大幅提升了物流效率。在刘强东的领导下,京东物流不仅支撑了京东的快速增长,也通过技术创新和优化供应链管理,为消费者提供了更加便捷的购物体验,同时在电商物流领域树立了新的行业标准。

项目引入

智储未来:智慧仓储的创新与挑战

我国智慧仓储技术与设备处于快速发展阶段。但是,受制于需求、人力成本、基础设施等因素,我国智慧仓储发展必须解决人工成本低和智能化成本高、库存规模与技术需要相互匹配、全套基础设施建设困难、"高峰"时段硬件失灵等问题。

智慧仓储的优势有这几个方面。第一,智慧仓储设备在运行当中,系统会自动接收外来订单以及需要出库的订单,然后自动完成相关商品的存取。在整个仓储环节中,智慧仓储系统对人工的依赖非常小,降低了不少人工成本。第二,智慧仓储自动化机械设备的工作效率比人工更高,可以让仓库保持长时间高效的运行状态,同时相比于人工,智慧仓储系统能处理更多复杂的工作。第三,智慧仓储系统不但拥有减少人力成本,节省人力资源等优点,还能在特殊环境中使用,如有毒环境、极端气候。智慧仓储系统是多种先进科技组成的全新仓储系统,可以说是目前仓储货架行业科技水平最高的仓储系统了。

随着"互联网+"物流快速发展,智慧仓储的发展也会迎来新的机遇和挑战。第一,制造业的转型升级和智能制造发展,将直接带动物流领域物联网技术的应用继续保持快速发展。第二,在电子商务物流领域,大型电商物流配送中心将继续向高度智能化和网络化方向发展,电商智能拣选系统继续保持快速增长;部分电商物流中心将使用各类物流机器人系统。第三,在商贸物流领域,随着新零售的快速发展,现代仓储业正在转型升级,智慧仓储技术也将得到应用与推广。第四,近两年中国仓储领域物联网产品继续保持较快发展,传感技术、射频识别技术、条形码技术等各项感知技术和自动识别技术的应用方兴未艾,仓储技术装备正在向智能化、可视化方向全面发展。

价值探究:

智慧仓储技术的发展如何与国家创新驱动发展战略、智能制造2025等国家战略相结合,推动产业升级和经济结构优化?

项目实施任务：智慧仓储管理系统优化方案

任务背景：随着电子商务的快速发展，物流中心面临着巨大的订单处理压力。为了提高物流效率、降低成本并提升客户满意度，物流中心需要对其仓储管理系统进行优化。

任务目标：通过分析现有仓储管理系统，提出优化方案，以实现更高效的库存管理和订单处理流程。

任务要求：

1. 案例选择：选择一个具体的物流中心或仓库作为案例研究对象。
2. 现状分析（关联任务一）：描述案例对象的仓储管理现状，包括仓储布局、作业流程、库存控制等。找出存在的问题，如空间利用不足、库存积压、作业效率低下等。
3. 技术与策略分析（关联任务二）：分析现有的智慧仓储技术，如自动化设备、WMS、WCS等，并评估其在案例中的应用情况。
4. 优化建议（关联任务三）：

（1）基于现状分析和技术策略分析，提出具体的优化措施，如引入新的自动化设备、改进WMS功能、采用先进的数据分析工具等。（2）讨论这些建议如何帮助案例中的物流中心提高仓储效率、降低运营成本、提升客户体验。

任务一　认知仓储管理与智慧仓储

知识链接

知识点1：仓储概述

仓储是物流活动的重要组成部分，是各种物资周转、储存的关键环节，担负着物资管理的多项业务职能。

"仓"即仓库，为存放、保管、储存物品的建筑物和场地的总称，可以是房屋建筑、洞穴、大型容器或特定的场地等，具有存放和保护物品的功能。"储"即储存、储备，表示收存以备使用，具有收存、保管、交付使用的意思。"仓储"是指利用特定场所对物资进行储存、保管以及相关活动的总称。

现代"仓储"不是传统意义上的"仓库""仓库管理"，而是在经济全球化与供应链一体化背景下的仓储，是现代物流系统中的仓储，它表示一项活动或一个过程，在英文中对应的词是"Warehousing"。现代仓储可以定义为：以满足供应链上下游的需求为目的，在特定的有形或无形的场所，运用现代技术对物品的进出、库存、分拣、包装、配送及其信息进行有效的计划、执行和控制的物流活动。

知识点2：仓储管理概述

仓储管理是为了以合适的物流成本达到用户满意的服务水平，对正向及反向的物流活动过程及相关信息进行计划、组织、协调与控制。具体来讲，仓储管理包括仓储资源的获得、经营决策、商务管理、作业管理、仓储保管、安全管理、人事劳动管理、经济管理等一系列管理工作。如果站在供应链一体化的战略高度，以物流系统功能的整体观念来看待的话，仓储管理不仅包括对仓储业务活动和作业过程的管理，还包括仓储的战略规划和以仓库定位为中心的物流管理设计和物流节点布局。

仓储管理是一门经济管理科学，同时也涉及应用技术科学，故属于边缘性学科。仓储管理将仓储领域内生产力、生产关系及相应的上层建筑中的有关问题进行综合研究，以探索仓储管理的规律，不断促进仓储管理的科学化和现代化。

仓储管理的内涵随着其在社会经济领域中作用的不断扩大而变化。仓储管理从单纯意义上对货物存储的管理，到成为物流过程中的中心环节，它的功能已不是单纯的货物存储，而是兼有包装、分拣、整理、简单装配等多种辅助性功能。因此，广义的仓储管理应包括对这些工作的管理。

知识点3：现代仓储概述

1. 现代仓储业与传统仓储业对比

现代仓储业与传统仓储业相比有着显著的特点和优势，以下是两者的对比概述。

（1）传统仓储业的特点

①手工操作：传统仓储管理多依赖手工记录和操作，效率低下、易出错，且难以保证数据的准确性。

②信息闭塞：由于缺乏实时的信息反馈系统，管理者难以及时了解仓库的实际情况，决策缺乏数据支持。

③库存管理：库存控制不够精细，容易出现过剩或缺货的情况，导致资金占用和交货延迟。

④成本较高：由于效率低下和人力资源浪费，管理维护成本较高。

⑤安全性和追溯性：物品的安全性和追溯性较差，难以有效防止货物损失或变质。

（2）现代仓储业的特点

①技术驱动：现代仓储业广泛应用物联网（IoT）、人工智能（AI）、5G、大数据、云计算、机器人等新技术，实现了仓储的数字化、协同化、智慧化。

②资源共享：现代仓储业推动资源共享模式，如共享仓储、统仓共配，以及托盘、周转箱等物流包装器具的循环共用，提高了资源利用效率。

③精细化管理：通过仓库管理系统（WMS）等工具，实现多货主、多仓库、多货品、多批次、多库位类型的精细化数字管理。

④无纸化作业：利用射频识别技术、条形码等技术，实现全程无纸化操作，提高作业效率和准确性。

⑤物流追溯：现代仓储系统能够实现对物品的全程追溯，增强了安全性和透明度。

⑥智能算法：应用智能算法优化库存管理和物流路径，提升仓储效率，降低运营成本。

⑦绿色发展：现代仓储业注重绿色低碳发展，推动环保材料和节能技术的应用。

总的来说，现代仓储业相较于传统仓储业，更加注重技术创新、效率提升、成本控制以及可持续发展。通过引入先

视频：我国仓储行业持续保持良好运行态势

进的技术和管理方法，现代仓储业能够更好地适应快速变化的市场需求，提供更加高效、智能、安全的仓储解决方案。

2. 现代仓储的核心功能

①自动化存储与检索：现代仓储系统通过自动化技术，如自动堆垛机、输送带和机器人等，实现快速、准确且连续的货物存取作业。这不仅提高了作业效率，还减少了对人工的依赖，降低了劳动成本和人为错误。

②智能库存管理：集成先进的仓库管理系统（WMS），实现库存的实时监控和动态管理。系统能够自动记录货物的入库、存储位置、库存数量以及出库情况，通过数据分析预测需求，优化库存水平，减少资金占用和过剩库存。

③订单处理与履行：现代仓储中心通过自动化拣选系统、分拣机器人和包装设备，加快订单处理速度。系统能够根据订单要求自动拣选商品，进行包装和分拣，确保订单准确无误地完成，并按时发货。

④数据追踪与追溯：利用射频识别技术、条形码等自动识别技术，实现对每一件货物的精确追踪。这不仅提高了库存管理的透明度，还有助于质量问题的快速定位和召回管理，增强了消费者的信任度和满意度。

⑤供应链协同：现代仓储与供应链上下游企业紧密协作，通过共享信息和资源，实现库存和物流的优化。这种协同作用可以减少整个供应链的库存成本，提高响应市场变化的能力。

⑥安全管理：现代仓储业重视安全管理体系的建立，包括消防安全、防盗监控、人员安全培训等方面。通过监控系统和安全设备的使用，确保仓库运营的安全性，保护员工不受伤害，货物不受损害。

知识点4：智慧仓储概述

1. 智慧仓储的概念

智慧仓储是智慧物流的重要节点，当仓储数据接入互联网系统后，系统通过对数据的提取、运算、分析、优化、统计，再通过物联网、自动化设备、仓库管理系统（WMS）和仓库控制系统（WCS），可以实现对仓储系统的智慧管理、计划与控制。

案例：国内首个5G智慧仓储落地苏州——5G+工业互联网融合迸发新动能

"互联网+"的兴起，使智慧仓储成为仓储业发展的热点。社会日益增长的仓储需求，推动着仓储管理向自动化智慧化发展。物联网是智慧仓储的技术基础，物流需求的不断增长，促使物联网技术在物流行业的应用不断深入。物联网与云计算、大数据、移动互联网等现代信息技术的不断融合形成了一个适应物联网发展的技术生态，呈现出多种技术联动发展的局面。

物流人风采栏目

王振辉——京东物流曾经的CEO

王振辉在加入京东之前，曾在联想集团担任高管。他加入京东后，从华北区

项目二　智慧仓储

> 总经理的职位起步，凭借出色的业绩和领导能力，迅速在公司内部晋升。在担任京东商城首席运营官（COO）期间，王振辉主导了京东物流体系的建设和优化，推动了京东自建物流网络的发展，为京东的快速配送服务奠定了坚实的基础。2017年，京东物流宣布独立运营，王振辉被任命为首席执行官（CEO），全面负责京东物流的战略规划和业务发展。在他的领导下，京东物流不仅服务京东自身的电商平台，还向第三方开放，提供全面的供应链解决方案。王振辉推动的京东物流的技术创新，包括无人配送车、无人机配送等。京东物流成为智慧物流的先行者。

2. 智慧仓储的特点

智慧仓储具有仓储管理信息化、仓储运行自动化和仓储决策智慧化三个特点。

（1）仓储管理信息化

视频："5G+"赋能智能仓储

在仓储作业中，会产生大量的货物信息、设备信息、环境信息和人员信息等，如何实现对信息的智能感知、处理和决策，利用信息对仓储作业的执行和流程进行优化，实现仓储管理信息化，是智慧仓储研究的重点之一。智慧仓储是在仓储管理业务流程再造基础上，利用射频识别技术、网络通信、信息管理系统以及大数据、人工智能等技术，实现入库、出库、盘库、移库管理的信息自动抓取、自动识别、自动预警及智能管理功能，以降低仓储成本，提高仓储效率，提升仓储智慧管理能力。智慧仓储能实现仓储信息的自动抓取、自动识别、自动预警，并以此实现物流仓储环节的智能化管理，提高货物的出库、入库和移库效率。

（2）仓储运行自动化

仓储运行自动化主要是指仓储运行的硬件部分自动化，如自动化立体仓库系统、自动分拣设备、分拣机器人以及可穿戴设备的应用。图2-1所示为智慧仓储互联互通云平台架构。自动化立体仓库里面又包括立体存储系统、穿梭车等的应用；分拣机器

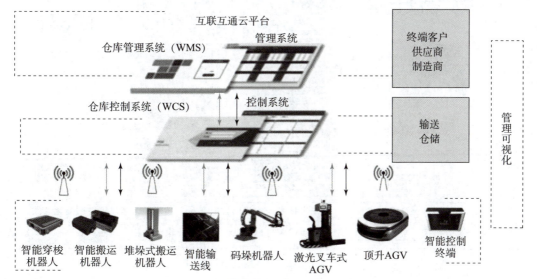

图2-1　智慧仓储互联互通云平台架构

人，主要如关节机器人、机械手、蜘蛛手的应用。智慧仓储设备和智能机器人的使用能够提高作业的效率，提高仓储运行的自动化水平。智能控制是在无人干预的情况下能自主驱动智能机器实现控制目标的自动控制技术。对仓储设备和机器人进行智能控制，使其具有像人一样的感知、决策和执行能力，设备之间能够进行沟通和协调，设备与人之间也能够更好地交互，可以大大减轻人力劳动的强度，提高操作的效率。自动化与智能控制的研究应用是最终实现智慧仓储系统运作的核心。

（3）仓储决策智慧化

仓储决策智慧化主要是互联网技术如大数据、云计算、AI、深度学习、物联网、机器视觉等在仓储中的广泛应用，如图 2-2 一站式智慧物流解决方案所示。利用这些数据和技术进行商品的销售和预测，智能库存的调拨以及对个人消费习惯的发掘，能够实现根据个人的消费习惯进行精准的推荐。目前技术比较成熟的企业，如京东、阿里（菜鸟）等已运用大数据进行预分拣。在仓储管理过程中，各类仓储单据、报表快速生成，问题货物实时预警，特定条件下货物自动提示，通过信息联网与智能管理，形成统一的信息数据库，为供应链整体运作提供可靠依据，是仓储决策智能化的实现目标。

视频：向"新"而行：深耕智能仓储持续向"新"发力

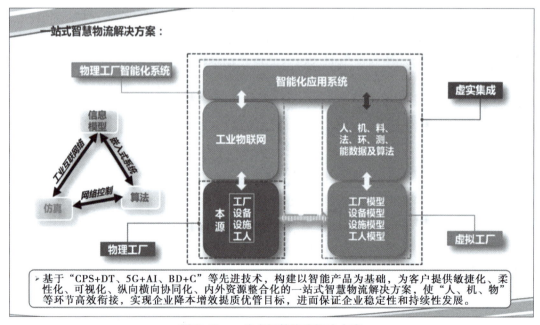

图 2-2 一站式智慧物流解决方案

任务二　掌握智慧仓储的体系构成

知识链接

知识点1：仓库管理系统

1. 仓库管理系统的概念

仓库管理系统（Warehouse Management System，WMS）是对批次管理、物料对应、库存盘点、质检管理、虚仓管理和即时库存等仓储业务进行综合管理的管理系统，可有效控制并跟踪仓库业务的物流和成本管理全过程，实现或完善企

视频：制造强国："软硬装兼施让仓储物流更智能"

业的仓储信息管理。该系统可以独立执行库存操作，也可与其他系统的单据和凭证等结合使用，可为企业提供更为完整的企业物流管理流程和财务管理信息。WMS 就像一个综合的指挥中心，协调驱动着整个仓库及相关的其他系统的运行，是仓库不可或缺的"大脑+神经中枢"。

2. 仓库管理系统的功能模块

WMS 一般具有以下几个功能模块：订单处理及库存控制、基本信息管理、货物管理、信息报表管理、收货管理、拣选管理、盘点管理、移库管理、打印管理和后台服务管理。WMS 系统可通过后台服务程序实现同一客户不同订单的合并和订单分配，并对基于电子标签拣货系统（Picking To Light，PTL）、射频、纸箱标签方式的上架、拣选、补货、盘点、移库等操作进行统一调度和下达指令，并实时接收来自电子标签拣货系统、RF 和终端电脑的反馈数据。整个软件业务与企业仓库物流管理各环节吻合，实现了对库存商品管理实时有效的控制。

WMS 的基本系统模块包括以下内容，如图 2−3 所示。

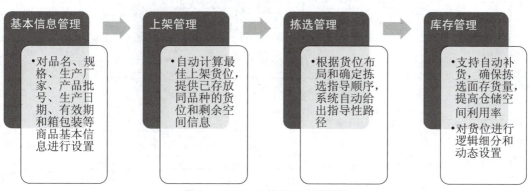

图 2−3　WMS 的基本系统模块

①基本信息管理：对品名、规格、生产厂家、产品批号、生产日期、有效期和箱包装等商品基本信息进行设置。通过货位管理功能对所有货位进行编码并存储在系统的数据库中，使系统能有效地追踪商品所处位置，便于操作人员根据货位号迅速定位到目标货位在仓库中的物理位置。

②上架管理：自动计算最佳上架货位，提供已存放同品种的货位和剩余空间信息。可以根据避免存储空间浪费的原则给出建议的上架货位并按优先度排序，操作人员可以直接确认或人工调整。

③拣选管理：根据货位布局和确定拣选指导顺序，系统自动给出指导性路径，避免无效穿梭和商品找寻，提高单位时间内的拣选量。

④库存管理：支持自动补货，通过自动补货算法，确保拣选面存货量，提高仓储空间利用率，降低货位蜂窝化现象出现的概率；能够对货位进行逻辑细分和动态设置，在不影响自动补货算法的同时，有效提高空间利用率和控制精度。

知识点 2：仓库控制系统

1. 仓库控制系统的概念

仓库控制系统（Warehouse Control System，WCS）是介于 WMS 系统和可编程逻辑控制器（Programmable Logic Controller，PLC）系统之间的一种管理控制系统，它可以协调各种物流设备如输送机、堆垛机、穿梭车、机器人以及 AGV 小车等物流设备之间的运行，它主要通过任务引擎和消息引擎优化分解任务、分析执行路径，为上层系统的调度指令提供执行保障和优化，实现对各种设备系统接口的集成、统一调度和监控。

2. 仓库控制系统的地位

仓库控制系统（WCS）在现代仓库和物流中心中占据了至关重要的地位。它位于仓库管理系统和自动化物流设备之间的中间层，起到了桥梁和纽带的作用。WCS 的主要职能是协调和调度仓库内的自动化技术或设备，如输送机、分拣机、自动仓库等，确保这些设备能够高效、准确地执行由 WMS 下达的任务和指令。图 2-4 所示的是 WCS 在智慧仓储系统中的地位。

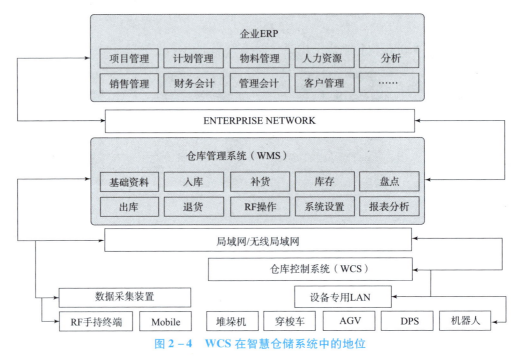

图 2-4 WCS 在智慧仓储系统中的地位

3. 仓库控制系统的功能

WCS 的基本功能包括接收 WMS 的作业指令，经过整理、组合形成各自动化系统的作业指令，分发给各自动化系统，包括堆垛机监控系统、输送机监控系统、穿梭车监控系统、图形显示系统等。同时，接收各自动化系统的现场状态，反馈给 WMS。

WCS 系统与上位系统对接，实现设备智能调度与控制管理，主要功能包括任务管理、设备调度、设备监控、物流监控、故障提示、运行记录等，图 2-5 所示的是 WCS 系统功能。

图 2-5 WCS 系统功能

知识点 3：智慧仓储技术

相比传统仓储，智慧仓储的一个显著特征是在系统执行层应用了各类智慧装备技术，包括自动导引运输车、无人叉车、货架穿梭车、智能穿戴设备等，主要用于仓内收货、上架、存储、拣选、集货、发货各工艺环节，可有效提升仓内的操作效率，降低物流成本。

案例：智能设备将"汗水物流"转变为"智慧物流"

1. 收货上架环节智慧技术

（1）自然导航无人叉车

托盘搬运作业是将整个托盘货物从运输车辆上搬运至收货区等待质检入库。传统自动化解决方案是采用激光或惯性导航的无人叉车实现托盘搬运作业。这些无人叉车通常只能在某个固定的区域内，人为设置好反光板、磁钉等标记物或反射器，不能随意地变换工作环境，存在很大的局限性。基于同时定位与地图创建（Simultaneous Localization and Mapping，SLAM）技术可实现无人叉车的自然导航，不需要安装标记或反射器，只需让装有环境感知传感器的无人叉车在未知环境中从某一位置出发，根据其移动过程中内部与外部传感器获取的感知信息进行自定位，同时逐渐建立一个连续的环境地图，然后在此地图的基础上可以实现无人叉车的精确定位与路径规划，完成导航

动画：智慧仓储的基本技术

动画：AGV 导航方式的演化

任务。自然导航无人叉车具有安装时间短、投入成本低、自由创建新路径等特点，是下一代智能无人叉车的发展方向。

（2）智能拆垛机械手

拆垛作业是将转运托盘上码放的货物一箱箱搬运到输送线上。传统自动化解决方案是采用工业机器人手臂抓取或吸取完成，由于工业机器人手臂作业控制依据的是计算机系统数据库中存储的箱型尺寸和码垛规则，而不是识别现场作业对象，因此只能实现从同一托盘中取出相同规格的箱子这一作业，当面临成千上万种货物箱型时，数

据库的维护是一项非常繁重的任务。电商公司收到的同一托盘上的货物箱型大小不一，且码垛无固定规则，传统工业机器人手臂难以操作。智能拆垛机械手借助3D视觉和深度学习算法，实现工业机器人手臂作业的自我训练和自我校正，无须箱型和垛型的数据库维护。工业机器人通过3D深度摄像头识别顶层货物轮廓，当首次拾起一个箱子时，它就建立起了一个关于箱子外形的模型，并基于这个模型加快对下一个箱子的识别。

动画：码垛机器人码垛拆垛作业

2. 存储环节智慧技术

（1）自动化立体仓库系统

在传统集中式作业过程中，同一品规的货物以托盘为单元大批量进出仓库，存储环节最常用的自动化解决方案是自动化立体仓库（Automated Storage and Retrieval System，AS/RS），货物以托盘为单位存储在高位货架上，通过堆垛机完成托盘出入库作业。而在碎片式作业过程中，为便于后期海量品项、成千上万订单行的拆零拣选，货物更多以料箱方式进行存储，借助智能调度算法指挥小车群体完成货物出入库作业。

视频：智能立体仓库系统

自动化立体仓库系统，利用自动化存储设备同计算机管理系统的协作来实现立体仓库的高层合理化，存取自动化以及操作简便化。

自动化立体仓库主要由货架、巷道式堆垛起重机（堆垛机）、入（出）库工作站台、调度控制系统以及管理系统组成。货架一般为钢结构或钢筋混凝土结构的结构体，货架内部空间作为货物存放位置，堆垛机穿行于货架之间的巷道中，可由入库站台取货并根据调度任务将货物存储到指定货位，或到指定货位取出货物并送至出库站台。

（2）KIVA机器人系统

KIVA机器人系统由成百上千个举升搬运货架单元的机器小车组成。货物开箱后放置在货架单元上，通过货架单元底部的条码将货物与货架单元信息绑定，仓库地面布置条码网格，机器小车应用两台摄像机分别读取地面条码和货架单元底部的条码，在编码器、加速度计和陀螺仪等传感器的配合下完成货物搬运导航。此外，机器小车不支持移动与转向同步，转向时需要固定在原地位置进行。该系统的核心是控制小车的集中式多智能体调度算法。

视频：KIVA机器人

（3）自动穿梭车仓库系统

自动穿梭车又称为轨道式导引车（Rail Guide Vehicle，RGV），主要用于物料输送、车间装配等，可与上位机或WMS通信，结合射频识别技术和条码识别技术，实现自动化识别、输送和存取等功能。自动穿梭车可以十分方便地与其他物流系统实现自动连接，如出入库站台、缓冲站、输送机、升降机和机器人等，按照计划进行物料的输送。自动穿梭车无须人员操作，运行速度快，显著降低了仓库管理员的工作量，提高了劳动生产效率。自动穿梭车根据运行轨迹可分为往复式穿梭车和环形穿梭车；根据轨道形式自动穿梭车可分为单轨穿梭车和双轨穿梭车。

视频：穿梭车

KIVA 机器人系统受货架单元的高度限制，仅能实现货物在平面空间上的存储，而自动穿梭车仓库系统则采用立体料箱式货架，实现了货物在仓库内立体空间的存储。入库前货物经开箱后存入料箱，通过货架巷道前端的提升机将料箱送至某一层，然后由该层内的穿梭车将货物存放至指定的货格内。当货物出库时，通过自动穿梭车与提升机的配合完成。该系统的核心是通过货位分配优化算法和小车调度算法的设计，均衡各巷道之间以及单个巷道内各层之间的任务量，提高设备间并行工作时间，发挥设备的最大工作效率。

（4）细胞单元系统

KIVA 机器人系统中的自动导引小车实现地面搬运，自动穿梭车仓库系统中的穿梭车实现货架轨道上的搬运，新型细胞单元系统则是以上两种技术的融合。当细胞单元小车在货架或提升机上时，按照传统自动穿梭车的工作方式在轨道上运动；当离开货架到达地面时，可以切换至自动导引小车的工作方式在地面运行。细胞单元小车在地面上的导航方式不同于 KIVA 机器人系统，它采用的是基于无线传感网测距、激光测距仪测量和推测航行法的传感器融合技术。无线传感网实现信息通信以及全局定位，激光测距仪测量和推测航行法实现位置跟踪和定位精度校正。比 KIVA 机器人系统地面标签配合惯性导航的方式相比更加灵活。细胞单元系统将立体货架存储空间与地面平面存储空间无缝衔接在一起，代表了可扩展、高柔性化的小车群体技术的未来发展方向。

动画：密集库作业原理

3. 输送环节智慧技术

自动输送系统如同整个智慧仓储系统的血管，连通着机器人、自动化立体库等物流系统，可实现货物的高效自动搬运。相比较自动化立体库和机器人系统而言，自动输送系统技术更趋成熟。只不过在智慧仓储系统中，自动输送系统需要跟拣选机器人、码垛机器人等进行有效的配合，同时为了保证作业准确，输送线也需要配备更多的自动检测、识别、感知技术。例如，目前京东无人仓中，输送线的末端、拣货机器人的前端增加了视觉检测工作站，通过信息的快速扫描和读取，为拣货机器人提供拣货指令。

除此之外，还有输送线两侧的开箱、打包机器人等，这些新增加的智能设备都需要与输送系统进行有效衔接和配合。

4. 拣选环节智慧技术

（1）AR 辅助拣选技术

传统的人工拣选解决方案采用手持无线射频（Radio Frequency, RF）拣选、电子标签拣选（Pick To Light）或语言拣选（Voice Directed Picking）方式。拣货人员根据货架上的指示灯或者手持无线射频以及穿戴设备中的提示，拣取货架中的货物。传统的人工拣选方式虽然作业准确率提高，但是要求拣货人员熟悉库房的布局。通过虚拟增强现实技术（Augmented Reality，AR）将真实世界和虚拟世界的信息进行"无缝"集成，通过 AR 眼镜自动识别库房环境，定位待拣货物位置，并自动规划拣选路径，建立线路导航，指引作业人员以最短的时间到达目标拣选货位，通过 AR 眼镜自动扫描货物条码，指导作业人员准确获取商

视频：智能分选设备助力柑橘远销全国

品，解放双手，可大幅提高拣选作业效率。

（2）阵列式自动拣选技术

传统的自动化拣选设备是以 A 字架系统为代表的通道式拣选机，同一品项货物被整齐摆放在立式通道内，借助通道底部的弹射机构将货物拣选至输送线上。由于拣选通道沿输送线平行排列，单一货物品项分拣占地面积大且设备成本较高，这一拣选方式主要适用于拣选量大且集中于有限品项的配送中心。当面对拣选量大且涉及品项多的订单处理任务时，这一拣选方式常因空间布局和设备成本限制而无法使用。因此阵列式自动拣选机被设计研发并得到成功应用。阵列式自动拣选系统（Matrix Automated Order Picking System，MAOPS）是一类由大量水平倾斜式拣选通道在空间中排列组合而成的新型自动化拆零拣选系统。所有拣选通道以一定倾角在设备上安装，通道底部装有流利条，货物放置在流利条上，在重力作用下滑向通道前端。在每个拣选通道的前端装有一个弹出机构，弹出机构动作一次，都会将通道最前端的单件货物拣出，拣出货物沿挡板下滑至输送线上，通道内剩余货物在重力作用下不断补充到弹出机构上，保证货物拣选的连续性。通道宽度可在一定范围内调整以适应不同的货物尺寸，但每个通道内仅放相同品项的货物，拣选量大的货物可同时存储在多个拣选通道内。相同长度输送线对应的拣选通道数量约是 A 字架系统的 5~7 倍，而设备成本仅为 A 字架系统的 1/10~1/5。

（3）Delta 机械手拣选技术

阵列式拣自动选技术主要适用于包装标准的盒装品拣选，无法满足袋装、瓶装等其他货物包装类型的拣选需求。瑞典 Reymond Clavel 教授在 20 世纪 80 年代提出 Delta 并联机器人，其机械手的驱动电动机被设计在机架上，从动臂可以做成轻杆，因此末端可以获得很高的速度和加速度，这种机器人特别适合轻型货物的高速分拣操作。基于摄像机和计算机来模拟人的视觉功能，Delta 机械手能够实现动态拣选，并且机械手可以根据产品的不同尺寸和种类更换拾取器，因而适用多种多样的包装类型。此外，为了保证抓取的准确性，Delta 机械手需要借助人工智能技术训练同种商品在不同姿态下的识别准确率。

5. 集货发货环节智慧技术

在发货区内根据送货线路不同划分不同区块，集货分拣作业将拣选完成的订单放置在对应送货线路的区块内。传统的自动化解决方案多采用基于斜轮分流器、滑块分拣机或交叉带机的自动化分拣线，分拣线仅能解决订单按照送货线路分类集中，但无法实现订单按照送货线路的固定顺序排列，只有等到装车发货时，由发货人员根据送货线路由远及近的客户顺序，将相应的订单货物依次挑出，装入车厢内，这严重影响装车效率。

智能发货分拣系统采用自动穿梭车技术，拣选完成的订单存储在立体货架内，穿梭车的存取货叉可根据箱型尺寸进行货叉间距调整，因而可以适用于不同尺寸的货物和不同类型的包装。当接到发货装车指令，订单货物会根据送货线路由远及近的客户顺序依次从货架中取出，通过输送线送至装车区域，若配合伸缩带机，可实现直接装车，减少中间二次搬运环节，大幅提高装车效率。此外，由于订单在发货区货架内进行立体存储，相比传统发货区的地面平面存储方式，空间利用率得到显著提高。

综上所述，智慧仓储装备技术发展有两个显著特点。一是基于数据挖掘、人工智能算法和自动感知识别技术机器人的快速融入，人工智能算法与自动感知识别技术即为智慧仓储系统的"大脑与神经系统"，在智慧仓储模式下，数据将是所有动作产生的依据，数据感知技术如同为机器安装了"眼睛"，人工智能算法是智慧仓储技术的核心与灵魂所在。二是人机间的友好高效协作。对于拆垛、拣选等抓取类作业，配备3D机器视觉和人工智能算法的机械手可以逐渐应对各类外形重量的商品；对于卸车、入库、出库、集货等搬运类作业，配备各类导航设备和调度算法的自动导引小车机器人可以协同完成。机器人的融入，使得传统仓储物流系统由刚性变为柔性，而人工智能则使物流作业更加高效和精准。与此同时，受商品多样性和高额建设成本的限制，全部采用机器人作业的无人仓仅会出现在个别行业或企业内部，但无人仓并不具备一般适用性，因此，在更多应用场景中会采用人机协作模式。例如在订单拣选环节中，KIVA机器人系统或自动穿梭车仓库系统将待拣选货物料箱送至拣选台，由人工来完成拣选作业，人工拣选效率的提高依赖于拣选工位的设计，需要增加人机界面的友好性。工作更愉快、更舒适，把工位设计得更加人性化、智能化，可有效避免差错。

> **政策解读栏目**
>
> **《电子商务物流发展规划》**
>
> 随着电子商务的迅猛发展，该规划旨在构建高效、便捷、智能的电商物流服务体系，满足日益增长的在线购物需求。政策提出了推动电商与物流的深度融合，支持电商物流模式创新，如无人仓、无人配送等。同时，鼓励电商物流企业加强绿色包装和循环利用，减少环境污染。政策还强调了提升农村电商物流服务水平，促进农产品上行和工业品下乡，以实现城乡物流服务均衡发展。

任务三　掌握智慧仓储的应用与发展

知识链接

知识点1：智慧仓储的典型应用

1. 无人仓

案例：智能仓储首次在核工业成功应用

视频：改建数字化仓库

（1）无人仓的概念

无人仓，又称为自动化仓库或智能仓库，是指利用先进的自动化技术和信息技术，实现仓储作业的全流程无人化操作。这种仓库通常配备自动化设备，如自动化堆垛机、输送带、分拣机器人、自动引导车（AGV）等，以及智能控制系统，如仓库管理系统（WMS）和仓库控制系统（WCS）。通过这些技术和系统的集成，无人仓能够自动完成货物的入库、存储、拣选、包装和出库等操作，极大提高了仓库的运营效率和准确性，同时降低了人工成本和错误率。

有观点认为，基于高度自动化、信息化的物流系统，即便在仓库内有少量工人，能够实现人机高效协作的，仍然可以视为无人仓。京东、菜鸟目前打造的无人仓便是如此。也有观点认为，在货物搬运、上架、拣选、出库等主要环节逐步实现自动化作业，也是无人仓的一种表现形式。综合以上观点，无人仓的发展方向是明确的，即以自动化设备替代人工完成仓库内部作业。可以说，智能制造，特别是电商企业的需求直接推动了无人仓技术的发展升级。无人仓是市场需求和物流技术发展双重作用的结果，是供需双方联合创新的典范，如图 2-6 所示的无人仓。

图 2-6　无人仓

（2）无人仓的技术标准

无人仓的标准须从"作业无人化""运营数字化""决策智能化"三个层面去理解。

①作业无人化。

在作业无人化方面，无人仓要具备三"极"能力，即无论是单项核心指标，还是设备的稳定性，还是各种设备的分工协作都要达到极致化的水平。

无人仓使用了自动立体式存储、3D 视觉识别、自动包装、人工智能、物联网等各种前沿技术，兼容并蓄，实现了各种设备、机器、系统之间的高效协同。

②运营数字化。

在运营数字化方面，无人仓需要具备自感知等能力。在运营过程中，与面单、包装物、条码有关的数据信息要靠系统采集和感知，出现异常要自己能够判断。

在无人仓模式下，数据将是所有动作产生的基础，通过将所有的商品、设备等信息进行采集和识别，并迅速将这些信息转化为准确有效的数据上传至系统，系统再通过人工智能算法、机器学习等生成决策和指令，指导各种设备自动完成物流作业。其中，基于数据的人工智能算法需要在货物的入库、上架、拣选、补货、出库等各个环节发挥作用，同时还要随着业务量及业务模式的变化不断调整优化作业。可以说算法是无人仓技术的核心与灵魂所在。

③决策智能化。

在决策智能化方面，无人仓能够实现成本、效率、体验的最优化，可以大幅减轻工人的劳动强度。如京东物流无人仓能够满足业务全局发展需要，具有智能化、自主决策的能力，其核心是监控与决策算法的优化。

（3）无人仓的主要构成

无人仓的主要构成通常包括以下五个核心部分。

①中央控制系统（Central Control System）：作为无人仓的"大脑"，负责协调和管理整个仓库的运行。它通过智能算法和控制系统自主对各类自动化设备进行实时控制，实现仓内作业全流程无人化。

②自动化存储和检索系统（AS/RS）：包括自动化堆垛机、输送系统和货架系统，用于自动存储和检索货物。这些系统能够显著提高存储密度和效率。

③自动引导车（AGV）或自动引导叉车（AGF）：在仓库内自主导航，执行搬运、拣选等任务，无须人工驾驶。

④分拣系统：利用条码扫描、无线射频读取器、重量检测等自动识别技术，自动将货物分拣到指定的区域或容器中。

⑤机器人技术：包括机械臂、拣选机器人等，用于执行特定的拣选、包装或其他自动化任务。

这些构成部分共同工作，使无人仓能够实现高效率、高准确性的自动化操作，同时降低人力成本，提高作业安全性。随着技术的进步，无人仓的构成可能还会继续演进和优化。

2. 智慧云仓

随着互联网和电商的快速发展，特别是近几年流行的各种节日购物狂欢、店铺周年庆、"双11"、"双12"等大型电商活动，快递包裹堆积成山。商家希望包裹能够精准安全地到消费者手中，而消费者始终关心快递的速度。快递的前端是物流，那么如何在如此庞大的物流量下，实现快递的准确快速细分，并且高效地将快递完好无损地到消费者手中？基于大数据、云计算和现代管理技术等信息技术的"智慧云仓"应运而生。

（1）智慧云仓的概念

智慧云仓是物流仓储的一种，但是不同于传统仓和电商仓。"云"的概念来源于云计算，是一种基于互联网的超级计算模式，在远程数据中心里，成千上万台计算机和服务器连接成一片计算机云，对外提供算力服务。而智慧云仓正是基于这种思路，在全国各区域中心建立分仓，由公司总部建立一体化的信息系统，用信息系统将全国各分拣中心联网，实现配送网络的快速反应，所以智慧云仓是利用云计算以及现代管理方式，依托仓储设施进行货物流通的全新物流仓储体系产品。

视频：智慧云仓

智慧云仓是一种全新的仓库体系模式，它主要是依托科技信息平台充分运用全社会的资源,做到迅速快捷经济地选择理想的仓储服务。在这一模式下,快件可直接由仓储到同城快递物流公司的公共分拨点实现就近配送,极大地减少了配送时间,提升了用户体验,这就给那些对物流水平需求极高的企业带来了新的机遇。

(2) 智慧云仓的类型

目前智慧云仓主要有电商平台云仓、快递云仓、互联网化第三方仓储云仓等类型,前两类云仓直接为商家提供云仓服务,而互联网化第三方仓储云仓致力于云仓供应链的解决方案。

① 电商平台云仓。

电商平台云仓的成本比较高,目前只有电商巨头阿里巴巴、京东、亚马逊等着手布局。它们通过多地仓储协同实现资源整合优化,大大提高了时效性和准确性,并且通过大数据分析,建立准确的预测机制,更好地实现快速反应,增强客户体验。

菜鸟云仓:菜鸟把自己定位为物流大数据平台,菜鸟网络未来或可能组建全球最大的物流云仓共享平台。菜鸟搭建的数据平台,以大数据为能源、以云计算为引擎、以仓储为节点、编织一张智慧物流仓储设施大网,覆盖全国乃至全球,开放共享给天猫和淘宝平台上的各商家。

京东云仓:京东自建的物流系统已经开始对社会开放,京东物流依托自己庞大的物流网络设施系统和京东电商平台,从供应链中部向前后端延伸,为京东平台商家开放云仓共享服务,提升京东平台商家的物流体验。此外,利用京东云仓完善的管理系统,跨界共享给金融机构,推出"互联网+电商物流金融"的服务,利用信息系统全覆盖,实现仓配一体化,并有金融支持,能满足电商企业的多维度需求。

② 快递云仓。

主要是指物流快递企业自建的云仓,主要目标是建立仓配一体化,实现快递企业高效配送。例如,"百世云仓"是百世汇通建设的云仓。百世云仓依托在全国 30 个中心城市建设的众多云仓,从商品的订单接收开始,到订单分拣、验货包装、发运出库,避免货物的无效反复旅行,将商品与消费者之间的距离缩到最短,最大化提升配送效率。百世云仓在全国有多个分拨中心,众多站点延伸至乡镇各级服务网点,通过多条省际、省内班车,超过万余人的速递团队全流程管理,百世汇通就这样构建了一个快速安全的信息化物流供应链。这一供应链已为国内外的上百家企业提供服务,在这一过程中,传统物流产业升级也实现了。

再如顺丰云仓,顺丰利用覆盖全国主要城市的仓储网络加上具有差异化的产品体系和市场推广,让顺丰仓配一体化服务锋芒毕露。顺丰围绕高质量的直营仓配网以及优化供应链服务能力,重点面向手机(3C)、运动鞋服行业、食品冷链和家电客户开放共享其云仓服务。另外,国有快递企业 EMS 宣布,将实施云仓战略,为电子商务企业和商家提供全景供应链协同服务,减少电商大型活动期间的爆仓风险。

③ 互联网化第三方仓储云仓。

主要代表为发网、中联网仓等。在电商快速发展的同时电商的竞争也越来越激烈,大型电商活动的背后将产生海量的快递需要在短时间内进行配送,在这种情况下,部分快递企业常常会发生爆仓的现象,或者货物迟迟无法发出,或者货物漏发、错发、破损等,为后续工作的开展带来很大麻烦。

因此,互联网化第三方仓储云仓应运而生,其自动化、信息化和可视化的物流服务为上述问题提供了有效解决方案，虽然互联网化第三方仓储云仓在配送环节还相对较弱，但是目前通过与快递企业无缝对接，也能达到满意的效果。

知识点 2：智慧仓储的发展

1. 国内外智慧仓储的发展现状

（1）国外智慧仓储发展现状

视频：政策扶持到位 仓储智慧升级

①起源与技术领先：智慧仓储的起源可以追溯到 20 世纪 50 年代的美国，随后在 20 世纪 60 年代，美国和欧洲开始采用计算机控制技术，建立了第一座计算机控制的高架仓库。目前，美国和日本在智能仓储系统技术上仍然处于领先地位。

②发展阶段：智能仓储的发展经历了从人工仓储到机械化、自动化、集成化，最终发展到智能化的阶段。

③技术应用：国外智慧仓储广泛应用了自动化设备、机器人技术、物联网、大数据分析等技术，实现了仓储作业的高效率和准确性。

（2）国内智慧仓储发展现状

①起步较晚，发展迅速：中国的智慧仓储物流系统行业起步较晚，但随着经济的快速发展，市场需求持续增长，智慧仓储行业得到了快速发展。

②政策支持：中国对智慧物流的发展给予了政策支持，推动了智慧仓储技术的研发和应用。

③技术融合：国内智慧仓储通过信息化、物联网和机电一体化技术，实现了智能物流。智能物流的本质是降本增效。

④市场规模：随着电商和新零售的兴起，中国的智慧仓储市场规模不断扩大，智慧仓储技术在各个行业中得到了广泛应用。

综上所述，国外智慧仓储技术起步早，技术成熟，而国内虽然起步较晚，但发展迅速，市场潜力巨大。全球范围内，智慧仓储正朝着更加自动化、智能化的方向发展，不断提升物流效率，降低运营成本。

案例：加快推动物流业高质量发展

2. 智慧仓储在我国发展的制约因素

目前我国自动化与智能仓储正在快速发展，其投资主要由几家大型电商企业引领，如京东的"亚洲一号"仓库建设、1号店物流仓储中心，凡客诚品连续几年不断加大物流仓储投资，阿里布局智能物流网络系统，苏宁继续加大仓储物流投资等，都预示着我国智慧物流的发展进入了一个新的时期。但是，受制于需求、人力成本、基础设施等因素，我国智慧仓储发展必须解决如下问题。

（1）人工成本低和智能化成本高的冲突

目前来看，与英美等发达国家相比，中国的人工成本相对较低。据圆通转运中心有关负责人透露，在公司包食宿的前提下，目前一个快递员或仓库的分拣员，每月大概能达到的薪资水平为 5 000～6 000 元。而相比之下，一个 KIVA 机器人的价格大概为 30 万元人民币，在亚马逊特雷西的物流中心就有 3 000 个 KIVA 机器人在工作。假设每一个单品能赚取 60 元，但是 60 元的利润之中仅单拣选环节就需要占用一台 30 万元的奢华设备15分钟至30分钟，估计全世界目前只有亚马逊这种大级别的集团才能享用得起如此高精尖的设备。因此，虽然智能化的仓储设备能大大提高工作效率，但随之带来的巨大成本支出在低价的人工面前显得竞争力不足，甚至不切实际。"如果人工成本便宜得多，那么我们暂时不需要引入过于智能的仓储设备，因为多加几个人也能达到同样的工作效率，而且总成本可能更低"，圆通转运中心负责人如是说。因此，加快相关技术的发展，降低研发和制造成本，是智慧仓储系统在中国普及的重要前提。

（2）库存规模与技术需要相互匹配

库存规模的大小与配套的技术与设施是密切相关的。试想，对于一个小型的转运中心，每天的物流量不多，利用目前现有的传送带、条码、射频识别等技术，半天时间即能完成当天货物的分拣工作，剩下的时间可迅速进行异地转运或当地配送。在我国，对于类似的规模较小但数量众多的下级物流网点来说，一方面，目前的工作量确实不需要能够提高数倍工作效率的智慧仓储设施，传统的成熟技术已经足以支持每日的工作；另一方面，物流量的大小也反映了物流网点的经营效益，规模小的网点在经济上不足以支撑高价的智慧仓储基础设施。因此，考虑实际的库存规模来配套相应水平的库存技术，是国内较多的物流公司目前选择的方案。

以圆通公司为例，图2-7所示为圆通公司的组织结构。总部按区域设置总加盟商，然后总加盟商下继续划分给更小的加盟商分包，一直分包到最基层网点。每一层级都设置了相应规模的物流网点和仓库。以目前的业务规模推算，在圆通的物流网点中，第三级（省会城市和主要城市）及其以下的转运中心的仓库规模都没有达到配备智能化设备的要求。而在全国，类似的较小型仓库占据很大比重，这些小型仓库也是整个配送过程中影响配送效率的关键一环。因此，对于物流企业来说，应该先集中精力发展企业自身规模与实力，实现物流过程的系统化，然后才是智慧物流设施的采用。

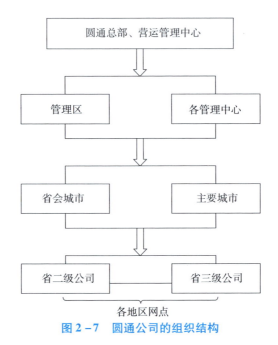

图2-7 圆通公司的组织结构

（3）全套基础设施建设困难

一方面，物流自动化是个系统工程，想要实现从分拣到配送的全流程自动化，其前提是订单和物流信息的快速处理和无缝对接。但这个前提多数物流企业目前还没有真正实现。另一方面，高端技术的落地必然需要相应的基础设施支撑，就如同自动引导车的移动需要在地面上事先铺好导轨，货架的智能移动需要后台优化算法的支配，智能化仓储的完全实现需要整套基础设施的改造，尤其是管理流程的优化与再设计。但目前，由于管理水平或成本的限制，我国物流公司更多的是将整个物流环节割裂开来，只在个别环节上实现了一定程度的智能化，比如利用智能机械手拆码垛，其他环节仍采用传统的技术或者人工处理，这种改进对系统效率的提升非常有限。

（4）"高峰"时段硬件失灵

目前中国物流效率的提高，能否单纯依靠仓储的全面自动化和物流设备智能化来实现呢？物流中心就像高速公路，设计完善的高速公路是一个庞大的闭环系统，有入口有出口有岔路有分流，硬件设施也要先进。然而，每到节日或取消收费时段，蜂拥而至的车辆会迅速让整条高速公路瘫痪，再先进的"硬件"都失去了意义。此时要是有紧急物资被堵在半路，只能在高速公路上砸开一个缺口将货运出去，除此别无他法。在我国"6·18""双11"这样的特殊销售周期和时段，单日订单量超过美国订单峰值成百上千倍，电商企业面对洪水般涌来的订单，首要的任务是"把货发出去"。这时候，在一些特殊的环节，最好用的还是那些脑筋灵活、手脚麻利的熟练拣货员。电商规模之巨大、品类之复杂、需求之紧急，可以让一个精耕细作的机器人系统瞬间瘫痪。

> **文化传承栏目**
>
> ### 春节物流的年味传递
>
> 春节，作为中国最重要的传统节日，是家庭团聚、共庆新春的时刻。在这个节日里，年货的准备和赠送是不可或缺的传统习俗。随着电子商务的兴起，越来越多的人选择在线购买年货，而物流公司则承担起了将年味及时送达千家万户的重任。在春节期间，物流行业会特别推出"春节不打烊"服务，确保年货及时送达，无论是城市还是偏远乡村的家庭，都能享受到节日的喜悦。此外，物流公司还会推出具有中国传统文化特色的包装服务，如使用带有中国结、福字等元素的包装盒，不仅增添了节日氛围，也弘扬了春节文化。这些举措不仅体现了物流服务的人性化和文化关怀，也让传统文化在现代社会中得到了传承和发扬。

任务实施

认真阅读项目实施任务要求,提交材料:
1. 编写一份包含现状分析、技术与策略分析、优化建议的案例研究报告。
2. 准备一个演示文稿,向班级或评委展示优化方案及其预期效果。

任务评价

在完成上述任务后,教师组织进行三方评价,填写三方评价表 2–2,并对学生任务执行情况进行点评。

表 2–2 三方评价表

评价维度	评价内容	学生自评	团队互评	教师评价
知识掌握	理解和应用智慧仓储的基本概念	☆☆☆☆☆	☆☆☆☆☆	☆☆☆☆☆
技能运用	分析物流中心现状、提出优化方案的能力	☆☆☆☆☆	☆☆☆☆☆	☆☆☆☆☆
创新思维	提出的优化建议的创新性和实用性	☆☆☆☆☆	☆☆☆☆☆	☆☆☆☆☆
团队合作	团队协作和沟通能力	☆☆☆☆☆	☆☆☆☆☆	☆☆☆☆☆
报告质量	案例分析报告的清晰度、组织结构和详细程度	☆☆☆☆☆	☆☆☆☆☆	☆☆☆☆☆
演示效果	演示文稿的清晰性、逻辑性和吸引力	☆☆☆☆☆	☆☆☆☆☆	☆☆☆☆☆
总体表现	综合评价学生在任务中的整体表现	☆☆☆☆☆	☆☆☆☆☆	☆☆☆☆☆

说明:
1. 评价者根据学生的表现在每个评价维度上选择相应的星级打钩。
2. 评价标准可以是 5 星制,其中 5 星代表优秀,1 星代表不足。
3. 学生自评、团队互评和教师评价的权重分别占 20%、30% 和 50%。

项目总结

在本项目中,学生们在追求专业知识的同时,也通过学习增强了对新技术应用的好奇心和学习兴趣,能够主动关注并理解智慧物流领域的最新发展。项目要求学生们理解复杂技术系统如何协同工作,这不仅提升了他们分析和解决问题的能力,也提升了他们在团队中协作解决问题的能力。学生们在项目中被鼓励提出创新的解决方案,这种探索精神和持续学习的态度是他们未来职业生涯中不可或缺的。

在"项目引入"环节,通过对我国智慧仓储技术与设备发展现状的分析,学生们认识到了智慧仓储在提升物流效率、降低成本方面的重要性。这一环节不仅激发了学生们对智慧物流领域的兴趣,也让他们意识到了作为未来物流人才所需承担的社会责任。

在"项目实施任务"中,学生们通过具体案例分析,将理论知识应用于实际问题。他们在团队合作中共同探讨和设计智慧仓储管理系统的优化方案,这一过程不仅锻炼了他们的实践能力,也加深了他们对智慧仓储技术在实际工作中的应用理解。通过这一任务，学生们的创新思维得到了锻炼，也培养了他们的责任感和使命感，为他们未来在物流行业的发展奠定了坚实的基础。

项目铸魂

仓储责任：绿色存储与可持续发展

"绿源仓储"引领环保潮流："绿源仓储"是一家专注环保的物流公司，其新建的智能仓库采用了多项绿色技术。仓库屋顶安装的太阳能板为整个设施提供电力，而雨水收集系统则用于灌溉和清洁。内部的自动化存储和分拣系统减少了对人工的依赖，降低了能源消耗。此外，绿源仓储还采用环保包装材料，减少塑料的使用。这些措施不仅降低了运营成本，还提升了公司的品牌形象，使其成为行业内的绿色标杆。

考证小练

一、单项选择题

1. 仓库操作人员在作业时应该（　　）。(1+X 中级理论模拟试题)

    A. 按照要求佩戴相应安全防护用具，使用合适的工具进行作业

    B. 穿戴便捷的衣服进行作业

    C. 不用佩戴安全防护用具

    D. 注意自身形象，作业前女性应化妆、男性应穿西装、佩戴领带

2. 仓储绩效考核指标有很多，其中缺货率、准时交货率、货损货差赔偿费率等指标属于仓储绩效考核的（　　）。(1+X 中级理论模拟试题)

    A. 资源利用程度指标　　　　　　B. 服务水平指标

    C. 能力与质量指标　　　　　　　D. 作业效益指标

3. 仓库的布局应随物流量和进货物品种类以及社会经济发展而做出相应调整，这属于仓储空间布局原则中的（　　）。(1+X 中级理论模拟试题)

    A. 布局优化原则　　　　　　　　B. 柔性化原则

    C. 系统优化原则　　　　　　　　D. 便于管理原则

4. 仓库内拣货车作业中，对于液体、易碎商品，操作的方式是（　　）。(1+X 中级理论模拟试题)

    A. 用力扔进拣货车　　　　　　　B. 轻拿轻放

    C. 随手放在货架上　　　　　　　D. 推到拣货员身边再放

5. 仓库内拣货作业中，搬运货物时正确的做法是（　　）。(1+X 中级理论模拟试题)

    A. 可以超负荷搬运

    B. 不需要量力而行，力气大就能搬运

    C. 量力而行，避免因搬运过度而受伤

    D. 以上都不是

二、多项选择题

1. 自动化立体库的组成部分包括高层货架、托盘（货箱）、输送机系统、（　　）。(1+X 中级理论模拟试题)

    A. 巷道堆垛机　　　　　　　　　B. AGV 系统

    C. 自动控制系统　　　　　　　　D. 库存信息管理系统

2. 仓库主管的专业管理工作内容一般涉及（　　）。(1+X 中级理论模拟试题)

    A. 仓储规划设计　　　　　　　　B. 物品入库管理

    C. 仓库安全管理　　　　　　　　D. 仓库 5S 管理

3. 下列属于仓储绩效考核服务水平指标的是（　　）。(1+X 中级理论模拟试题)

    A. 客户满意程度　　　　　　　　B. 缺货率

    C. 准时交货率　　　　　　　　　D. 账货相符率

4. 货架按照承重或者存放模式的不同可以分为（　　）。(1+X 中级理论模拟试题)

    A. 重型货架　　　B. 中型货架　　　C. 轻型货架　　　D. 微型货架

5. 仓库活动评价指标主要包括（　　）。(1+X 中级理论模拟试题)

A. 物资收发正确率　　　　　　　　B. 仓容利用率

C. 分拣准确率　　　　　　　　　　D. 配送准确率

三、判断题（正确的打"√"，错误的打"×"）

1. 仓储只是提供空间价值，使商品的所有权和使用价值得到保护。（　　）(1+X 中级理论模拟试题)

2. 针对 C 类物料可以每年盘点一次。（　　）(1+X 中级理论模拟试题)

3. 严禁将托盘从高处抛落，避免因猛烈撞击而造成托盘破碎或产生裂纹，良好的托盘将有助提高存储安全。（　　）(1+X 中级理论模拟试题)

4. 仓储主管的主要任务是管理好仓库，无须参与仓管员培训、绩效评价与考核等管理工作。（　　）(1+X 中级理论模拟试题)

5. 旋转货架系统与 Miniload 系统一样，均是非常成熟的货到人拣选解决方案，适合存储大件商品。（　　）(1+X 中级理论模拟试题)

参考答案

一、单项选择题

1. A　　2. B　　3. B　　4. B　　5. C

二、多项选择题

1. ABCD　　2. ABCD　　3. ABC　　4. ABC　　5. ABCD

三、判断题

1. ×　　2. ×　　3. √　　4. ×　　5. ×

仓库选址任务

一、实训背景说明

通过与配送中心仓储部门人员的沟通得知，当前旧有仓库的冷链区域使用非常不方便，经公司高层决定，将在冷链试点城市深圳重新租赁一个冷链仓库，并直接投入使用。仓储部门采集了深圳有对外租赁业务冷库的各项资料，并从中挑选出了设备、服务、交通情况等各方面条件都非常适宜的三个冷链仓库。

请根据当前调研信息，选择运输成本最低的仓库。最终结果值均保留到小数点后2位。

二、实训信息说明

仓库信息见表2–3。门店信息见表2–4。门店订货数据见表2–5。运营数据见表2–6。

表2–3 仓库信息

仓库名称	仓库坐标	仓库状态	仓位费/(元·m^{-2}·月$^{-1}$)	最小租赁面积/m^2
濠成冷链	东经113.804 667°，北纬22.676 383°	未租赁	45	10
深粮冷链	东经113.960 38°，北纬22.570 339°	未租赁	55	10
清湖冷链	东经114.066 079°，北纬22.671 647°	未租赁	52	10

表2–4 门店信息

地点编号	物流节点名称	门店状态	物流节点坐标
JC01	合乐家便利店（宝安店）	运营中	东经114.115 3°，北纬22.568 173°
JC02	合乐家便利店（喜明珠便利店）	运营中	东经114.038 21°，北纬22.659 495°
JC03	合乐家（华润万象汇）	运营中	东经114.137 955°，北纬22.598 017°
JC04	合乐家便利店（大庆大厦店）	运营中	东经114.028 173°，北纬22.540 666°
JC05	合乐家便利店（仙科路店）	运营中	东经113.997 017°，北纬22.598 252°
JC06	合乐家便利店（华强南商业中心店）	运营中	东经114.093 998°，北纬22.542 18°
JC07	合乐家（科苑南路店）	运营中	东经113.952 943°，北纬22.537 373°
JC08	合乐家便利店（京港澳高速店）	运营中	东经114.052 03°，北纬22.519 47°

表2–5 门店订货数据

门店名称	订货总重量/kg
合乐家便利店（宝安店）	5 485.655
合乐家便利店（喜明珠便利店）	5 018.543

续表

门店名称	订货总重量/kg
合乐家（华润万象汇）	4 379.462
合乐家便利店（大庆大厦店）	4 246.02
合乐家便利店（仙科路店）	5 142.554
合乐家便利店（华强南商业中心店）	1 094.656
合乐家（科苑南路店）	1 926.067
合乐家便利店（京港澳高速店）	868.736

表 2-6 营运数据表

平均物流成本 /(元·kg^{-1}·km^{-1})	0.075	经过运输部测算，在深圳市区配送时产生的平均运输费用。该费用可以用仓库与门店的直接距离计算，不用考虑车型、路线、空返等问题

三、实训操作说明

步骤一：计算距离。

经纬度距离公式是用于计算地球上两点之间的距离的公式，其基本形式是 $d = R \times \arccos[\cos(\mathrm{RADIANS}(纬度 A)) \times \cos(\mathrm{RADIANS}(纬度 B)) \times \cos(\mathrm{RADIANS}(经度 A - 经度 B)) + \sin(\mathrm{RADIANS}(纬度 A)) \times \sin(\mathrm{RADIANS}(纬度 B))]$，其中 d 是两点间的距离，R 是地球的半径，约 6 371.004 千米，A 和 B 代表两个不同的点，RADIANS 是度数为单位的角度转换成弧度为单位的角度函数，该函数公式是 $\mathrm{RADIANS} = 度数 \times (\pi/180)$。以下门店距离相关表格计算的数据为小数向上取整结果。门店距离见表 2-7。

表 2-7 门店距离

门店	濠成冷链 /m	深粮冷链 /m	清湖冷链 /m
合乐家便利店（宝安店）	34 079	15 910	12 567
合乐家便利店（喜明珠便利店）	24 037	12 732	3 163
合乐家（华润万象汇）	35 298	18 490	11 021
合乐家便利店（大庆大厦店）	27 462	7 705	15 076
合乐家便利店（仙科路店）	21 568	4 877	10 810
合乐家便利店（华强南商业中心店）	33 239	14 075	14 679
合乐家（科苑南路店）	21 694	3 745	18 916
合乐家便利店（京港澳高速店）	30 811	10 982	16 983

步骤二：计算运输费用。

各备选仓运输商品到所有门店的总运输成本 = 平均物流成本 × ∑（该门店的运输总重量 × 备选仓到该门店的距离）

总运输成本见表 2-8。

表 2-8 总运输成本

仓库名称	濠成冷链	深粮冷链	清湖冷链
总运输成本/元	138 659.12	62 905.10	50 941.64

步骤三：选择仓库。

选择运输成本最低的仓库，即清湖冷链，运输成本为 50 941.64 元。

项目三　智慧运输

学习目标

[知识目标]

1. 理解智慧运输的基本概念、功能和特点，以及智慧运输在现代物流中的作用。
2. 熟悉智慧运输系统的构成要素。
3. 掌握运输方案设计和决策的主要内容，包括客户需求分析、运输方式和工具选择、路线规划等。
4. 了解智慧运输的典型应用案例以及当前智慧运输的发展现状和趋势。

[能力目标]

1. 能够分析和评估不同智慧运输技术在实际物流场景中的应用效果。
2. 能够设计和优化运输方案，提高物流效率、降低成本。
3. 能够运用数据分析工具进行运输成本计算和效益分析。
4. 能够识别和解决智慧运输实施过程中可能遇到的问题。

[素质目标]

1. 培养团队合作精神，提升在多元化团队中的沟通和协作能力。
2. 培养创新思维，鼓励在智慧运输领域进行探索和创新实践。
3. 增强安全意识和法律意识，理解智慧运输中的安全法规和伦理责任。
4. 培养持续学习的意愿，适应智慧运输技术快速发展的需求。

项目导图

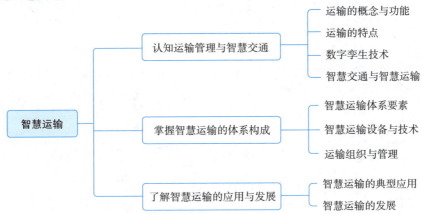

🔹 直通职场

参照二维码"岗位"的内容,各学习小组查找与智慧运输相关的工作岗位,至少包含以下模块:岗位名称、岗位职责、岗位技能、薪酬水平,填写表 3-1 智慧运输工作岗位表。

岗位

表 3-1 智慧运输工作岗位表

岗位名称		薪酬水平	
岗位职责			
岗位技能			
备注			

注:如果有多个岗位,可填多张表格。

物流先锋栏目

顺丰速运

王卫是中国快递行业的领军人物,是顺丰速运的创始人。顺丰速运以其高效的配送速度和优质的服务质量在中国市场占据了重要地位。王卫带领顺丰不断进行技术创新和服务升级,引入自动分拣系统、智能快递柜等先进技术,提高了快递处理效率和客户满意度。顺丰还积极拓展国际业务,通过建立全球航线和合作伙伴关系,为跨境电商提供强有力的物流支持,成为中国快递行业的国际化典范。

项目引入

新时代北斗精神:服务全球造福人类的不竭动力

新时代北斗精神是在建成我国迄今为止规模最大、覆盖范围最广、服务性能最高、与人民生活关联最紧密的巨型复杂航天系统的过程中不断形成的。2012年12月28日,中共中央、国务院、中央军委在贺电中首次提出"北斗精神",并将之概括为"自主创新、团结协作、攻坚克难、追求卓越"。2020年7月31日,中共中央、国务院、中央军委在贺电中提出"新时代北斗精神",并将之表述为"自主创新、开放融合、万众一心、追求卓越"。

案例来源:中国教育报,2023-12-14

价值探究:

在智慧运输领域,如何将新时代北斗精神中的"自主创新"和"开放融合"理念应用于物流行业的技术革新和国际合作,以提升运输效率并确保全球供应链的稳定与安全?

项目实施任务:智慧运输方案设计与优化

案例:新时代的北斗精神

任务背景:随着物流行业的不断发展,降本增效成为各大企业关注的重点。运输作为物流的重要一环,如何进行合理化运输显得尤为关键。目前,合乐家公司根据采购部门的最新采购计划,需要把合乐家临时仓库中的货物全数运输到新仓库中,以便配送中心在新仓库完成集散。本项目旨在通过对该企业智慧运输方案的设计与决策完成企业货物的运输,帮助企业提升运输的效率和服务质量,降低成本。

任务目标:能够运用数据分析工具进行运输成本计算和效益分析,设计和优化运输方案,从而提高企业的物流效率,降低成本。

任务要求:

1. 现状分析(关联任务一)

调研并描述智慧运输的应用场景情况，包括智慧公路、智慧铁路、智慧水运和智慧机场等。同时，识别这些应用场景存在的问题。

2. 智慧运输方案设计与决策（关联任务二）

依据客户货物运输需求，选择合适车辆，制订运输计划，将货物从现有仓库转移到新仓库中，并计算本次运输的相关成本；同时完成货物运输单的填写。

相关数据见附录。

3. 优化建议（关联任务三）

随着新一轮科技革命和产业变革深入发展，充分运用现代科技，加快提升综合运输服务的数字化、信息化、智能化水平显得尤为重要。基于现状分析和方案设计，提出具体的优化措施，进一步优化智能运输服务体系，以便实现物流运输的降本增效。

任务一　认知运输管理与智慧交通

知识链接

知识点1：运输的概念与功能

1. 货物运输的概念

在中华人民共和国《物流术语》（GB/T 18354—2021）中，运输指利用载运工具、设施设备及人力等运力资源，使货物在较大空间上产生位置移动的活动。当产品从一个地方转移到另一个地方而增加价值时，运输就创造了空间价值（也称空间效用）。所谓运力，是指由运输设施、路线、设备、工具和人力组成的，具有从事运输活动能力的系统。运输分为客运和货运，本书所讨论的物流运输专指货物运输，其中包括集货、分配、搬运、中转、卸下、分散等一系列活动。它是在不同地域范围内，以改变"物"的空间位置为目的的活动，是对"物"进行的空间位移。

想一想：经济生活中诸如电信传输、供电和供暖等活动，也产生了"物质的位移"，它们属于货物运输的范畴吗？

2. 货物运输的功能

物质产品只有通过运输才能进入消费领域，从而达到实现物质产品的使用价值，满足各种社会需求的目的，所以运输的功能主要体现在产品空间转移和产品储存保管两个方面。

产品空间转移。无论产品处于哪种形式，是材料、零部件、装配件，还是在制品或是流通中的商品，运输都是必不可少的。运输的主要功能是使产品在价值链中移动，即通过改变产品的地点与位置，消除产品生产与消费之间空间位置上的背离，或将产品从效用价值低的地方转移到效用价值高的地方，创造出产品的空间效用。

产品储存保管。如果转移中的产品需要储存，且在短时间内又将重新转移，而卸货和装货的成本费用也许会超过储存在运输工具中的费用，此时，可将运输工具作为暂时的储存场所。所以，运输也具有临时的储存功能。通常在这两种情况下，需要将运输工具作为临时储存场所。一是货物处于转移中，运输的目的地发生改变时，产品需要临时储存，这时，采用该法是产品短期储存的一种方式。二是起始地或目的地仓库储存能力有限，将货物装上运输工具，采用迂回线路运往目的地。虽然用运输工具储存货物是昂贵的，但如果综合考虑总成本，包括运输途中的装卸成本、储存能力的限制、装卸的损耗或延长时间等，那么选择运输工具作为短期储存往往是合理的，有时甚至是必要的。

知识点 2：运输的特点

1. 运输生产的服务性

由于运输业和其他产业之间特殊的依存关系，使得运输生产实际上成为其他行业生产活动的函数。正是这一点构成了运输生产的服务性。运输生产为社会提供的"产品"仅仅是货物的位移和这一位移过程中的服务。因此运输生产为社会提供的效用不是实物形态的产品，而是一种劳务。劳务量的大小取决于运输量和运距。也就是说运输业的存在和发展水平，要根据社会再生产过程中的需要和人们生活的需要以及发展预测来决定，从根本上受到社会生产和消费水平的影响。

2. 运输生产具有即时性

即时性指产品仅能在其生产与消费同时进行的过程中存在的属性。运输劳务只有在有运输需要的时间、空间进行供给，其运输劳务才能有效地进行。这就要求运输企业要努力提高运输服务质量来满足顾客的需求。

3. 运输生产过程具有流动性

运输生产过程具有流动性、分散性的特征。运输生产的"产品"是位移，除港口、车间装卸场地固定外，整个运输生产过程始终在广阔的空间内不断流动，具有流动方向分散和不集中的特征。

4. 不同运输方式之间存在不同程度的可替代性

和其他很多产品一样，运输产品也具有可替代性。由于各种运输方式的产品都是位移，所以某种运输方式在某种程度上，有可能被另一种运输方式所代替。这种可替代性既表现在运输业内部（不同运输方式之间的替代性），也表现在运输业与其他行业之间（比如随着信息技术的发展，客运被部分替代；坑口电站减少煤炭运输等）。

5. 运输劳务的他率性与计量的特殊性

运输劳务的他率性，指运输需求（数量及方向等）具有不能按运输供给者主观意图进行调节的性质。运输产品的即时性，使之不能储存和转移。无论提供多大数量的运力，也会因无用户消费而不能有效地进行运输生产。

运输劳务计量具有特殊性。运输产品在产生的同时具有两种量的体现：运输对象的量（人或吨）以及其在运输的过程中被移动距离的量（千米等）。在计量运输产品时一般用的是运输对象的量和其被移动距离的量之积。

知识点 3：数字孪生技术

政策解读栏目

案例：数字孪生技术
助力智慧交通发展

创新驱动栏目

案例：数字孪生技术如何
赋能未来城市交通？

近年来，随着大数据、物联网、区块链技术、人工智能和网络基础设施的不断发展，人们对数字化的接触变得越来越多。

数字孪生技术是一种通过创建一个物理实体的虚拟副本来实现对其全生命周期管理的技术。这种技术结合了物理模型、传感器数据、系统方程和先进的分析工具，来模拟和分析实体的性能。数字孪生技术可以用于产品的设计、生产、运营和维护等各个阶段，为决策提供支持，优化操作流程，提高效率。

在智慧运输领域，数字孪生技术的应用包括以下五个方面。

①运输工具的设计和测试：在设计阶段，数字孪生技术可以用于模拟交通工具的性能，如汽车、飞机或船舶，从而在实际制造之前预测和解决潜在的问题。

②运营优化：通过实时监控运输工具和物流网络的状态，数字孪生技术可以帮助优化路线规划、调度和维护计划。

③预测性维护：利用传感器收集的数据，数字孪生技术可以预测设备故障，提前进行维护，减少设备停机时间并提高运输安全性。

④供应链管理：创建整个供应链的数字孪生模型技术，可以实时监控货物流动，优化库存管理，提高供应链的透明度和响应速度。

⑤培训和模拟：数字孪生技术提供了一个安全的环境，用于培训运输操作人员，模拟紧急情况，测试不同的应对策略。

数字孪生技术在智慧运输领域的应用有望显著提升运输效率，降低运营成本，增强安全性，并提供更加个性化的客户服务。随着技术的不断发展，数字孪生技术将在未来的智慧运输系统中扮演越来越重要的角色。

知识点 4：智慧交通与智慧运输

1. 智慧交通

智慧交通是 2009 年由 IBM 提出的理念，智慧交通（Intelligent Transportation Systems，ITS）是一种集成了信息通信技术、数据采集与处理技术、电子感知技术、控制技术以及计算机技术等多种高新技术的交通管理系统。它的目标是通过实时监控和管理交通流动，提高交通效率，减少拥堵，增强交通安全，减少环境污染。在智能交通的基础上，融入了物联网、云计算、大数据、移动互联等高新 IT 技术来汇集交通信息，提供实时交通数据下的交通信息服务。图 3-1 所示为高新 IT 技术的应用场景。图 3-2 所示为智慧交通应用场景。

项目三　智慧运输　73

图3-1　高新IT技术

图3-2　智慧交通应用场景

智慧交通系统的主要组成部分和应用领域包括以下六个方面。

①交通管理系统：利用摄像头、感应线圈等设备收集交通流量和车辆速度数据，通过智能信号控制系统优化交通信号灯的时序，减少交通拥堵。

②公共交通系统：提供实时公交信息，包括车辆位置、到站时间等，通过智能调度系统优化公交车辆的运行路线和时间表。

③电子收费系统（ETC）：通过无线通信技术实现不停车收费，提高收费效率，减少交通拥堵和环境污染。

④紧急事故处理系统：快速响应交通事故，实时调度救援资源，有效管理事故现场，减少事故对交通流的影响。

⑤智能停车系统：通过传感器和移动应用程序提供实时停车信息，指导驾驶员快速找到停车位，减少因寻找停车位而产生的额外交通。

⑥出行信息服务系统：为驾驶员和乘客提供实时交通信息，帮助他们做出更加合理的出行决策。

智慧交通的发展不仅能够提高交通系统的运行效率，还能够提升用户的出行体验，促进交通资源的合理利用，对于建设可持续发展的交通环境具有重要意义。随着技术的不断进步，智慧交通系统将更加智能化、网络化和系统化，为城市交通管理和公众出行提供更加高效、便捷、安全的服务。

知识小拓展：

智慧交通是人工智能、物联网、大数据等新一代信息技术与交通运输深度融合的新业态，是推动交通运输质量变革、效率变革、动力变革的重要途径。习近平总书记高度重视智慧交通发展，多次作出重要指示，强调"要大力发展智慧交通和智慧物流，推动大数据、互联网、人工智能、区块链等新技术与交通行业深度融合，使人享其行、物畅其流"；要求"探索在信息基础设施、智慧交通、能源电力等领域的推广应用，提升城市管理的智能化、精准化水平"；明确"努力打造世界一流的智慧港口、绿色港口"，为智慧交通发展指明了前进方向，提供了根本遵循。交通运输部认真贯彻落实总书记关于交通运输和科技创新工作的重要论述，不断增强以科技创新驱动加快建设交通强国的责任感、使命感、紧迫感，积极推动新一代信息技术与交通运输行业的融合创新，大力发展智慧交通，为交通当好中国式现代化的开路先锋持续注入新动能。

2. 智慧运输

智慧运输，是指利用先进的信息技术、通信技术、自动化技术、大数据分析和人工智能等手段，对货物运输的各个环节进行优化管理，以提高运输效率、降低运营成本、增强安全性和提升客户服务水平的过程。

智慧运输的关键特点和应用包括五个方面。

①实时监控：通过定位技术和传感器技术实时监控货物位置和状态，确保货物安全并及时响应异常情况。

②优化路线规划：利用算法和数据分析优化运输路线，减少运输时间和成本，同时考虑交通状况、天气因素等。

③车队管理：通过远程监控和调度系统，实现车队的高效管理，包括车辆维护、燃油消耗监控和驾驶员行为分析。

④数据分析与决策支持：收集和分析运输过程中的大量数据，为运输决策提供支持，预测市场趋势和客户需求。

⑤客户服务：为客户提供透明的货物追踪信息，优化客户体验，提升服务质量。

智慧运输的发展对于降低物流成本、提升物流服务质量、增强企业竞争力以及促进可持续发展具有重要意义。随着技术的不断进步，智慧运输将继续推动物流行业的创新和变革。

职业人风采栏目

周韶宁——百世集团创始人兼 CEO

周韶宁在创立百世集团之前，曾在多家跨国公司担任高管。2007年，他创立了百世集团。百世从一家专注国际快递的公司起步，逐步发展成为提供综合物流解决方案的企业。周韶宁凭借其深厚的行业经验和创新思维，带领百世在2017年成功上市，使其成为行业的重要参与者。在他的领导下，百世集团不仅在快递领域取得了显著的成绩，还积极拓展供应链管理、跨境电商等新业务。周韶宁注重技术创新，推动百世集团在物流信息化、自动化方面不断取得突破，提升了公司的核心竞争力。他的领导使百世集团在激烈的市场竞争中保持了稳健的发展势头。

任务二　掌握智慧运输的体系构成

知识链接

知识点1：智慧运输系统要素

1. 智慧运输系统的含义

物流运输系统指各种与货物运输活动相关的要素组成的整体。智慧运输系统通过对运输过程的实时监控和管理，提高运输效率，降低成本，提高客户满意度。智慧运输可实现物流的自动化、可视化、可控化、智能化、网络化，从而提高资源利用率和生产力水平，实现物流行业"降本增效"。

2. 智慧运输系统的构成要素

智慧运输系统主要包括运输工具、运输线路、运输节点、运输对象及运输参与者。

（1）运输工具

运输工具是指在运输线路上用于承载货物并使其发生位移的各种设备和装置，它们是保障运输得以进行的基础设施设备。

（2）运输线路

运输线路是运输工具定向移动的通道，也是运输系统中的基础设施之一。在智慧运输系统中，主要的运输线路有公路、铁路、航线和管道。

（3）运输节点

运输节点即为物流节点（Logistics Nodes），是指物流网络中连接物流线路的结节之处。广义的物流节点是指所有进行物资中转、集散和储运的节点，包括港口、空港、火车货运站、公路枢纽、大型公共仓库及现代物流（配送）中心、物流园区等。狭义的物流节点仅指现代物流意义的物流（配送）中心、物流园区和配送网点。

（4）运输对象及运输参与者

物流运输的对象是货物。依据我国法学界一般观点，运输合同的客体为运送行为或运送劳务，而非运送的物品。

运输参与者是运输的主体，主要有以下几种类型。

①货主。

包括托运人和收货人，有时托运人和收货人是同一主体，有时是不同的双方。货主希望在方便获取运输信息的情况下，以尽可能少的支出费用，在规定的时间内，将货物安全地从托运地运送到指定的收货地。

②承运人。

承运人是指使用运输工具从事货物运输，并与托运人订立货物运输合同的经营者。承运人根据委托人的要求或在不影响委托人要求的前提下合理地组织运输和配送，包括选择运输方式、确定合理的运输线路及进行货物配载等。承运人可能是物流公司、储运公司、网络货运公司或个体运输业者，也可能是铁路货运公司、水路货运公司、民航货运公司等。

③货运代理人。

货运代理人是根据用户的要求，为获得代理费用而招揽货物、组织运输的人员。

④运输经纪人。

运输经纪人是替托运人、收货人和承运人协调运输安排的中间商，其协商内容包括货物装载、费率谈判、结账和货物跟踪管理等。运输经纪人也属于非作业中间商。

⑤政府和公众。

政府期望有一种稳定而有效的运输环境，使经济能够持续增长。公众也是运输系统的直接参与者，他们更关注运输的可行性、费用、效果、环境和安全等问题。

由于各方的参与，使运输关系和运输决策变得更加复杂，这就要求运输管理者必须考虑多方面的要素，顾及各方面的利益。

知识点2：智慧运输设备与技术

智慧运输系统可以实现对运输过程的实时监控和管理。在这个过程中，需要应用相应的智慧运输设备与技术。

1. 智慧运输设备

智慧运输装备是指应用先进的人工智能、信息传感、控制执行技术，并融合现代通信与网络技术，具备复杂环境感知、智能决策、协同控制等功能，实现自动化、智能化、无人化运行的运输装备。智慧运输设备有环境感知与实时通信、AI算法与智能决策、自动化控制与无人化运行、安全性与可靠性的特点。

2. 智慧运输设施设备与技术

物流运输设施设备由运输基础设施、运输设备两大部分构成。其中运输基础设施包括公路、铁路、航空、水路、管道、港口、货运站场和通信等基础设施，这些基础设施的建设水平和通过能力直接影响物流运输各环节的运行效率。

公路运输设施设备包括各级公路和机动车、挂车。汽车基本上由动力装置、底盘、车身、电器及仪表等部分组成。货车按国家标准可分为普通货车、多用途货车、越野货车、专用作业车和专用货车。货车按结构可分为栏板式货车、自卸式货车、厢式货车、罐式货车和挂车。近年来，随着人工智能、5G、大数据等新技术快速发展，自动驾驶技术在交通领域加快应用，智能网联汽车将广泛使用。智能网联汽车搭载先进的车载传感器、控制器、执行器等装置，并融合现代通信与网络技术，实现车与X（车、路、人、云等）的智能信息交换、共享，具备复杂环境感知、智能决策、协同控制等功能，可提高行车安全、减轻驾驶员负担，有助于节能环保和提高交通效率。

铁路运输设施设备指的是参与铁路运输活动中的铁路路线、机车、车辆设备、信号、通信设备、站场设备、供电给水设备以及其他的房屋、土地、机械动力设备等，它是铁路运输系统重要的组成部分。铁路基础设备包括铁路车辆和铁路车站。铁路车站有中间站、区段站、编组站、铁路车站货场。随着人工智能逐步渗透到轨道交通领域，技术的融合、软硬件的协同使得无人驾驶成为未来轨道领域的发展大趋势。无人驾驶轨道列车是采用高度自动化的先进轨道列车控制系统，由轨道控制中心用大型电子计算机监控整个线路网的站际联系、信号系统、列车运行、车辆调度等，是完全实现了无人化全自动化运行的轨

视频：2024年全国铁路投产新线1 000千米以上

道列车。

> **小贴士**：我国自主知识产权经营的无人驾驶轨道列车陆续开始示范工程建设并运行，线路包括香港南港岛线、上海轨道交通8号线三期工程、北京地铁燕房线、上海轨道交通浦江线。

海洋运载设施设备主要有散货船、集装箱船、油船三大主力运输船。海洋运载装备的技术内涵包括：各类船舶与海洋运载平台总体技术（含设计、制造、运营）、海洋运载装备动力技术、海洋运载配套设备技术、海洋运载装备观通导航技术、海洋运载装备技术与产业格局中涉及的教育与科研体系。随着新一代信息技术与传统行业加速融合，海洋运载装备的智能化将成为发展热点。未来智能船舶将整合传感器、大数据分析、通信技术、先进材料等各项技术，在航行操控、能源与动力系统管理、辅机运行监控、全船安全监控、节能环保监控、振动噪声监控、货物管理等方面实现全船功能的智能控制及船、海、陆、空、天一体化信息互联，并具备感知能力、评估分析能力、决策能力和学习成长能力。

航空货物运输设施设备主要由飞机、飞行航线、机场和空中交通管理系统等部分构成。航线是由航空管理部门设定的飞机从一个机场飞达另一个机场的线路，是航空运输网络中的线路。机场也被称为航空港，是用于飞机起飞、着陆、停放、维护、补充给养等活动以及组织旅客上下和货物装卸等航空运输服务的场所。

知识点3：运输组织与管理

运输组织与管理是确保运输服务系统高效运行的关键因素。运输组织与管理的第一步是编制货运计划，进行运输方案设计与决策；第二步是执行具体的运输业务操作，进行货物运输组织与实施；第三步是货运单据与运杂费结算。

1. 运输方案设计与决策

运输方案设计与决策是指运输企业针对客户的运输需求，运用系统理论和运输管理的原理和方法，合理地选择运输方式、运输工具与设备、运输线路以及货物包装与装卸方式等的过程。

（1）客户运输需求分析

客户运输需求既包括运输对象、运输量（体积或重量）、发货地、收货地等方面的具体运输需求，也包括对运送质量、服务态度、安全性、时效性和准确性等方面的潜在服务需求。客户运输需求分析是运输方案设计与决策的起点，最终运输方案必须满足客户运输需求。

（2）运输方式选择

在各种运输方式中，如何选择适宜的运输方式是运输合理化的重要问题，除了成本费用分析法之外，也常用综合评价法作为运输方式的选择分析方法。在综合评价法中，评价运输方式的重要度可以从经济性、迅速性、安全性、便利性四个维度进行。

（3）运输工具与设备选择

运输工具与设备的选择具体可以从以下几个方面考虑。

①运输工具的选择。

②装卸搬运设备的选择。

③集装箱的选择。

④运输包装的设计。

(4) 运输线路选择

①运输线路选择与运输方式选择的协同。

②注意装卸地点的选择。

③注意不同装货量的拼装,以实现集运、拼装与配载。

(5) 运输费用的比较

计算各运输方案的费用。以公路运输为例,运输费用包括固定费用、油费、车辆通行费、停车费、保险费、维修费、装卸费等。根据计算结果对各运输方案的费用进行比较。

(6) 运输方案确定

综合比较各运输方案,选择最优的运输方案。

2. 货物运输的组织与实施

货物运输的一般流程是指货物从受理托运开始到交付收货人为止的生产活动。不同运输方式的组织形式及作业流程皆有所不同,但是按货物运输的不同阶段,可将货运作业划分为发送作业、途中作业和到达作业。

(1) 发送作业

货物在始发站的各项货运工作统称为发送作业,主要由托运受理、组织装车和核算制票三部分组成。

(2) 途中作业

货物在运输途中发生的各项货运作业统称为途中作业,主要包括途中货物的整理换装、在途跟踪及安全监管等。

(3) 到达作业

货物在到达站发生的各项货运作业统称为到达作业,主要包括货运票据的交接、货物卸车、保管和交付等内容。车辆装运货物抵达卸车地点之后,收货人或车站货运员应组织卸车。卸车时,对卸下货物的品名、件数、包装和货物状态等应做必要的检查及登记。

货物在运输的组织与实施作业过程中,应加强大数据、云计算、人工智能、数字孪生、物联网等技术在运输服务领域的应用。通过感知层采集车辆、船舶、飞机等的信息,利用无线网络、卫星通信等技术,传输到云端或数据中心进行分析与处理,并根据分析结果进行智能决策,提升智慧运输的效率与安全性。

3. 货运单据与运杂费结算

(1) 货物运输单的填写与审核

托运单(或称运单),是指托运人与运输企业之间的契约,是发货人托运货物的原始依据,也是承运人承运货物的凭证。托运单明确了承托双方在货物运输过程中的权利、义务和责任,表3-2所示的即为货物运输托运单。

表 3-2　货物运输托运单

年　　　月　　　日　　　　　　　　　　　　　　　　第 100 号

托运人：			电话：			装货地点：			
收货人：			电话：			卸货地点：			
货物名称	包装或规格/mm	件数	实际重量/t	计费重量/t	货物声明价值/元	计费项目			备注
						运费/元	装卸费/元	保价费/元	
应收款项合计（大写）：							（小写）：		
注意事项	1. 货物名称应填写具体品名，如货物品名过多，不能在托运单内逐一填写，必须另附货物清单。2. 保险或保价货物，应在相应价格栏中填写货物声明价值。								

受理托运时，必须由托运人认真填写托运单，承运人审核无误后方可承运。如公路整车货物托运单填写时必须注意以下几点。

①填写必须详细、清楚和真实。因托运人填写的各栏信息不实，造成错运或其他事故的，由托运人承担后果。

②每一托运单以运到同一目的地交同一收货人为限。托运两种或两种以上货物时，应在托运单内按照货物种类分别填写。

③托运特种货物时，应将货物性质记入"货物性质"栏内。

④除"货规"规定外，托运人如有特约事宜，经双方商定填入"约定事项"栏内。

⑤托运人托运的货物应按照规定包装完整、标志清楚，并做好交运前的准备工作，按照托运单商定日期交运。

托运单的审核。承运人接到托运人提交的书面托运单后，应认真进行审核。货运员应根据托运单中填写的内容，认真查验货物，检查货物的品名、质量、件数、包装和标记是否正确齐全；检查按照规定应附的证明文件和单据是否齐全，发货人申明栏填写的内容是否符合规定等；确定运输里程和运价费率，约定运杂费的结算方法。

（2）运杂费结算

运杂费包括运费和杂费。运杂费是指材料自供应地点或产地至工地仓库或施工现场堆放材料的地点的一切费用，包括装卸费、运费，有时还应计囤存费、过磅、检签、支撑、加固等杂费。

汽车货物运价受市场供需变化的影响较明显，承运方定价的主要依据是《汽车运输规则》，考虑的主要因素是货物重量、类型、运距、车型、是否回程等。

动画：企业货物过磅量方工作

> **政策解读栏目**
>
> **《综合运输服务"十四五"发展规划》**
>
> 该政策旨在加快建设交通强国，推进新时代综合运输服务高质量发展。政策强调了构建集约高效的货运与物流服务系统、构建安全畅通的国际物流供应链服务系统、打造清洁低碳的绿色运输服务体系、打造数字智能的智慧运输服务体系、打造保障有力的安全应急服务体系和统一开放的运输服务市场体系等。以加快建设交通强国为总目标，加快建设便捷顺畅、经济高效、开放共享、绿色智能、安全可靠的现代综合运输服务体系，为全面建设社会主义现代化国家当好先行者。

任务三　了解智慧运输的应用与发展

创新驱动栏目

案例：国家能源集团智慧运输应用

知识链接

知识点 1：智慧运输的典型应用

1. 车联网

（1）车联网的概念

根据中国汽车工程学会发起成立的"车联网产业技术创新战略联盟"对车联网的定义，车联网（Internet of Vehicles）是以车内网、车际网和车载移动互联网为基础，按照约定的通信协议和数据交互标准，在 V2X（Vehicle to Everything，X：车、路、行人及互联网等）之间进行无线通信和信息交换的大系统网络，是能够实现智能化交通管理、智能动态信息服务和车辆智能化控制的一体化网络，是物联网技术在交通系统领域的典型应用。

通俗地讲，车联网就是在无线网络的参与和传感技术的支持下，将车和人、车和车、车和外界等凡是与车有联系的这张大网连接起来，实现互联互动和信息传递，如图 3 - 3 所示的车联网。

图 3-3　车联网

（2）车联网的特征

①实时通信：车联网使车辆能够实时接收和发送信息，包括交通状况、事故、天气信息等，为驾驶员提供即时的路况信息。

②智能化交通管理：车联网可以支持智能交通系统，优化交通流量，减少拥堵，提高道路使用效率。

③自动驾驶支持：车联网为自动驾驶车辆提供必要的通信基础，使车辆能够与其他车辆和基础设施协同工作。

④数据服务：车联网可以收集和分析大量数据，为车辆维护、驾驶行为分析、能源管理等提供支持。

（3）车联网的应用前景

车联网的应用前景非常广阔，将对交通运输行业产生深远的影响。以下是车联网未来的一些关键应用前景。

①城市交通管理的智能化。

车联网与城市规划紧密结合，通过智能交通信号系统、交通流量监控和实时数据分析，实现城市交通的高效管理。

②车辆保险的变革。

基于车联网收集的驾驶行为数据，保险公司能够提供个性化的保险费率，奖励安全驾驶行为，形成安全的驾驶习惯。

③新型商业模式的出现。

车联网将催生新的商业模式，如基于使用量的汽车维护服务、按需保险以及基于车辆数据的市场营销服务。

④自动驾驶的商业化。

随着车联网技术的发展，自动驾驶汽车将逐步实现商业化，提供无人驾驶的出租车服务、货物配送等。

随着 5G 等新一代通信技术的发展和普及，车联网的应用将更加广泛，为交通运输行业带来革命性的变化，同时也为相关企业和创新者提供巨大的市场机遇。

(4) 车联网的发展趋势

随着智能交通的发展，中国将成为全球最大的汽车市场，车联网应用的市场容量巨大。但目前国内车联网（特别是前装市场）因起步较晚，车联网的相关服务刚刚开始建设，国内车联网的用户并不多。但随着市场的推广和用户认知的提高，预计在 2025 年前，车联网将会爆炸式增长，用户量也会保持激增状态。在不久的将来，对事故多发地段、弯道危险路段的警告，可能不仅仅出现在路边的告示牌，汽车自己就能对雾霾、暴雨、大雪结冰等不利环境和恶劣天气以及豆腐渣基建实时自动调整并远离危险。它甚至了解司机的驾驶习惯，能为司机调整好座位、温度、视线及打开影音娱乐频道。

智能交通体系建设是智慧城市建设的重要分支，而车联网体系是建设智能交通、智能终端、城市交通管理和服务平台，以及 4G 乃至 5G 车联网无线通信技术深入融合发展的必然结果。

2. 北斗卫星导航系统

(1) 北斗卫星导航系统认知

2003 年，北斗一号系统建成，中国成为继美国和俄罗斯之后第三个拥有自主卫星导航系统的国家。2012 年，北斗二号系统成功实现区域组网，面向亚太区域提供服务。2020 年 6 月 23 日，北斗三号最后一颗组网卫星成功发射。2020 年 7 月 31 日，北斗三号建成暨开通仪式举行，北斗三号全球卫星导航系统正式开通，这标志着我国北斗卫星导航系统（简称北斗系统）迎来全球服务时代。

北斗卫星导航系统由空间段、地面段和用户段三部分组成。图 3-4 所示的是北斗卫星导航系统的组成。北斗系统的空间部分包括 5 颗静止轨道卫星和 30 颗非静止轨道

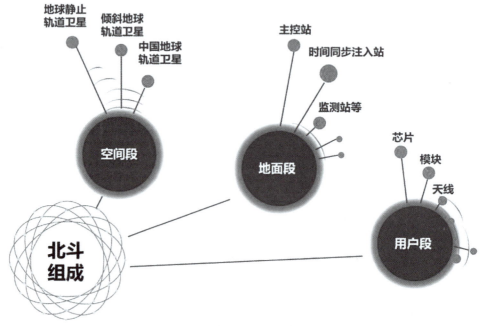

图 3-4 北斗卫星导航系统的组成

卫星，可以为各类用户提供全天候、全天时的高精度定位、导航、授时服务。在亚太地区，定位精度可达 5 m，在全球其他地区，定位精度可达 10 m。授时精度达 20 ns，测速精度达 0.2 m/s。

（2）北斗卫星导航系统的应用

2023 年 11 月，包含北斗卫星导航系统标准和建议措施的《国际民用航空公约》附件 10 最新修订版正式生效。这标志着北斗系统正式加入国际民航组织（ICAO）标准，成为全球民航通用的卫星导航系统。

目前，北斗卫星导航系统已在交通运输、海洋渔业、高空气象探测、减灾救灾、测绘地理信息等领域得到广泛应用，并为国际民航、国际海事、国际移动通信、国际搜救业务提供服务。而在生活中，手机导航、路线规划、车辆监控、资源监测也都可以利用北斗卫星导航系统，图 3-5 所示的是北斗卫星导航系统的应用。

北斗卫星导航系统有以下几大应用场景。

场景一：北斗道路运输车辆管理应用。

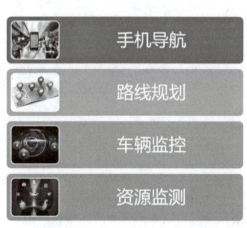

图 3-5　北斗卫星导航系统的应用

旅游大巴车、危险品运输车及重型载货运输车等车辆，利用北斗定位导航服务，结合互联网通信技术，可以实现车辆安全驾驶管理与调度，有效降低道路事故发生风险，提升道路运输管理水平及车辆调度能力。

场景二：北斗铁路行业应用。

铁路勘察设计、建造施工及运营维护各个阶段均对卫星定位导航授时功能有需求。北斗系统能在铁路基础设施建设及养护维修、时间同步、客货运输调度、形变监测、作业人员安全防护、列车运行控制等领域提供解决方案，为铁路行业降本提质增效保安全带来切实效益。

场景三：北斗公共安全应用。

基于北斗定位系统的可视化指挥调度系统，结合前端北斗智能终端可以实现统一指挥调度。在发生突发事件时，该系统可以将现场位置以及视频信息在第一时间回传指挥中心，使指挥中心能够及时获得现场信息，提高决策的准确性和及时性，提升精准调度和高效指挥。

场景四：北斗精准时空智慧城市应用。

通过统一的时空基准，将现实世界中的各类数据进行汇聚和融合，映射成高精度、实时、动态、全要素的数字孪生世界，驱动大量智能设备感知城市，赋能智慧应用创造和升级，助力城市精细化管理。这在一定程度上有助于智慧运输的发展，提升城市运输服务水平。

[拓展阅读] 北斗与乡村振兴

八闽乡村"新丰景",北斗来助力

近年来,福建省大力促进北斗、移动5G、区块链、大数据、物联网等技术与农业生产相结合,助力提升农收效率。

2023年农忙季,万亩稻田金黄碧浪,无人飞播机、北斗农机、智慧灌溉、智慧水利等多种机械化数字化作业,智慧种植、养殖、畜牧、农机等智慧农业解决方案能够通过大数据和物联网设备实时监控水文、土壤、农田等生产要素,让农民足不出户监控农作物生长情况,极大提升了福建省各地的农收效率。

来源:中国北斗卫星导航系统微信公众号 2024-02-05

知识点2:智慧运输的发展

1. 智慧运输的发展现状

智慧运输在中国呈现出快速增长的趋势,以下是一些关键数据和信息,用来说明我国在智慧运输方面的发展。

视频:北斗赋能农业——让春耕更轻松

①市场规模增长:据华经情报网的数据显示,2022年中国智慧物流装备市场规模达到829.9亿元人民币,同比增长16.1%。预计到2027年,市场规模有望达到1 920.2亿元,未来五年的复合年均增长率(CAGR)高达18.3%。这一增长在一定程度上反映了智慧运输领域的蓬勃发展和市场潜力。

②技术进步:智慧运输的发展离不开先进技术的应用。例如,移动机器人在中国的应用正在加速渗透,据高工机器人产业研究所(GGII)调研统计数据显示,2022年中国市场移动机器人销量达到8.14万台,同比增长27.7%;市场规模达到96.73亿元,同比增长23.8%。这些技术的应用显著提升了物流效率和准确性。

③基础设施建设:智慧运输的基础设施建设也在不断完善。例如,智能交通系统、自动化集装箱码头、电子航道图等项目的建设和改造,都在推动着运输行业的数字化和智能化转型。

2. 智慧运输的发展问题

(1) 标准化体系的完善之路

标准化是智慧运输发展的关键,但目前相应的体系尚未完全建立。现有标准多集中在技术层面,而对于数据交换、网络安全等关键领域的标准化工作仍需加强。此外,国际间的标准协调也是一大挑战,需要全球性的合作与对话。完善标准化体系,不仅能够促进技术兼容性和互操作性,还能为智慧运输的全球推广铺平道路。

(2) 技术创新的挑战与机遇

智慧运输领域的技术创新正在以前所未有的速度推进,但同时也面临着快速迭代和高昂成本的双重挑战。如何平衡技术的先进性与实际应用的可行性,是行业发展的关键。此外,新兴技术如5G、人工智能(AI)的应用还需克服技术成熟度和安全性的问题。技术创新是推动智慧运输向前发展的核心动力,其成功实施将极大提升运输效率和安全性。

(3) 基础设施建设的加速

智慧运输的基础设施建设是实现其广泛应用的前提。当前，智能交通系统、充电站等关键设施的建设正在加速，但仍需大量投资和长期规划。政府和私营部门的合作模式在此过程中尤为关键。基础设施的完善将为智慧运输提供坚实的支撑，是实现高效、环保运输系统的物质基础。

(4) 政策制定的导向作用

政策在智慧运输发展中起着至关重要的导向作用。合理的政策能够为技术创新提供支持，为基础设施建设提供资金和法规保障，为行业发展指明方向。然而，政策的制定需要充分考虑技术发展趋势和市场需求以及跨领域的协调合作。政策的及时更新和有效执行，是智慧运输健康发展的重要保障。

> **文化传承栏目**
>
> **丝绸文化的现代物流传播**
>
> 丝绸之路是古代中国与外界进行文化交流和贸易往来的重要通道，丝绸作为中国的代表性产品，一直以其华美和精致闻名于世。在现代，物流企业通过建立"丝绸之路经济带"，不仅促进了沿线国家的贸易往来，还通过物流网络传播中国丝绸文化。现代物流的高效和便捷使丝绸制品能够快速送达全球消费者手中，同时在包装和运输过程中注重保护丝绸的传统特色和文化内涵。物流企业还通过参与国际丝绸博览会等活动，展示中国丝绸的独特魅力，推动丝绸文化的国际交流和传播，让这一古老的文化遗产在全球化的今天焕发新的光彩。

任务实施

认真阅读项目实施任务要求，提交以下材料：
1. 编写一份包含现状分析、智慧运输方案设计与决策、优化建议的项目研究报告。
2. 准备一个演示文稿，向班级或评委展示优化方案及其预期效果。

任务评价

在完成上述任务后，教师组织进行三方评价，填写三方评价表 3-3，并对学生任务执行情况进行点评。

表 3-3 三方评价表

评价维度	评价内容	学生自评	团队互评	教师评价
知识掌握	理解和应用智慧运输的基本概念	☆☆☆☆☆	☆☆☆☆☆	☆☆☆☆☆
技能运用	分析智慧运输应用现状、提出优化方案的能力	☆☆☆☆☆	☆☆☆☆☆	☆☆☆☆☆
创新思维	提出的优化建议的创新性和实用性	☆☆☆☆☆	☆☆☆☆☆	☆☆☆☆☆
团队合作	团队协作和沟通能力	☆☆☆☆☆	☆☆☆☆☆	☆☆☆☆☆
报告质量	项目分析报告的清晰度、组织结构和详细程度	☆☆☆☆☆	☆☆☆☆☆	☆☆☆☆☆
演示效果	演示文稿的清晰性、逻辑性和吸引力	☆☆☆☆☆	☆☆☆☆☆	☆☆☆☆☆
总体表现	综合评价学生在任务中的整体表现	☆☆☆☆☆	☆☆☆☆☆	☆☆☆☆☆

说明：
1. 评价者根据学生的表现在每个评价维度上选择相应的星级打钩。
2. 评价标准可以是 5 星制，其中 5 星代表优秀，1 星代表不足。
3. 学生自评、团队互评和教师评价的权重分别占 20%、30% 和 50%。

项目总结

在本项目中，深入理解了智慧运输的基本概念、关键技术和应用场景，掌握了智慧运输的核心理论；面对实际运输问题，运用系统思维和所学知识，提出了创新的解决方案，提升了解决复杂问题的实践能力；项目内容激励学生们发挥创新精神，探索智慧运输的新技术和方法，培养了他们适应行业发展和持续学习的动力；在智慧运输的学习和实践中，增强了对安全法规和伦理责任的认识，培养了遵守制度的习惯。

在"项目引入"环节，学生们认识到智慧运输在提升物流效率、降低成本方面的重要性，激发了他们对智慧物流领域的兴趣。在"项目实施任务"中，学生们将理论知识应用于实际案例，通过设计和优化智慧运输系统，提升了实践能力，并对智慧运输技术的应用有了更深刻的理解。

综上所述，本项目不仅提高了学生们的专业技能，还促进了他们综合素质的发展，为未来学生们在智慧运输领域的学术研究或职业生涯奠定了坚实的基础。

项目铸魂

运输伦理：安全、效率与环境保护

"蓝海航运"的绿色转型："蓝海航运"是一家国际航运巨头，因全球对环境保护的日益关注，公司决定对其船队进行绿色改造。通过安装新型节能推进器和废气净化系统，蓝海航运的船舶能够显著降低碳排放。此外，公司还引入了智能航运系统，通过数据分析优化航线和航速，进一步减少燃料消耗。这些改变不仅使公司符合了国际海事组织的环保标准，还提高了运输效率，降低了运营成本。

考证小练

一、单项选择题

1. （　　）是整个运输管理系统的核心。（技能大赛国赛1+X模拟试题）
   A. 资源管理　　B. 运输调度　　C. 外包管理　　D. 费用控制

2. 2019年11月1日，众物智联物流与供应链集团下属的W运输企业承接了T公司一票货物的运货业务，目的地为平阳县的Z商行仓库。该票货物重量为19.23 t，体积为61 m³，运输车牌号为京C××××，后由于货物体积偏大，改为车牌号为沪K×××的平板车。11月11日上午该票货物送至目的地，11月11日下午W公司客服跟踪货物时，Z商行表示货物送到时放置较乱，同时T公司工作人员也发来一封投诉邮件，投诉W运输企业未按要求送货，表示W运输企业违反了T公司物流供应商的考核管理规定，并称2019年7月也曾发生过另一起类似事件，W运输企业当时也给出了整改方案，但实施状况不好。T公司要求W运输企业跟进该票货运的异常情况处理进度，责令对此次事件做出相应整改措施。W运输公司安抚T公司顾客时，语言上不能用（　　）词语，不要在电话里和客户争论与解释。（1+X中级理论模拟试题）
   A. 是的　　B. 对不起　　C. 一定　　D. 请证明

3. （　　）是指将物品从一个地点向另一个地点运送。其中包括集货、分配、搬运、中转、装入、卸下、分散等一系列操作。（技能大赛国赛1+X模拟试题）
   A. 配送　　B. 流通加工　　C. 运输　　D. 仓储

4. 众物智联物流与供应链集团合肥分公司接到其客户订货信息，要求将一批家电零备件（同一规格）以公路运输形式运至上海，合肥至上海距离为460 km。现已知家电零备件包装为纸箱包装，规格为450 mm×250 mm×200 mm，重量为7.5 kg/箱，堆码极限为10，客户订货数量为2 400箱，车厢最大允许装载高度为1.9 m；普通货物合肥至上海基础运价为300元/t，特种货物合肥至上海基础运价为500元/t，装车费15元/t，卸车费12元/t，装卸费按照实际重量计算。该批货物属性是（　　）。（1+X中级理论模拟试题）
   A. 普通货物轻货　　B. 普通货物重货　　C. 特种货物轻货　　D. 特种货物重货

5. 第三方物流公司想承接生鲜产品运输必须要配备专业的设备和设施，专业的冷藏车和车载冷藏箱更是必不可少的，一般大型物流企业都拥有自身物流配送中心、运输干线网络和一定的冷链条件。特别是对于已有生鲜冷链运行业务经验的企业来说，就已经赢在起跑线上了，因为生鲜商品运输的特点为制冷技术含量高、投入成本大、全程监控、出入库作业要求高，全程都需要进行温度控制。请运用PESTLE模型分析该段话体现了（　　）。（技能大赛国赛1+X模拟试题）
   A. 政治因素　　B. 经济因素　　C. 社会因素　　D. 技术因素

二、多项选择题

1. 下列选项中，属于货物运输合同法律特征的是（　　）。（1+X中级理论模拟试题）
   A. 运输合同是双务合同　　　　B. 运输合同是单务合同
   C. 运输合同是有偿合同　　　　D. 运输合同是诺成合同

2. 影响运输成本的因素包括（　　）。（技能大赛国赛1+X模拟试题）

A. 运输距离　　　　B. 载货量　　　　C. 货物疏密度　　　　D. 货物的易损性

3. 运输过程跟踪管理的典型功能包括（　　）。(1+X中级理论模拟试题)

A. 车辆实时状态监控　　　　B. 车辆行驶路径优化

C. 驾驶员在途行为监控　　　　D. 运输货物安全监控

4. 随着国家对物流业提出的行业升级以及运输节能减排等规划落实，我国大中型物流企业开始逐渐发展，试点甩挂运输。目前甩挂运输的主要组织形式有（　　）。(技能大赛国赛1+X模拟试题)

A. 一线两点甩挂运输　　　　B. 循环甩挂作业

C. 驮背运输　　　　D. 两线两点甩挂运输

5. 下列选项中，属于公路运输成本构成的是（　　）。(技能大赛国赛1+X模拟试题)

A. 车辆折旧　　　　B. 保险税费　　　　C. 燃油费　　　　D. 停车费

三、判断题（技能大赛国赛1+X模拟试题）

1. 承运方的义务不包括通知收货人。（　　）
2. 基于重量的费率只随着运输货物的重量变化，而不随距离变化。（　　）
3. 实施托盘化运输是运输成本控制的有效策略。（　　）
4. 对于整批货物的长途运输和短途零散客户的货物运输一般不适宜采用甩挂运输。（　　）
5. 零担和快件运输的支线运输，由于运输量较小道路条件较差，一般不适宜采用甩挂运输。（　　）

参考答案

一、单项选择题

1. B　　2. D　　3. C　　4. B　　5. D

二、多项选择题

1. ACD　　2. ABCD　　3. ABD　　4. ABC　　5. ABCD

三、判断题

1. ×　　2. ×　　3. √　　4. √　　5. √

运输任务

一、实训背景说明

根据采购部门的最新采购计划,需要把临时仓库中的货物全数运输到新仓库中,以便配送中心在新仓库完成集散。两仓库之间的距离为 78 932 m。目前所有仓库所在位置均不在市区的限行管控范围内,所有车辆均可调用。计算运费时,可不考虑车辆的回程成本。由于仓储部门在实际装车时会对货物位置进行调整,并借助工具保证货物承重不超过限制,所以可以看作车厢的所有容积与载重均可被利用。

请选择合适车辆,制订运输计划,将货物从现有仓库转移到新仓库中,并计算本次运输的相关成本(此处的运费仅包含油耗成本),计算结果保留 2 位小数。

二、实训信息说明

库存盘点见表 3-4。车辆信息见表 3-5 和表 3-6。

表 3-4 存货盘点表

商品码	商品名称	计量单位	实际盘存/箱	单箱重量/kg	单箱体积/m^3
6 956 655 701 103	雁塘金标鲜牛乳	箱	67	2.71	0.008 944
6 953 240 758 627	雁塘鹃珊鲜奶屋	箱	58	2.71	0.008 944
6 953 229 129 303	一碗香黑椒牛肉饭	箱	48	2.92	0.050 778
6 956 723 639 212	一碗香鱼香肉丝饭	箱	32	2.92	0.050 778

表 3-5 车辆信息 1

车型	数量/辆	额定载重/kg	空载平均油耗/[L·(百公里)$^{-1}$]	载货增加油耗/[L·(百公里·吨)$^{-1}$]	燃料类型	柴油价格/(元·L^{-1})
面包冷藏车	3	875	6	0.12	柴油	8.01
窄体 3.5 m 冷藏车	3	1 650	8	0.17	柴油	8.01
窄体 4.2 m 冷藏车	3	1 100	9.8	0.28	柴油	8.01

表 3-6 车辆信息 2

车型	内容积长/mm	内容积宽/mm	内容积高/mm	车辆时速/(km·h^{-1})
面包冷藏车	2 900	1 430	1 430	45
窄体 3.5 m 冷藏车	3 350	1 640	1 650	45
窄体 4.2 m 冷藏车	4 000	1 880	1 850	45

三、实训操作说明

步骤一:计算商品总重量。

$$商品总重量 = \sum 单箱重量 \times 商品数量$$

商品总重量见表 3-7。

表 3 – 7　商品总重量

商品名称	总重量/kg
雁塘金标鲜牛乳	181.57
雁塘鹃珊鲜奶屋	157.18
一碗香黑椒牛肉饭	140.16
一碗香鱼香肉丝饭	93.44
合计	572.35

步骤二：计算商品总体积。

$$商品总体积 = \sum 单箱体积 \times 商品数量$$

商品总体积见表 3 – 8。

表 3 – 8　商品总体积

商品名称	总体积/m³
雁塘金标鲜牛乳	0.599 248
雁塘鹃珊鲜奶屋	0.518 752
一碗香黑椒牛肉饭	2.437 344
一碗香鱼香肉丝饭	1.624 896
合计	5.180 24

步骤三：计算车辆容积。

$$车辆容积 = 内容积长 \times 内容积宽 \times 内容积高$$

车辆容积见表 3 – 9。

表 3 – 9　车辆容积

车型	车辆容积/m³
面包冷藏车	5.930 21
窄体 3.5 m 冷藏车	9.065 1
窄体 4.2 m 冷藏车	13.912

步骤四：选择车辆。

根据商品总重量和总体积选择面包冷藏车。

步骤五：计算成本。

油耗成本 = (空载平均油耗 + 载货增加油耗 × 载货总重量) × 运输距离 × 柴油价格 = (6 + 0.12 × 572.35/1 000) × (78 932/100 000) × 8.01 = 38.37（元）

项目四　智慧配送

学习目标

[知识目标]
1. 掌握智慧配送的基本概念、核心原理和技术应用。
2. 理解智慧配送体系的结构,包括关键网络节点和设备技术。
3. 认识智慧配送在不同行业中的应用案例及其发展趋势。

[能力目标]
1. 能够分析和设计智慧配送系统的基本组成和运作流程。
2. 能够应用智慧配送技术解决实际物流问题,提升配送效率和服务质量。
3. 能够评估智慧配送系统的效益,进行持续改进和创新。

[素质目标]
1. 培养学生的敬业精神,强化安全意识和环保责任感。
2. 提高学生的沟通协作能力,适应团队工作和跨部门合作。
3. 提升学生分析和解决问题的能力,以应对智慧配送领域的挑战。

项目导图

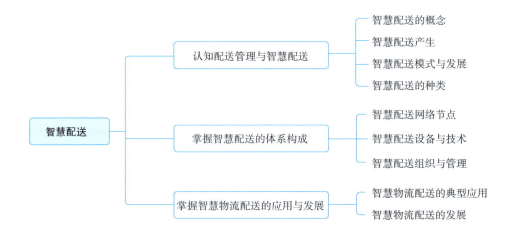

✿ 直通职场

参照二维码"运输调度员"的内容，各学习小组查找物流配送相关工作岗位，填写表4-1，至少包含以下模块：岗位名称、岗位职责、岗位技能、薪酬水平。

运输调度员

表4-1 物流配送工作岗位表

岗位名称		薪酬水平	
岗位职责			
岗位技能			
备注			

物流先锋栏目

苏宁物流

苏宁物流是苏宁控股集团的物流部门,以其高效的供应链解决方案和先进的物流技术著称。苏宁物流通过建立智能物流园区和无人仓库,实现了物流作业的自动化和智能化,提高了物流效率。苏宁物流的创新举措,如"苏宁秒达"服务,为消费者提供了更加便捷的即时配送体验。苏宁物流的发展战略和技术创新,支持了苏宁线上线下融合的零售模式,同时也为整个物流行业的发展提供了新的思路和方向。

项目引入

沃尔玛山姆前置仓的转型升级

沃尔玛山姆会员商店在中国市场的转型升级中,特别是在配送服务方面,展现了其对智慧物流的积极探索和实践。以下是该案例的关键点和相关数据。

一、配送服务模式

山姆会员商店采用店仓(门店+前置仓)模式扩大服务范围,实现全城覆盖。它提供多种配送服务,包括一小时极速达、次日全城配、全国配。

二、财务表现

1. 营收:2024 财年第三季度(截至 2023 年 10 月 31 日前三个月)总营收为 1 608 亿美元(约合人民币 11 657 亿元),同比增长 5%。

2. 利润:调整后营业利润为 62 亿美元(约合人民币 449.48 亿元),同比增长 3%。

3. 电商增长:中国市场净销售额为 45 亿美元(约合人民币 326.24 亿元),同比增长 25%,电商净销售同比上升 38%。电商业务渗透率达到 45%。

三、门店和前置仓布局

1. 门店数量:在中国 25 个城市运营 47 家门店。

2. 计划新增:计划每年新开 6~7 家门店。

四、骑手配送效率

1. 骑手薪资:骑手薪资的构成主要为每单提成和奖金补贴,包括全勤奖(200~300 元)。

2. 每单提成:通过达达系统智能结算提成,每单提成 6~9 元。

3. 日收入:骑手平均每天能跑四五十单,日收入三百多元。

4. 月收入:月收入六七千元,全勤奖和单量多时可达到八九千元。

五、骑手工作情况

1. 年龄性别:骑手主要为 26 岁以上的男性,但也有中年人。

2. 岗位要求:骑手能在寒冷天气中依然坚守岗位,保证配送服务的连续性。

六、技术应用

1. 路线规划:采用智能调度系统和数据分析技术优化配送路线和时间。

2. 智能算法：通过智能算法提高配送效率，提升顾客满意度。

3. 转型升级：山姆会员商店的转型升级案例显示了其在智慧物流领域的积极探索。通过优化配送网络和提升服务质量，山姆会员商店不仅增强了市场竞争力，也为消费者提供了更加高效、便捷的配送服务。

（资料来源于物流指闻，作者：林平，题目：山姆前置仓的骑手们，困在"社保"中）

价值探究：在智慧配送项目中，如何培养和提升骑手及物流人员的专业技能和道德素养，确保他们在提高配送效率的同时，也能维护消费者权益并提升服务质量。

项目实施任务：智能快递柜服务优化方案

任务背景：

随着电子商务的蓬勃发展，快递服务需求激增，传统的快递配送方式面临着配送效率低下和配送成本高昂的问题。智能快递柜作为一种新型的末端配送解决方案，能够提供 24 小时自助服务，提高配送效率，减少配送成本，同时提升用户体验。本项目旨在通过优化智能快递柜服务，进一步提升快递配送的效率和质量。

任务目标：

分析现有智能快递柜服务流程，提出具体的优化方案，以实现更高效、更便捷的快递存取服务。

任务要求：

1. 现状分析（关联任务一）

调研并描述选定区域的智能快递柜使用情况，包括快递柜的分布、使用频率、用户满意度等。识别存在的问题，如柜子容量不足、取件效率低、系统响应慢等。

2. 技术与策略分析（关联任务二）

分析智能快递柜的关键技术，如条形码识别、射频识别技术、移动应用接口等，评估其在现有服务中的应用情况。探讨优化策略，如动态容量管理、用户行为预测、智能调度系统等，分析其在改进服务中的潜在效果。

3. 优化建议（关联任务三）

基于现状分析和技术与策略分析，提出具体的优化措施，如增加快递柜容量、优化用户界面设计、引入智能调度算法等。讨论这些建议如何帮助提高智能快递柜的服务质量，减少用户等待时间，提升整体配送效率。

任务一　认知配送管理与智慧配送

知识链接

知识点 1：智慧配送的概念

在中华人民共和国国家标准 GB/T 18354—2006《物流术语》（2007 年 5 月 1 日起

实施）中，配送的定义为在经济合理区域范围内，根据客户要求，对物品进行拣选、加工、包装、分割、组配等作业并按时送达指定地点的物流活动。配送活动与送货活动的区别如表4-2所示。

表4-2 配送活动与送货活动的区别

项目	配送活动	送货活动
组织管理	是流通企业的专职，要求有现代化的技术装备做保证，要有完善的信息系统，有将分货、配货、送货等活动有机结合起来的配送中心	由生产企业承担，中转仓库的送货只是一项附带业务
基础设施	必须有完善的现代交通运输网络和管理水平作为基础，同时还要和订货系统紧密联系，必须依赖现代信息的作用，使配送系统得以建立	没有具体要求
时间要求	送货时间准确，计划性强	时间不一定准确，计划性相对较差
工作效率	充分利用运力，考虑车辆的货物配载。重视运输路线优化，强调距离最短，并且一辆货车向多处运送	不考虑车辆配载，不科学制定运输规划，货车一次向一地运送
技术装备	全过程有现代化物流技术和装备的保证，在规模、水平、效率、速度、质量等各方面均占优势	技术装备简单
行为性质	是面向特定用户的增值服务	是企业销售活动中的短期促销行为，是偶然行为

《关于智慧物流配送体系建设实施方案的通知》指出，智慧物流配送体系是一种以互联网、物联网、云计算、大数据等先进信息技术为支撑，在物流的仓储、配送、流通加工、信息服务等各个环节实现系统感知、全面分析、及时处理和自我调整等功能的现代综合性物流系统，具有自动化、智能化、可视化、网络化、柔性化等特点。发展智慧物流配送，是适应柔性制造、促进消费升级、实现精准营销、推动电子商务发展的重要支撑，也是今后物流业发展的趋势和竞争制高点。

智慧配送是为适应智慧物流发展的新要求，升级原有的配送设备，应用大数据、人工智能算法和无人机等新型软硬件技术，对配送的全流程进行信息化、透明化管理，实现无人配送、即时配送和主动配送的物流活动。智慧配送可以降低配送成本，提升配送效率，增加客户对配送服务的满意度。

知识点2：智慧配送产生

我国经济正在从高速发展转向高质量发展，产业结构和管理模式不断升级，社会化分工越来越细，电子商务等新型商业受人们青睐，配送市场需求旺盛，"最后一公里"的配送工作也成为被关注的重点。配送已经被企业上升到了战略层次，物联网、大数据、云计算和人工智能等新技术可以有效地适应物流行业的发展并使配送服务更加满足消费者的需求，这些促进了智慧配送的产生。

1. 用户需求逐渐多元化、复杂化、高标准化

①用户需求在空间与时间上具有差异性。从空间上看，目标客户不集中在某一个

区域，而是处于一种不规则的分布状态。对于企业而言，通过增加运力来满足这些分散的配送需求的方法已经无法解决问题。从时间上看，客户需求也呈现出潮汐特征，对配送服务的弹性化需求较高。物流企业既需要持有运力资源来满足如"双11"购物节等活动引发的配送需求高潮，同时也面临着在需求低谷时的资源闲置问题。客户需求的时空差异，意味着物流企业需要负担很高的经营成本来支撑企业对于物流效率及服务质量的诉求。

②用户要求掌握更加精确、透明的货物流动信息。受到成本与技术的限制，信息化水平较低的配送服务无法做到商品货物信息全程跟踪，这会使客户无法即时掌握货物动态，影响客户服务体验。用户信息的透明化可以在配送过程中为用户给出相应的提示，减少用户对配送企业的质疑，维护自身的品牌与服务。

③用户对配送服务安全提出了新的诉求。企业为降低成本，给配送人员的待遇低，导致配送人员工作不稳定，跳槽频繁。而且配送员自身素质与业务水平参差不齐，这些都会让客户产生对货物财产安全以及人身安全的担忧。

2. 技术发展解决用户新增需求

①数据分析与新型算法解决用户需求的时空差异性。随着大数据分析、云计算与人工智能的各类算法在智慧物流中的应用，智慧配送能够即时感知各地区分散的物流需求数据，以此推荐最佳的配送方案。而智慧配送中的共享思维、平台经济则为企业提供了一个客户在不同时间段需求差异的方式。

②物联网技术可以向客户提供更透明的货物流动信息。在物联网信息通信技术的支持下，智慧配送能够做到配送流程可视化。客户在登录终端后，可以查询到货物的实时位置，即时了解货物动态和预计到达时间，统筹安排其他工作。

③无人技术提供配送服务安全保障。智慧配送通过结合遥感控制、无人机、无人车等软硬件技术，实现了机器与人结合配送。精减配送人员，使配送员队伍保持稳定，提升配送员素质修养；同时对配送员进行信号追踪，保证其精准执行配送任务，以此减少客户对货物安全及人身安全的忧虑。

3. 智慧配送拥有非常深厚的政策土壤

我国的物流业正在向着数字化和信息化转变，辅以各项政策的出台，推动了智慧配送的快速发展。各类政策内容涵盖了推动智能产品在经济社会的集成应用，夯实人工智能产业发展的软硬件基础，培育推广智能制造新模式，完善人工智能发展环境等。这些政策的实施为智慧配送装备的快速发展营造了良好的环境。

如今国家大力倡导智能智慧，各个与智能智慧相关的科技企业如同雨后春笋般涌现。如果国家能够有效引导相关科技企业对配送环节投入，就可以解决智慧化配送设备稀少、落后等问题。另外，智慧配送作为一个新兴的行业，也方便国家拟订发展规划并制定相关政策，以此取得全球领先的话语权。

视频：迪卡侬智能化物流中心

知识点 3：智慧配送模式与发展

智慧配送模式的发展正处于一个快速变革的时期，随着技术的进步和消费者需求的变化，配送行业正在经历着前所未有的转型。以下是智慧配送模式的几个关键发展趋势。

①共同配送：这种模式通过整合多个企业的配送资源，实现资源共享和优化配置，提高配送效率，降低物流成本。共同配送不仅适用于城市配送，也适用于跨区域的物流合作。

②设立取货点：随着电子商务的兴起，消费者对于便捷取货的需求日益增长。企业通过在便利店、社区中心等地点设置自助取货点或储物柜，可为消费者提供 24 小时不间断的取货服务，同时也减轻了配送人员的压力。

③自设终端模式：一些大型企业或电商平台选择自建物流网络，通过建立自己的配送中心和配送队伍，实现对配送过程的完全控制，提高服务质量和配送速度。

④智能快递柜的普及：智能快递柜作为一种新型的末端配送解决方案，能够提供安全、便捷的快递存取服务。用户可以通过手机扫码等方式自助取件，大大提高了配送的效率和用户体验。

⑤无人配送技术的应用：无人机、无人车等智能配送设备的研发和应用，标志着配送行业正朝着自动化、智能化方向发展。无人配送不仅能够解决人力成本问题，还能在特定场景下提供更加灵活和高效的配送服务。

视频：未来快递配送模式

智慧配送模式的发展，不仅提升了物流行业的整体效率，也为企业和消费者带来了更多便利。随着技术的不断进步和商业模式的创新，未来的智慧配送将更加高效、智能、绿色，能更好地服务社会和经济的发展。

知识点 4：智慧配送的种类

1. "送货上门"的无人配送服务

配送的工作量大，想要实现送货到家的服务水平需要配送人员进行自主判断的情况多，因此工作人员需求量大、人力成本居高不下。无人配送通过人工智能算法与无人配送设备这样结合的方式，在人工智能的决策判断下，增加对硬件设施的使用率，减少人员参与。相比需要大量配送员进行作业的配送模式，智慧配送可以实现"送货上门"配送服务的无人化。目前，无人配送主要的设备是无人机和无人车，其中无人车驾驶技术已经成熟，在较封闭的场所中已经开始应用，无人驾驶技术的三种落地场景如图 4-1 所示。

2. 基于客户满意的即时配送服务

与智慧仓储和智慧运输相比，智慧配送更加注重客户体验。由于业务量过多，需要在一定的时间点收集前一时间段的所有订单，然后进行统一配送。这对于客户来说就产生了或多或少的滞后，可能下单时间仅仅相差五分钟，收货时间却相差一天，严重影响客户体验。新零售所带来的产业升级已经成为人与货、时间与距离的赛跑，客户与货物之间的距离变得越来越近，时间变得越来越短。可以说，新零售为配送市场

干线

一般使用重卡，道路以高速公路、城际或城市公路为主，具有长距离、道路参与者相对简单的特点。

终端配送

一般使用物流车或配送机器人，涉及城市道路、园区或住宅区道路等。道路场景及参与者较为复杂。

封闭场景

一般使用重卡，在港区、矿区和厂区等封闭场景作业。场景简单但对重卡动力和荷载能力要求较高。

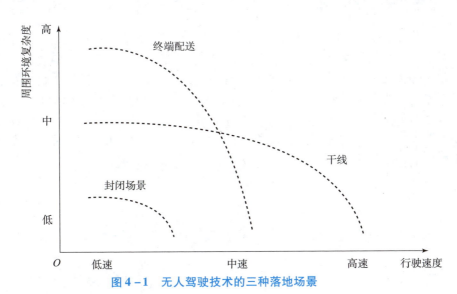

图 4-1　无人驾驶技术的三种落地场景

带来机会的同时也让竞争变得异常激烈。

　　智慧配送为用户提供可以在线下单的互联网平台，客户下单后，系统将线上线下的订单信息数据化，通过算法匹配，自动将配送任务信息发送到最合适的配送员的移动终端或配送设施的接收器上。配送者取件后，直接送达到指定的目的地，无任何中转环节，真正实现即取即送。

　　即时配送基于智能交互与需求共享理念，调动闲置的配送资源，发挥现有配送资源的最大化使用效率，通过短链、无人化等智慧物流技术，实现收派一体、即取即送的配送服务。智慧配送的及时性为广大私人用户、企业及商业办公人群打造了高效、便捷、安全的加急件和私人物品专业化服务。

视频：日日顺大件物流智能无人配送中心项目

3. 小范围内的主动配送服务

　　配送不是单纯的运输或输送，而是运输与其他活动共同构成的组合体。而且配送所包含的那一部分运送范围较小，需求可以预测。近年来，市场竞争日益激烈，未来的配送新趋势是一场关于人、环境、大数据和效率的革命。若不尽快采取措施去适应市场环境的变化，势必会逐渐失去原有的销售优势，使市场份额日渐丧失。因此，各企业均在想方设法地通过不同途径、采用各种方式抢占市场。许多公司通过不断优化零售网络，提升商品的质与量，为客户提供标准化、专业化和个性化的优质服务，培养自身的服务品牌，提高顾客的忠诚度，抢夺市场份额。

主动配送是在配送过程整体优化的基础上，依靠物联网大数据的支持，基于对一定市场范围内需求的预测和库存变化的判断，满足消费者个性化需求，对主动配送网络布局优化，实现先发货后下单的主动式配送服务。在客户感受到缺货前，主动将商品配送到客户处，体现出智慧配送的主动性特点。

> **物流人风采栏目**
>
> **赖梅松——中通快递创始人兼董事长**
>
> 赖梅松在2002年创立的中通快递，起初只是一家小型的快递公司。赖梅松凭借对快递行业的深刻理解和不懈努力，使中通快递逐渐发展成为中国快递行业的主要参与者之一。赖梅松注重服务质量和网络建设，通过加盟模式快速扩张，同时不断优化内部管理和运营效率。在他的领导下，中通快递于2016年在美国纽约证券交易所成功上市，成为中国快递行业第一家在美国上市的公司。赖梅松的成功不仅在于其商业洞察力，还在于他对企业文化的重视。"诚信、创新、发展、和谐"的价值观，为中通快递的长远发展奠定了坚实的基础。

任务二　掌握智慧配送的体系构成

知识链接

知识点1. 智慧配送网络节点

智慧配送网络节点是智慧物流系统中的关键组成部分，它们是物流网络中的连接点，负责处理和转发货物，确保物流的高效运作。这些节点通常包括以下几个方面。

1. 配送中心

配送中心是智慧配送网络的核心，负责接收、存储和分拣货物，然后将它们分发到最终目的地。这些中心通常配备有先进的自动化设备和信息系统，以提高效率。

2. 前置仓

前置仓是靠近消费者的小型仓库，它们通常位于城市中心或消费者密集的区域，用于存储高频次购买的商品，以实现快速配送。

3. 末端配送站点

这些是直接面向消费者的配送点，如智能快递柜、菜鸟驿站等，它们提供便捷的取件和寄件服务，解决了"最后一公里"配送问题。

4. 农村物流节点

为了服务农村地区，智慧配送网络还包括村级服务站和乡镇级综合配送服务站，这些节点有助于实现城乡物流的均衡发展。

5. 应急物流节点

在特殊情况下，如自然灾害或公共卫生事件，应急物流节点能够快速响应，提供必要的物资支持。

智慧配送网络节点的建设和优化，对于提升物流效率、降低成本、增强用户体验以及支持社会经济发展具有重要意义。随着技术的进步，这些节点将更加智能化、自动化，能够更好地适应市场变化和客户需求。

知识点 2：智慧配送设备与技术

智慧配送设备与技术是智慧物流配送体系的核心组成部分，它们的发展和应用对于提高物流效率和提升用户体验至关重要。目前我国智慧物流配送的设备与技术的主要参与者分为智能物流设备科技类、智能物流软件科技类、物流地产类、第三方运营类四大类，如图 4-2 所示。其中智能物流设备科技类以音飞、今天国际、昆船、灵动科技等企业为代表；智能物流软件科技类以巨沃、唯智等企业为代表；物流地产类以普洛斯、YPIH、BLOGIS、SunnyWorld 为代表；第三方运营类以鲸仓、发网等企业为代表。

微课：补货方式

图 4-2 智慧物流配送设备与技术的主要参与者

随着我国物流行业智能化、信息化和数字化的转型升级，智慧配送设备与技术的应用场景不断涌现：无人机配送、无人车配送、智慧配送站、智能快递柜等。

1. 无人机配送

在偏远山区、交通不便的农村地区，配送一直是一个难题。农村地区"最后一公里"的物流成本更是占到整个物流成本相当大的比例，在交通运输基础设施落后的情况下,物流无人机能够凸显独特优势,提升物流网点与终端之间的流转效率。无人机包含四大主要系统:飞控系统、动力系统、导航系统和通信数据系统,如图 4-3 所示。

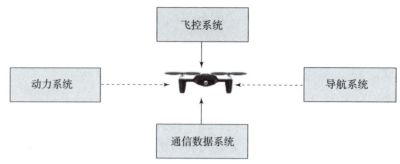

图 4-3　无人机包含四大主要系统

无人机在智慧配送中的作用主要体现在以下几个方面。

①空间优势:无人机能够克服复杂地形限制和交通环境的限制,特别是在农村、山区和城市中心等配送难题区域,无人机的优势更加明显。它们通过精准定位和遥感技术,可以规划最优配送路线,快速、准确地将货物送达。

②时间优势:无人机的灵活性和快速性减少了配送过程中的时间消耗。它们可以即时响应订单,快速到达目的地,缩短了客户的等待时间,从而提升了消费者的购物体验。

③优化配送流程:无人机的使用简化了末端配送的流程,减少了中间环节。商品可以直接从配送站通过无人机送达消费者,提高了配送效率。

④节约人力成本:无人机配送可以减少对人力资源的依赖,降低企业的人力成本。在劳动密集型的配送行业中,无人机的应用有助于缓解作业压力,提升企业的技术水平和竞争力。

随着无人机技术的不断进步和成本的降低,预计无人机在智慧配送领域的应用将会更加广泛,成为提升物流配送效率和服务质量的重要力量。

无人机在智慧配送中的应用虽然具有显著的优势,但它也存在以下局限性和挑战。

①技术瓶颈。

无人机的续航时间较短,通常只有 20 分钟左右,这限制了其配送距离和效率;载荷能力有限,目前大多数无人机只能携带小件货物,不适合大宗物品的配送;可靠性和稳定性有待提高,特别是在恶劣天气条件下,无人机的性能可能会受到影响;作业半径受限,无人机的有效作业范围相对较小,这限制了其在更广泛区域的应用。

②政策和法规限制。

无人机的飞行受到严格的空域管理规定,这可能会限制其在城市等密集区域的配送应用。无人机操作的法规和标准尚不完善,缺乏有效的监管和管理机构,这可能会影响无人机配送的安全性和合规性。

③安全隐患。

无人机操作不当可能对人身和财产安全构成威胁,尤其是在人口密集区域。无人机的广泛使用可能会引发隐私泄露问题,尤其是在配送过程中捕捉到的私人信息的处理和保护。

2. 无人车配送

（1）无人快递车简介

无人快递车主要依托高精度遥感技术与智能导航系统，是一款可以在陆地上行驶，代替配送员将包裹全自动配送到用户家门口的机器人。大部分无人快递车体积较小，四轮驱动，具备若干个不同大小的载货舱，可以按照既定路线自动导航行驶，并具备环境感知、车道保持、动态识别、实时规划、智能避障等功能。无人快递车按照自动驾驶的分级标准，属于第4、5等级。自动驾驶的分级标准见表4-3。

表4-3 自动驾驶的分级标准

自动驾驶等级	名称	概念界定	主体			
			驾驶操作	周边监控	任务支援	系统作用区域
0	无自动化驾驶	由人类驾驶员全程操控汽车，但可以得到主动安全系统的辅助信息	人	人	人	无
1	机器辅助驾驶	利用环境感知信息对转向或纵向加速进行闭环控制，其余工作由人类驾驶员完成	人/系统	人	人	部分
2	部分自动驾驶	利用环境感知信息同时对转向和纵向加速进行闭环控制，其余工作由人类驾驶员完成	系统	人	人	部分
3	有条件自动驾驶	由自动驾驶系统完成全部驾驶操作，人类驾驶员根据系统请求进行干预	系统	系统	人	部分
4	高度自动驾驶	在限定道路和功能条件下，由自动驾驶系统完成全部自动驾驶操作，无须人类驾驶员进行任何干预	系统	系统	系统	部分
5	完全自动驾驶	由自动驾驶系统完成全部的驾驶操作，人类驾驶员能够应付的全部道路环境，系统都能自动完成	系统	系统	系统	全域

在进行配送前，用户可以与无人快递车预约配送时间、地点与物品，无人快递车会协同工作，自动进行包裹的分配和运行路径的规划。通过内建的导航系统，它能在无人干预的情况下实现自主定位导航。此外，无人快递车还具备多种智能功能，如乘坐电梯，识别行人车辆等动态障碍物，预判它们的运行轨迹并进行动态避障；自动实时监控机器人正在运送的包裹，不仅在包裹被盗时进行报警，而且还能在包裹被误取时进行提醒。

它能够很好地提升配送业务操作系统完善程度和配送服务规范程度，对配送需求做出即时响应，降低人力成本，从而满足消费者对于速度、服务、个性化等高质量的需求，缓解巨大的配送压力。与无人机配送的方式相比，无人快递车配送还具备载重量大、续航里程高、安全可靠等重要优势。

（2）无人快递车的关键技术

无人快递车作为智慧配送的重要组成部分，其关键技术主要包括以下五个方面。

①环境感知：无人快递车配备了多种传感器，如摄像头、雷达等，能够实时感知周围环境，生成三维地图，检测并识别障碍物的大小和距离，确保安全避障。

②车道保持：利用深度学习算法，无人快递车能够识别交通标志和车道线，确保在不同照明和天气条件下都能遵守交通规则，稳定行驶在车道中。

③动态识别与路线调整：无人快递车能够动态监测环境变化，一旦探测到原路径无法通行，能够立即重新规划路线，保证配送任务的顺利完成。

④实时规划：通过在线学习算法，无人快递车可以根据实时反馈的数据快速进行路径调优，以应对交通状况的变化和配送需求的更新。

⑤智能避障：无人快递车通过深度学习技术，能够识别并预测行人、车辆等动态实体的行为轨迹，实现智能避障，确保行驶安全。

这些关键技术的应用使得无人快递车能够在复杂的城市环境中自主导航，高效安全地完成配送任务，是智慧物流领域的重要发展方向。随着技术的不断进步，无人快递车的性能将进一步提升，为物流配送行业带来革命性的变化。

3. 智慧配送站

智慧配送站设有自动化分拣区，无人快递车停靠区、充电区、装载区等多个区域，能够完成货物分拣、无人快递车停靠、充电等一系列环节。当包裹从配送中心运输至配送站后，在物流分拣线上按照配送地点对货物进行分发，分发完成后，站内装载人员按照地址将包裹装入无人快递车，配送至消费者手中。

智慧配送站相当于一个智能中转站，将收发环节互相连接，实现全程无人配送。智慧配送站可以存储多个货箱和终端无人快递车，并具有无人快递车充电设备，同时可以为客户提供商品自提、退换、收发等服务。智慧配送站可以提供无人配送服务，自动卸货，自动装载，并自动送至指定地点，收件人收取包裹既节省时间，又减少行走的路程。

由于技术与环境的限制，不同的区域可能会采取不同的配送形式。智慧配送站会把货物送到分货柜中进行智能分拣，以区分不同配送区域的货物并进行相应货物的分发。比如在校园中，无人快递车可以直接将货物送到学生宿舍。在农村进行配送时，会在比较集中的区域里设一个配送站，收件人可以到配送站自提。

未来，智慧配送站将会提升技术，争取适用于城乡山区等多种环境，此时的智慧配送站不再仅是管理或连接无人送货设备的手段，还要增加辅助客户退换货、收发件等智慧服务。智慧配送站的广泛应用将为社会创造更加智慧、更加便捷的环境。

拓展案例　亚马逊快速的商品配送

4. 智能快递柜

智能快递柜作为智慧物流的重要组成部分，其发展和应用在提升配送效率和改善客户体验方面发挥着重要作用。

（1）智能快递柜的发展

智能快递柜技术已经相对成熟，国内已有多家企业如顺丰的丰巢和菜鸟的速递易等投入研究和应用。尽管智能快递柜在商用基础上已具备推广条件，尤其在一、二线城市，但仍面临使用成本高、智能化程度不足、普及率低、盈利模式单一等挑战。

（2）智能快递柜技术

智能快递柜包括储物终端和平台管理系统，能够实现智能存取件、远程监控和管理信息等功能。通过物联网、智能识别和无线通信等核心技术，用户可以通过手机接收的取件码进行自助取件，提高了取件的便捷性和安全性。

（3）智能快递柜的作用

①提高配送效率：智能快递柜允许配送员直接将商品存放于柜内，减少了因时间错配导致的重复配送，提高了配送效率。

②增加客户配送服务体验：24小时自助服务使客户可以在任何时间取件，提高了服务的便利性。

③提高安全性：与传统配送方式相比，智能快递柜通过扫码取件，更好地保护了商品安全和客户隐私。

智能快递柜的广泛应用有望解决传统配送中的一些痛点问题，如配送时间不匹配、配送效率低下等，同时也为企业提供了新的数据资源和服务模式，有助于物流行业向更加智能化、高效化的方向发展。

知识点3：智慧配送组织与管理

智慧配送组织与管理是确保智慧物流配送系统高效运作的关键因素。以下是关于智慧配送组织与管理的详细阐述。

1. 组织结构设计

智慧配送系统的成功始于合理的组织结构设计。这包括确定团队的职能和责任以及建立明确的层级结构。通常智慧配送团队包括物流经理、数据分析师、技术支持人员、配送人员等。

①团队职能：明确定义团队的不同职能，如物流经理、数据分析师、技术支持人员、配送人员等。

②责任分配：确保每个团队成员明确他们的责任和任务，避免重复工作或信息丢失。

③决策层级：建立适当的决策层级，确保信息能够迅速传达、决策能够及时执行。

2. 流程规划和优化

智慧配送要求重新审视和优化现有的物流和配送流程。这可能包括重新设计订单处理、货物存储和分拣、交付路线规划等流程。流程规划应考虑最佳实践和技术的应用，以提高效率。

①订单处理：详细规划订单处理流程，包括订单接收、拣货、包装和发货，以减少处理时间并减少可能出现的错误。

②货物存储和分拣：设计仓储流程，最大程度减少货物存储时间，降低损坏风险。

③交付路线规划：优化交付路线，考虑交通状况、客户需求和货物特性。

3. 技术整合和系统选择

选择适合的智慧配送技术和系统是至关重要的。这包括物联网传感器、大数据分析工具、云计算平台、自动化仓储系统等。这些系统的有效集成，可以实现实时数据共享和协同工作。

微课：节约里程法

①系统兼容性：确保选择的系统和技术能够互相集成，以实现实时数据传递和协同工作。

②安全性：关注系统的安全性，系统的安全性包括数据保护、网络安全和物理安全。

4. 数据管理和分析

有效的数据管理是智慧配送的核心。管理大量的数据需要建立数据存储和处理机制，确保数据的准确性和可用性。数据分析团队负责分析数据，提供有关交付路线、需求预测、库存管理等方面的见解。

①数据收集：建立数据收集系统，确保数据的准确性和一致性。

②分析工具：使用适当的数据分析工具，如数据仓库、数据挖掘和机器学习算法。

③决策支持：数据分析团队应为管理层提供有关运营、库存和交付决策的见解。

图4-4所示是机器配送与人力配送成本关系数据分析示意图。

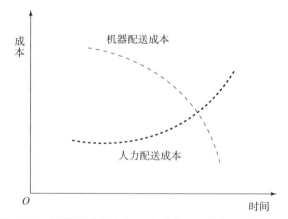

图4-4　机器配送与人力配送成本关系数据分析示意图

5. 人员培训

智慧配送系统的成功取决于团队的培训和团队内员工技能的提升。员工需要了解如何使用智能设备、大数据分析工具和其他技术。培训应包括技术培训、数据安全和隐私保护培训。

微课：活性指数

①技术培训：员工需要了解如何使用物联网传感器、大数据分析工具和其他智慧配送技术。

②数据安全和隐私保护培训：培训员工在数据获取、分析和应用时要遵守数据安全和隐私保护的相关规定，确保数据合规使用、客户数据不泄露。

6. 实时监控和反馈

智慧配送管理需要实时监控系统性能和运行情况。这包括监控物流车辆、传感器、订单处理等方面的性能。及时识别问题并采取纠正措施非常重要。

①监控系统：建立实时监控系统，监控车辆、传感器、订单处理和交付的进度。

②异常处理：确保能够迅速识别和解决问题，减少交付延误和客户投诉。

7. 客户服务和满意度

智慧配送系统应关注客户服务和客户满意度。客户通常可以通过手机应用程序或网站追踪订单状态和实时交付信息。反馈和客户支持渠道也应保持畅通，以处理投诉和问题。

①客户沟通：保持开放的客户沟通渠道，及时回应客户提出的问题和投诉。

②满意度调查：定期进行客户满意度调查，了解客户反馈，改进服务。

8. 可持续性和环保

智慧配送管理还应考虑可持续性和环保因素。这包括选择可持续能源供应、减少废物和碳排放、采用电动和无人车辆等可持续性举措。

①可持续能源采用：选择可持续能源供应，如太阳能或电动车辆，减少碳足迹。

②废物管理：实施废物管理计划，减少废物产生并进行可持续处理。

9. 监管合规

智慧配送管理需要遵守相关的法规和合规要求，尤其是与数据隐私、货物安全和交通规则相关的法规。

①法规遵守：确保配送操作符合国家和地区的法规，包括数据隐私法、运输法规和环境法规。

②数据隐私保护：建立数据隐私政策，保护客户数据的安全和隐私。

10. 持续改进

智慧配送管理是一个持续改进的过程。团队应定期评估系统性能、客户反馈和市场变化，调整和改进流程和技术。

综上所述，智慧配送组织与管理涵盖了多个关键方面，包括组织结构设计、流程规划和优化、技术整合和系统选择、数据管理和分析、人员培训、实时监控和反馈、客户服务和满意度、可持续性和环保、监管合规和持续改进。一个有效的管理团队能够确保智慧物流配送系统的高效运作，提高客户满意度，降低成本，实现可持续性和环保目标。

政策解读栏目

《关于促进快递业发展的若干意见》

该政策文件旨在推动中国快递业的健康快速发展，以适应电子商务等新兴市场的需要。政策鼓励快递企业通过技术创新提升服务质量，包括自动化分拣、智能配送等技术的应用。同时，政策强调了绿色包装的重要性，倡导使用可降解材料和循环包装，减少快递业对环境的影响。此外，政策还提出了简化快递业务许可程序、优化快递车辆通行管理等措施，降低企业运营成本，提高行业整体效率。

任务三　掌握智慧物流配送的应用与发展

知识点1：智慧物流配送的典型应用

1. 智慧物流配送在新零售中的应用

近年来，国内兴起新零售的浪潮，再次加深了不同商业生态的配送服务竞争。

新零售表现为对人、货、场三者关系的重构，消费者对购买商品的便捷性和最终获得产品的及时性有着更高的要求，同时要求和商家有更好的交互体验，具体到商品的配送环节，就是终端客户对配送的时效性和对服务全过程的要求越来越高。

目前，商家自建配送体系，整合平台众包和临时加盟形式并存的即时物流服务，以及配送网络下沉、配送中心前置的策略等综合解决方案，正深刻影响着今天的消费方式和终端消费者的偏好，并逐步演变为新零售模式下的典型配送服务方式。

在新零售发展的今天，第一个变化就是顾客购买将呈现出频率高、部分商品下单时间比较集中等特点，那么门店的配送系统也会呈现出特定时间段订单激增、时效性变短、最终配送地点多为居民区等特征。第二个变化是配送半径大幅缩短，配送半径基本在5千米以内。第三个变化是服务要求高，基本上都要求配送人员送货到家，并与客户当面进行货物交付。第四个变化是配送商品以生鲜类为主，商品自身的价值周期短，对配送服务要求高，除了及时配送之外还需要用一定的保鲜、保值的专用设备或提供其他附加服务。

在新零售的配送环节中引入智慧的因素，可以有效应对这些新特点。智慧物流配送在新零售中的应用主要体现在三个方面。第一个方面是终端客户配送服务的及时性大幅提升，从接收订单到配送完成，基本要求在30分钟内。商家与现有配送平台进行合作，利用其终端配送能力覆盖3千米的范围，实现即时配送。第二个方面是对于除生鲜、熟食等商品外时效性较长的商品，可以总结客户购买规律，运用主动配送的方式提升时效性。第三个方面是充分利用如丰巢快递柜、速递易等智慧配送终端资源，解决居民区配送"最后一公里"的问题。

视频：城市配送新模式来了，"陆地航母"+智能配送机器人的结合

2. 智慧物流配送在特殊物流中的应用

无人化是智慧物流配送的典型特点之一。无人机配送代表了物流行业向自动化、智能化方向发展。智慧物流配送中的无人机主要应用于灾害应急、医疗应急和区域性快件投递。要根据事件类型及货物类型，确定使用机型，对无人机配送的专用线路、运输规则、商业模式、监管机制、人员培训等设计系统性方案，保障特殊物流需求。设计系统性方案时要对无人机的载重、续航时间、服务半径、环境适应性等方面做好前期规划，严格把控产品研发和生产测试等环节，做到精细管理和万无一失。

视频：未来的物流运输模式，全程无人车运输和配送

在紧急救援和运输应急物资等方面，无人机能发挥常规运输工具无法比拟的优势，把现场信息第一时间传至指挥中心。

3. 城市地下智慧物流配送系统

城市地下智慧物流配送系统是一种创新的物流解决方案，旨在通过地下管道网络实现货物的高效、环保运输。以下是对这一系统的详细介绍。

（1）概念

地下物流系统（Underground Logistic System，ULS）利用自动导向车（AGV）、两用卡车（DMT）等承载工具，通过大直径地下管道、隧道等运输通路，对固体货物进行运输和分拣。这种系统通常与地面上的物流配送中心和大型零售企业相结合，形成一个覆盖整个城市的地下物流网络。

（2）技术特点

①自动化运输：系统采用自动化技术，如自动导向车辆和输送带，实现货物的自动运输。

②智能分拣：结合物联网、大数据等信息技术，实现货物的智能分拣和追踪。

③环境友好：地下运输减少了地面交通拥堵和环境污染，提高了城市空气质量。

④全天候运行：地下物流系统不受天气影响，可以实现24小时不间断的货物运输。

（3）发展现状

国外如英国、荷兰、德国、日本等国家已经在地下物流系统的研究和实践方面取得了进展。英国伦敦曾有"邮局地铁"，荷兰建有连接机场和市场的地下物流系统，德国和日本也在探索地下物流技术的应用。我国在雄安新区等地区开始规划和建设地下物流系统，京东等企业也在积极探索地下物流技术的商业应用。

（4）应用前景

地下物流系统有望解决城市交通拥堵这一难题，提高物流效率，降低物流成本，并为城市可持续发展提供支持。随着技术的进步和城市规划的优化，地下物流系统有望在未来得到更广泛的应用和推广。

城市地下智慧物流配送系统的发展，不仅能够提高物流效率，还能够促进城市可持续发展，是未来城市物流发展的重要趋势。随着技术的不断进步和城市规划的进一步完善，地下物流系统有望在未来得到更广泛的推广和应用。

知识点2：智慧物流配送的发展

1. 智慧物流配送的发展现状

智慧物流配送的发展现状体现在以下几个方面。

（1）智能快递柜的日益普及

智能快递柜因其时间配置灵活、效率高、成本低以及安全性高等优点，近年来受到市场的大力追捧。国内主要的智能快递柜运营商包括菜鸟网络、京东物流、丰巢、速递易、日日顺乐家等。据国家邮政局官方统计，截至2020年年底，全国累计投放42.3万个智能快递柜，建成10.9万个快递末端公共服务站。在电子商务及快递行业全球稳定增长的大背景下，预计未来全球智能快递柜需求量将保持稳定的增长。

（2）"末端+社区O2O"的多元发展

在各种末端服务探索中，深入社区的商业机构一直被认为是嫁接快递功能的最好载体。如WOWO便利连锁管理有限公司与百世集团达成全面战略合作协议，圆通在上海开设了国内首家妈妈普选便利店，中国邮政也推出了友邻居便利店，在提供各种零售服务的同时承担"最后一公里"功能。2020年，生鲜O2O平台活跃用户人数快速增长，其中多点的活跃用户人数位居首位，盒马鲜生、每日优鲜、京东到家和大润发优鲜的活跃用户规模紧随其后，社区O2O模式发展迅速。

（3）"物流+众包O2O"模式的萌芽

在新经济环境下，众创、众包、第四方物流等协同经济新业态层出不穷，为电商物流末端发展提供了新的动力。全民众包模式如达达、人人快递、京东众包、闪送、快收等受到了诸多快递人员和消费者的欢迎。物流公司众包模式如PP速达、运宝网则采用针对物流公司的众包模式，与国内多家大型快递公司达成合作协议，集合了众多专线物流公司。这种模式在一定程度上保证了货品的安全，展现了良好的发展前景。

（4）无人机、机器人等无人配送的起步

目前，无人机末端配送在全行业已呈现多点开花之势。不仅京东、顺丰的无人机应用获得重大进展，陆续亮相的还包括苏宁、中国邮政、中通、菜鸟网络的无人机。以京东为例，在无人机物流体系的搭建方面，京东已规划了干线、支线、终端三级网络，在宿迁建成全球首个无人机调度中心，并获得覆盖陕西省全境的无人机空域书面批文，全球首个通航物流网络正在落地，京东宿迁全球首个全流程智慧化无人机机场正式启用，这意味着京东已经实现了无人机末端配送运营全流程的无人化与自动化。从无人配送的主要应用场景来看，主要分为封闭环境下的配送（室内配送）和非封闭环境下的配送（室外配送）。室内配送，主要由配送机器人提供服务；室外配送则由地面的配送物流车和天上的配送无人机共同完成。

2. 智慧物流配送发展存在的问题

智慧物流配送在发展过程中面临的问题可以从智慧物流的相关问题中得到启示，因为智慧物流配送是智慧物流体系的一个重要组成部分。以下是智慧物流配送发展过程中可能遇到的问题。

①高物流成本：智慧物流配送系统的建设和运营需要较高的初期投资，包括自动化设备、信息技术系统的开发和维护等，这可能导致物流成本短期内上升。

②技术融合挑战：智慧物流配送涉及多种技术的集成，如物联网、大数据分析、云计算等，技术融合的复杂性可能会成为实施智慧物流配送的障碍。

③标准化和兼容性问题：不同地区和企业可能采用不同的技术和标准，缺乏统一的标准化可能导致系统间的兼容性问题，影响智慧物流配送的效率和效果。

④消费者接受度和习惯改变：智慧物流配送模式（如无人配送、智能快递柜等）需要消费者改变传统的接收货物方式，如何提高消费者接受度和促进消费者习惯改变是推广智慧配送的关键。

⑤法律法规和政策支持：智慧物流配送的推广需要相应的法律法规和政策支持，包括无人驾驶车辆的路权、无人机配送的空域管理等，这些都需要政府相关部门的明确指导和规范。

⑥环境适应性和可持续性：智慧物流配送设备（如无人配送车、无人机）需要适应各种环境条件，同时考虑其运营的可持续性，减少对环境的影响。

这些问题需要通过技术创新、政策引导、教育培训、标准化建设等多方面的努力来解决，以促进智慧物流配送的健康发展。

文化传承栏目

中秋月饼的快速配送

中秋节是中国传统节日之一,月饼作为节日的象征,承载着团圆和祝福的美好寓意。随着现代物流的发展,月饼的配送服务已成为物流活动中的一项重要文化传承。物流公司在中秋期间会特别推出"月饼专线",确保这些传统食品能够迅速、安全地送达全国各地,甚至是海外华人社区。在这个过程中,物流不仅扮演着连接生产者和消费者的桥梁角色,更是中华文化传递的使者。现代物流的高效性让远在他乡的人们能够及时品尝到家乡的月饼,感受到浓浓的节日氛围和家的温暖。此外,一些物流公司还会在包装设计上融入中国传统文化元素,如月兔、嫦娥奔月等故事,使每一次的配送都成为一次文化的传播。

任务实施

认真阅读项目实施任务要求,提交材料:
(1)提交一份智能快递柜服务优化方案报告,内容包括现状分析、技术与策略分析、优化建议及其预期效果。
(2)设计一份用户满意度调查问卷,用于收集用户对智能快递柜服务的反馈。

任务评价

在完成上述任务后,教师组织进行三方评价,填写三方评价表4-4,并对学生的任务执行情况进行点评。

表4-4 三方评价表

评价维度	评价内容	学生自评	团队互评	教师评价
知识掌握	理解和应用智慧配送的基本概念	☆☆☆☆☆	☆☆☆☆☆	☆☆☆☆☆
技能运用	分析快递柜服务现状、提出优化方案的能力	☆☆☆☆☆	☆☆☆☆☆	☆☆☆☆☆
创新思维	提出的优化建议的创新性和实用性	☆☆☆☆☆	☆☆☆☆☆	☆☆☆☆☆
团队合作	团队协作和沟通能力	☆☆☆☆☆	☆☆☆☆☆	☆☆☆☆☆
报告质量	优化方案报告的清晰度、组织结构和详细程度	☆☆☆☆☆	☆☆☆☆☆	☆☆☆☆☆
演示效果	演示文稿的清晰性、逻辑性和吸引力	☆☆☆☆☆	☆☆☆☆☆	☆☆☆☆☆
总体表现	综合评价学生在任务中的整体表现	☆☆☆☆☆	☆☆☆☆☆	☆☆☆☆☆

说明:
1. 评价者根据学生的表现在每个评价维度上选择相应的星级打钩。
2. 评价标准可以是5星制,其中5星代表优秀,1星代表不足。
3. 学生自评、团队互评和教师评价的权重分别占20%、30%和50%。

项目总结

在本项目中,学生们围绕智慧配送进行了深入的学习和实践。通过项目学习,加深了对智慧配送系统基本概念、关键技术和应用场景的理解,掌握了智慧配送的核心知识。面对实际的配送挑战,能够运用系统思维分析问题,并提出创新的解决方案,提升了学生们解决实际问题的能力。鼓励发挥创新思维,探索智慧配送的新技术和新方法,培养了学生们持续学习和适应行业发展的意愿。

在项目实施过程中,学生们在团队中协作,共同完成案例研究和系统设计任务,加强了团队合作和沟通协调的能力。在"项目引入"环节,学生们了解了智慧配送在现代物流中的重要性和发展趋势,增强了他们对智慧物流领域的敏感性和兴趣。在"项目实施任务"中,学生们通过具体案例分析,将理论知识应用于实际问题,锻炼了他们的实践能力,并加深了他们对智慧配送技术应用的理解。通过这一任务,学生们的创新思维得到了锻炼,同时也培养了他们的责任感和使命感,为他们未来在物流行业的发展奠定了坚实的基础。

总体而言，本项目不仅提升了学生们的专业技能，还促进了他们的综合素质发展，为他们未来的学术研究或职业生涯打下了坚实的基础。

项目铸魂

配送使命：服务社会与人文关怀

"邻里快递"在疫情期间的温暖行动："邻里快递"是一家本地快递公司，在新型冠状病毒疫情期间，该公司推出了"邻里关怀"计划，专门为老年人和行动不便的居民提供生活必需品的配送服务。配送员不仅准时送达货物，还主动提供额外帮助，如搬运重物和垃圾处理。公司还与当地社区合作，为居民提供防疫物资和健康咨询。这一服务不仅解决了居民的实际困难，还增强了社区的凝聚力，展现了企业在危急时刻的社会责任感。

考证小练

一、单项选择题

1. 在经济合理区域范围内，根据客户要求，对物品进行拣选、加工、包装、分割、组配等作业，并按时送达指定地点的物流活动是（　　）。(1+X 中级理论模拟试题)

　　A. 配送　　　　B. 流通加工　　　C. 运输　　　　D. 仓储

2. 表上作业法中，如果供需不平衡时，需要假设 1 个虚拟需求市场或生产市场，虚拟的生产量或需求量为供需的差额，单位运价为（　　）。(1+X 中级理论模拟试题)

　　A. 0　　　　　B. 1　　　　　　C. 行最小值　　D. 列最小值

3. 解决单起点多回路最短线路问题的方法中，最常用方法是（　　）。(1+X 中级理论模拟试题)

　　A. 扫描法　　　B. 标号法　　　　C. 表上作业法　D. 节约里程法

4. 众物智联物流与供应链集团南京配送中心距离 A 客户 21 km，距离 B 客户 10 km，客户 A 和客户 B 之间的距离 13 km，如果配送中心采用节约里程法规划对客户 A 和客户 B 的配送方案，规划后的方案比对客户 A 和客户 B 分别配送可以节约的里程为（　　）(1+X 中级理论模拟试题)

　　A. 15　　　　　B. 16　　　　　　C. 17　　　　　D. 18

5. 拟定运送计划最基本的依据是（　　）。(1+X 中级理论模拟试题)

　　A. 客户订单　　B. 客户地理分布　C. 配送货物　　D. 配送作业环境

二、多项选择题

1. 节约里程法适用条件为（　　）。(1+X 中级理论模拟试题)

　　A. 适用于有稳定客户群的配送中心

　　B. 各配送线路的负荷要尽量均衡

　　C. 要考虑客户要求的交货时间

　　D. 货物总量不能超过车辆的额定载重量

2. 根据配送的具体要求、配送企业的实力以及客观条件来确定所要选择的目标，可供选择的目标主要有（　　）。(1+X 中级理论模拟试题)

　　A. 效益最高　　B. 成本最低　　　C. 路程最短　　D. 准时性最高

3. 不同的企业在实施配送计划时也不尽相同，配送计划实施的阶段一般可包含（　　）。(1+X 中级理论模拟试题)

　　A. 下达配送计划　　　　　　　　B. 各层级作业配货

　　C. 下达配送任务　　　　　　　　D. 送达交付

4. 众物智联物流与供应链集团南京配送中心在分析客户配送计划执行情况时发现，近一周以来，配送作业的实际情况与所制订的配送计划多次发生偏差，造成这种情况的原因可能有（　　）。(1+X 中级理论模拟试题)

　　A. 临时变更配送路线　　　　　　B. 临时变更交货地点

　　C. 作业效率高于计划效率　　　　D. 天气异常

5. 下列属于导致配载效率低下的因素是（　　）。(1+X 中级理论模拟试题)

　　A. 配载优化技术不成熟，计算困难　　B. 配载时间制约

C. 订单波动，带来多次重复计算　　　　D. 货物基础数据不准确

三、判断题

1. 客户位置离配送据点的距离远近、配送据点到达客户收货地点的运输路径选择直接影响到输送成本。一般情况下，客户之间的距离越近，且他们距离配送中心越远，配送成本往往较低。（　　）（1＋X 中级理论模拟试题）

2. 配送企业接收并处理订单，针对有效订单所包含的商品信息、所在区域等，选择不同的拣货方式。（　　）（1＋X 中级理论模拟试题）

3. 配送中心针对突发事件需要制订应急配送作业计划。（　　）（1＋X 中级理论模拟试题）

4. 送货作业过程中，驾驶员如遇到各种障碍和意外情况发生，应首先自行解决，无法自行解决的再上报公司。（　　）（1＋X 中级理论模拟试题）

5. 客户订单是拟订配送作业计划最基本的依据。（　　）（1＋X 中级理论模拟试题）

参考答案

一、单项选择题

1. A　　　2. A　　　3. D　　　4. D　　　5. A

二、多项选择题

1. ABCD　　2. ABCD　　3. ABCD　　4. ABCD　　5. ABCD

三、判断题

1. ×　　　2. √　　　3. √　　　4. ×　　　5. √

配送路线规划

一、实训背景说明

经过与运营部门探讨了解到,现在的试运营网点的日销量不高,一天一配的方式,基本能满足门店的销售需求。

经过对公司当前货物量的评估,为了充分调用运输资源,计划将面包冷藏车班组重新组建门店配送部,所有门店配送均由该组负责,其他车型则负责其他业务。

路线总里程不应超过 90 千米,路线总油耗不应超过 5.5 升。

为了统一模型,这里采用节约里程法进行路径规划。

为了简化模型,在考虑重量对物流成本的影响时,以所选车辆完全满载(额定载重参考表 3-5 车辆信息 1 数据)计算运输成本(油耗带来的成本,参考表 3-5 车辆信息 1 数据),不考虑门店卸货对重量产生的影响。

由于门店可拆零配送,且经过配送中心的重新装配,不会出现载重满足体积不满足的配送情况。

车辆完成所有既定门店配送后,须返回新冷链仓库,此段路程计算在成本内。

请以 10 月 1 日各门店的需求为例选择合适的车辆,帮配送中心制订配送计划,使其从新选定的仓库出发,能满足选中门店的短保商品配送,能满足任务中的车型、油耗、里程要求,此处的油耗保留 2 位小数。

二、实训信息说明

10 月 1 日各门店订货数据见表 4-5。

表 4-5 10 月 1 日各门店订货数据表

门店名称	订货重量/kg
合乐家便利店(宝安店)	241.69
合乐家便利店(喜明珠便利店)	245.386
合乐家(华润万象汇)	270.566
合乐家便利店(大庆大厦店)	278.512
合乐家便利店(仙科路店)	342.976
合乐家便利店(华强南商业中心店)	111.208
合乐家(科苑南路店)	128.114
合乐家便利店(京港澳高速店)	55.836

三、实训操作说明

距离见表4-6。

表4-6 距离表 单位：m

单位	清湖冷链	合乐家便利店（宝安店）	合乐家便利店（喜明珠便利店）	合乐家（华润万象汇）	合乐家便利店（大庆大厦店）	合乐家便利店（仙科路店）	合乐家便利店（华强南商业中心店）	合乐家（科苑南路店）	合乐家便利店（京港澳高速店）
清湖冷链	0	12 567	3 163	11 021	15 076	10 810	14 679	18 916	16 983
合乐家便利店（宝安店）	12 567	0	12 874	4 053	9 456	12 597	3 625	17 022	8 459
合乐家便利店（喜明珠便利店）	3 163	12 874	0	12 311	13 254	8 016	14 247	16 157	15 635
合乐家（华润万象汇）	11 021	4 053	12 311	0	12 951	14 469	7 676	20 159	12 415
合乐家便利店（大庆大厦店）	15 076	9 456	13 254	12 951	0	7 158	6 763	7 736	3 400
合乐家便利店（仙科路店）	10 810	12 597	8 016	14 469	7 158	0	11 750	8 143	10 424
合乐家便利店（华强南商业中心店）	14 679	3 625	14 247	7 676	6 763	11 750	0	14 497	4 996
合乐家（科苑南路店）	18 916	17 022	16 157	20 159	7 736	8 143	14 497	0	10 371
合乐家便利店（京港澳高速店）	16 983	8 459	15 635	12 415	3 400	10 424	4 996	10 371	0

步骤一：确定节约里程表。

a是A（客户位置）与配送中心之间的距离，b是配送中心与B（客户位置）之间的距离，c是A客户与B客户之间的距离，即配送中心、A（客户位置）和B（客户位置）三者在空间上是三角形的三个顶点，那么原配送距离为$2a+2b$，优化后配送距离为$a+b+c$，则节约里程公式为原配送距离 - 优化后配送距离 = $a+b-c$。根据距离表和节约里程公式，即$a+b-c$可得对应的节约里程值。

步骤二：将节约里程值按降序排序。

门店标号见表4-7。节约里程值排序见表4-8。

表4-7 门店标号表

地点	清湖冷链	合乐家便利店（宝安店）	合乐家便利店（喜明珠便利店）	合乐家（华润万象汇）	合乐家便利店（大庆大厦店）	合乐家便利店（仙科路店）	合乐家便利店（华强南商业中心店）	合乐家（科苑南路店）	合乐家便利店（京港澳高速店）
标号	p	1	2	3	4	5	6	7	8

表 4-8 节约里程值排序表

门店	门店	节约里程值/m
4	8	28 659
6	8	26 666
4	7	26 256
7	8	25 528
1	6	23 621
4	6	22 992
5	7	21 583
1	8	21 091
1	3	19 535
6	7	19 098
4	5	18 728
1	4	18 187
3	6	18 024
5	8	17 369
3	8	15 589
1	7	14 461
5	6	13 739
3	4	13 146
1	5	10 780
3	7	9 778
3	5	7 362
2	5	5 957
2	7	5 922
2	4	4 985
2	8	4 511
2	6	3 595
1	2	2 856
2	3	1 873

先排列节约里程值高的线路，同时计算载重、里程和油耗，使满足约束条件。

油耗 = (空载平均油耗 + 载货增加油耗 × 载货总重量) × 运输距离

路线一：p-7-4-8-6-1-p（线路一数据见表 4-9）。

表 4 – 9　路线一数据表

重量/kg	里程/m	油耗/L
815.36	51 240	3.13

路线二：p – 3 – 5 – 2 – p（线路二数据见表 4 – 10）。

表 4 – 10　路线二数据表

重量/kg	里程/m	油耗/L
858.928	36 669	2.24

项目五　智慧供应链

学习目标

[知识目标]
1. 理解智慧供应链的概念、特点、流程相关内容。
2. 掌握智慧供应链管理体系构建途径的相关内容。
3. 了解智慧供应链的应用及发展。

[能力目标]
1. 能够协调智慧供应链各流程之间的关系。
2. 能够进行智慧供应链管理体系设计。
3. 能够准确分析智慧供应链应用领域及发展趋势。

[素质目标]
1. 培养学生树立全局意识，具备战略系统思维能力。
2. 培养学生在智慧供应链构建过程中的创新能力。
3. 通过了解我国智慧供应链的发展，培养学生的民族自豪感。

项目导图

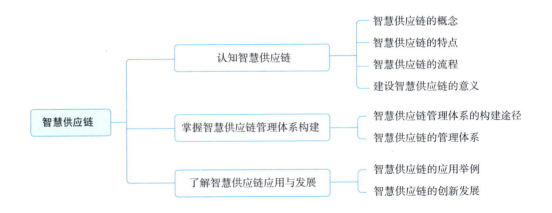

🌸 直通职场

参照二维码"供应链工作岗位表"的内容,各学习小组查找供应链相关工作岗位,至少包含以下模块:岗位名称、岗位职责、岗位技能、薪酬水平,填写表 5-1。

供应链工作岗位表

表 5-1 供应链工作岗位表

岗位名称		薪酬水平	
岗位职责			
岗位技能			
备注			

物流先锋栏目

中国邮政集团公司

中国邮政集团公司作为国家重要的社会公用事业,承担着普遍服务的职责。在偏远地区和农村地区,中国邮政确保了邮件和包裹的准时送达,支持了农村电商的发展,促进了城乡经济的均衡发展。中国邮政集团公司通过不断提升服务效率和质量,加强了邮政网络的现代化建设,为亿万用户提供了稳定可靠的邮政服务,展现了国有企业在服务社会、保障民生方面的重要作用。

项目引入

用数智化创新承担绿色使命

在2021全球智慧物流峰会上,阿里巴巴集团的张勇分享了对物流业发展的见解,并强调了物流业的融合趋势和数字化转型。以下是案例的简化版,保留了主要数据。

1. 物流业融合趋势:张勇指出,中国物流业的发展得益于生态的协同效应。从C2C和B2C模式向M2C和C2M模式转变,商品能更快到达消费者手中。商业设施末端趋向融合和数字化。

2. 数智化成为共识:张勇曾提出物流业将从数字化走向数智化,这已成为行业共识。中国的物流发展依赖于产业、生态和网络的协同,形成分布式的社会网络。

3. 快递业务量的增长:根据国家邮政局数据,2021年上半年中国快递业务量已超过400亿件,接近2017年全年水平,预计全年将超过950亿件。

4. 绿色物流和社会责任:张勇强调,物流业应响应国家的碳达峰、碳中和战略,采用循环经济理念。菜鸟通过电子面单等措施,一年可节省数十万吨碳排放,屋顶光伏电站每年减碳11万吨,整体实现年碳减排超60万吨。

5. 全球化和数字化供应链:张勇认为,全球化的新面貌包括数字化物流基础设施的全球扩展以及制造和供应链能力的全球分布。包裹的全球化将走向数字化供应链的全球化。

通过这些观察,张勇展示了物流业的快速发展和面临的挑战,同时强调了绿色物流和数字化转型在未来发展中的重要性。

资料来源:https://finance.sina.com.cn/focus/2021-06-10/doc-ikqciyzi8852420.shtml

价值探究:

在智慧社会的时代背景下,深入理解数字化转型对国家战略和社会发展的深远影响,在此基础上,作为未来供应链专业人士,如何运用数字化知识和技能为社会服务,为国家的数字化供应链战略做贡献,以及如何在此过程中培养和加强自己的民族责任感和家国情怀。

项目实施任务：智慧供应链优化方案设计——校园书店（图书馆）库存管理

任务背景：校园书店（图书馆）作为学生和教职工获取教材和阅读材料的重要场所，其库存管理直接影响到顾客满意度和书店的运营效率。传统的库存管理方法可能无法及时响应市场需求的变化，导致库存积压或缺货情况。本项目旨在应用智慧供应链的理念，为校园书店设计一套库存优化方案，以提高库存周转率和顾客服务水平。

任务目标：通过分析校园书店（图书馆）的库存管理现状，运用智慧供应链的技术和管理策略，提出一套可行的库存优化方案，来实现库存成本的降低和服务质量的提升。

任务要求：

1. 现状分析（关联任务一）

对校园书店（图书馆）的库存管理现状进行调研，包括库存水平、库存周转、销售数据、顾客购买行为等。

识别存在的问题，如库存过剩、频繁缺货、库存数据不准确等。

2. 技术与策略分析（关联任务二）

研究适用于校园书店（图书馆）的智慧供应链技术，如电子库存管理系统、销售预测工具、自动补货系统等。

探讨如何结合校园书店（图书馆）的实际情况，采用这些技术来优化库存管理流程。

3. 优化方案设计与实施（关联任务三）

基于现状分析和技术与策略分析，设计一套库存优化方案，包括改进的库存控制策略、更精准的需求预测模型、更高效的补货流程等。

任务一　认知智慧供应链

知识链接

知识点1：智慧供应链的概念

"智慧供应链"的概念由复旦大学的罗钢博士后于2009年首先提出。它是一种结合了物联网技术、现代供应链管理理论、方法和技术，在企业以及企业间构建的能够实现供应链智能化、网络化和自动化的技术与管理综合集成系统。智慧供应链体系如图5-1所示。

智慧供应链代表了一种全新的供应链管理模式，它通过融合最新的信息技术和数字化工具，致力于使供应链的每个部分变得更加智能、效率更高、适应性更强。这个概念的核心在于利用技术革新和数字化策略来增强供应链的透明度、合作效率以及对市场动态和消费者需求的快速反应能力，从而在不断变化的市场环境中保持竞争力，并有效满足客户的需求。

智慧供应链是一种结合了最新信息技术和现代管理理念的综合性系统，它旨在通过公司内部以及公司间的紧密合作，实现供应链管理的智能化、数字化和可视化。这

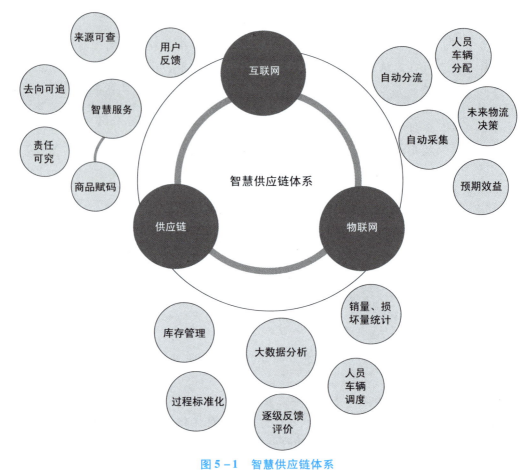

图 5-1 智慧供应链体系

一系统的关键在于促进供应链中各个环节的企业在商业交易、信息交流、物流运作、资金流动和数据管理等方面实现高度协同和无缝连接,以此消除信息孤岛,提高整体供应链的效率和效能。

相较于传统供应链,智慧供应链在多个方面展现出其独特的优势,主要有四个方面,具体如图 5-2 所示。

①信息化程度:智慧供应链利用先进的信息技术,如物联网、云计算和大数据分析,实现了对供应链各环节的实时监控和数据分析,提高了信息的透明度和响应速度。

②协同程度:通过数字化平台,智慧供应链促进了供应链各参与方之间的紧密合作,使信息共享和资源整合变得更加高效,从而提升了整个供应链的协同工作能力。

③运作模式:智慧供应链采用更加灵活和动态的运作模式,能够根据市场需求和环境变化快速调整生产和配送计划,实现敏捷响应。

④组织管理特点:智慧供应链强调去中心化和自组织的管理方式,通过自动化和智能化的工具,提高了决策的效率和准确性,同时也增强了组织的适应性和创新能力。

这些优势使智慧供应链成为企业在当今快速变化的商业环境中保持竞争力的关键工具,它不仅能够提高供应链的运作效率,还能够增强企业对市场变化的适应能力和对客户需求的响应速度。

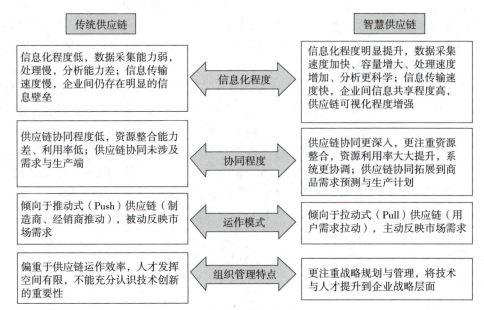

图 5-2　传统供应链与智慧供应链的比较

知识点 2：智慧供应链的特点

智慧供应链的特点有以下几个方面。

1. 技术渗透性强

在智慧供应链的背景下，供应链的管理与运营方会积极、主动、系统地汲取包括物联网、大数据、人工智能等在内的各类现代先进技术，依靠这些先进技术对客户需求进行精准分析，实现管理与经营在技术变革中的创新与提效。

案例：Nuance 公司的库存优化

2. 客户需求全过程管理

智慧供应链利用先进技术捕捉和分析客户需求，从货架到仓库，细致洞察用户行为和偏好。通过智能系统，它能够创建详细的客户画像，实现产品和服务的个性化定制。这不仅指导了上游的采购和制造，也优化了下游的销售和物流。企业邀请客户参与产品开发和测试，整合个性化服务模式，增强客户黏性，推动产品和服务的迭代升级。每次客户互动都成为供应链优化的机会，实现智能化的自我反馈和升级。

3. 移动化与流程信息可视化

智慧供应链通过可视化技术和移动互联网或物联网的应用，实现了数据的直观展现和轻松访问。这种高度的可视性简化了供应链合作伙伴之间的信息共享，因为信息报告和共享的工作更多地由物流对象（如货车、码头、货架等）自动完成，而非依赖人工。关键数据的实时更新使规划更加精准，执行更加及时。

此外，智慧供应链的可视性还扩展到运营层面，能够监控环境因素（如土壤和降雨）以优化资源使用，跟踪交通状况以调整运输

案例：Airbus 的高可视性

路线,甚至通过关注金融市场和经济指标来预测成本和需求变化。

面对信息过载的挑战,智慧供应链利用智能建模、分析和模拟工具,有效筛选和处理大量数据,确保决策者能够获得有价值的洞察,从而做出更明智的供应链管理决策。

4. 信息集成能力更强

智慧供应链通过建立一个高度开放和共享的智能化信息网络,克服了企业内部不同职能部门信息系统之间的异构性问题。这一网络促进了商业交易流、物流、信息流和资金流之间的无缝对接,极大地增强了信息的整合和共享能力。

得益于先进的信息网络,智慧供应链能够高效地集成分散在供应链各节点的信息,打破信息孤岛,减少信息不对称现象,如图 5-3 所示。这不仅提高了供应链的透明度,还促进了各参与方之间的紧密合作,实现了信息的一体化管理。通过这种方式,智慧供应链为企业提供了一个更加协同和高效的运营环境。

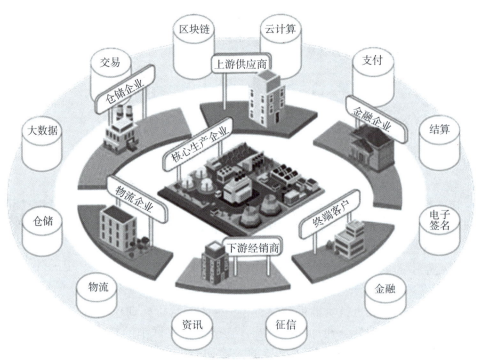

图 5-3　智慧供应链的各节点企业的集成

5. 可延展性更强

智慧供应链的可延展性得益于其采用的先进互联网信息化技术,这些技术赋予了供应链信息更强的流动性、整合性和共享性。企业能够实时与供应链的上下游成员进行沟通和交互,有效解决了传统供应链中信息传递层级导致的效率问题。

智慧供应链积极整合物联网、互联网、大数据、人工智能等现代技术,强化了供应链各环节之间的协同作用,实现了数据交换和共享的及时性,提升了整体效率。在管理体系上,通常由一个物流服务总包商负责向供应链的核心企业汇报,并通过其强大的智慧型信息系统来管理整个门到门的供应链运作,这包括由多个物流分包商或不同运输模式的承运人负责的具体物流环节。这种集中管理的

案例:韩都衣舍的集成

方式提高了供应链的灵活性和响应市场变化的能力，如图 5-4 所示。

图 5-4　智慧供应链的延展性

知识点 3：智慧供应链的流程

供应链上有四个主要流程，分别是物流、商流、信息流以及资金流，如图 5-5 所示。智慧供应链的实现与其绩效表现很大程度上受"四流合一"通畅情况的影响。

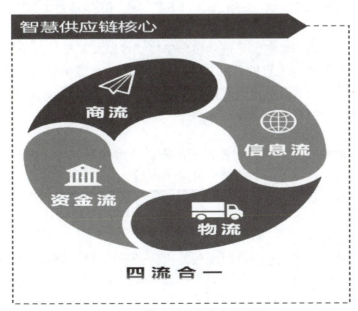

图 5-5　供应链的四个主要流程

1. 智慧物流

在智慧供应链的背景下，物流环节的信息透明度得到显著提升，资源如运输车辆和仓储空间得以高效共享，有效避免了空载和回空车现象，提升了资源利用效率。智能化系统通过整合链路上的数据，模拟并计算出最优的解决方案。随着专业化程度的提升、第三方和第四方物流企业兴起，物流外包成为广泛接受的物流解决方案。

2. 智慧商流

现代信息技术的应用使供应链上的买卖流通更加高效，线上线下交易实现联动，不同销售渠道从竞争走向融合。智慧供应链提高了物流和信息透明度，促进了全球战略性采购，使买卖双方能够在更广阔的范围内寻找合作伙伴。企业还能与下游分销和零售环节深度合作，通过数据共享和智能建模进行销售预测，形成多元化的产品组合和销售方案，增强核心竞争力。

3. 智慧信息流

信息流是智慧供应链中实现"四流合一"的关键基础。通过传感设备、物联网、云计算等技术，实现全链路数据的实时采集和交互，信息的高度透明为企业内部的精益管理和控制打下了基础。通畅的信息流减少了长鞭效应，丰富的数据和信息有助于深层次的数据挖掘和分析，提升企业的经验和盈利能力。

4. 智慧资金流

智慧供应链中的资金流基于完全电子化的交易实现。供应链资金在线上的周转效率更高，企业对资金使用的数字化管理更加清晰，这有助于企业加强对资金的掌控和规划。然而，系统安全性面临挑战，完善的信息安全措施对于保障企业在线交易至关重要。

知识点4：建设智慧供应链的意义

打造智慧供应链的意义是多维度的，它不仅关系到经济的高质量发展，还与科技进步、产业融合以及消费升级紧密相连。以下是对这四个层面意义的进一步阐述。

1. 经济高质量发展的推动力

随着中国经济进入新常态，传统的供应链模式难以满足市场对于效率和质量的要求。智慧供应链通过整合先进的信息技术，如物联网、大数据分析、人工智能等，能够实现供应链的透明化、自动化和智能化，从而提高整体运营效率，减少浪费，降低成本，推动经济向高质量发展转型。

2. 科技创新的应用场景

智慧供应链的发展为新兴技术提供了丰富的应用场景。通过智慧供应链的实践，可以验证和完善这些技术，推动科技创新成果的转化和应用。同时，智慧供应链本身也在不断创新，如通过区块链技术确保数据的安全性和不可篡改性，为供应链管理带来革命性的变革。

3. 产业融合的加速器

在现代服务业和先进制造业融合发展的大背景下，智慧供应链成为连接两者的重要桥梁。通过智慧供应链，制造业可以更好地响应市场变化，提供更加个性化和高质量的产品，而服务业则可以通过供应链的智能化提升服务效率和质量，实现产业链的优化升级。

4. 新消费时代的响应

随着消费者需求的多样化和个性化,传统供应链面临着巨大的挑战。智慧供应链能够通过数据分析和预测,更准确地把握消费者需求,实现精准营销和个性化服务。同时,智慧供应链的高效响应能力,能够缩短产品从生产到消费者手中的时间,提升消费者的购物体验,满足新消费时代的要求。

总之,智慧供应链的建设不仅是对现有供应链模式的一次革新,更是对经济发展模式、产业融合、科技创新和消费升级的一次深刻响应。通过智慧供应链的实施,可以促进资源的高效配置,提升产业竞争力,满足消费者多元化需求,推动经济社会的全面进步。

创新驱动:

京东智慧供应链

京东集团通过技术创新,致力于打造智慧供应链,提升物流配送效率。自2015年起,京东投入无人仓、无人机和无人车的研发与应用。到2017年,京东已建立七个高度自动化的"亚洲一号"智能物流中心,实现了物流环节的全程自动化。同时,京东与西安航天基地合作,加大在人工智能和大数据领域的投资。

京东的智慧物流体系分为智慧化平台、数字化运营和智能化作业三个层面,其中智慧化平台发挥着核心作用。为了推进智慧供应链的发展,京东成立了Y事业部,专注智慧供应链的创新和应用,并推出了"Y-SMART SC"战略,该战略以数据挖掘、人工智能、流程再造和技术驱动为核心,覆盖商品、价格、计划、库存和协同五大领域,如图5-6所示。

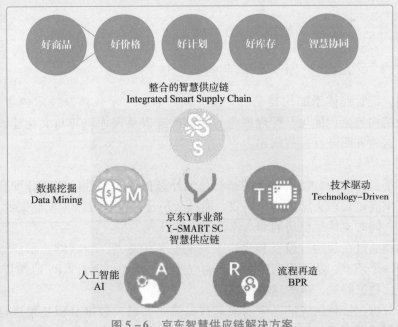

图5-6 京东智慧供应链解决方案

在供应链管理服务方面，京东通过技术创新优化了供应链技术的整体打造和库存管理，提高了补货的自动化和智能化水平，优化了库存系统，提升了管理精度。此外，京东还建立了YAIR零售人工智能算法平台，并推出相应的应用产品，加强与合作伙伴的互动，实现共同成长。通过这些措施，京东智慧供应链的发展取得了显著成效。

物流人风采栏目

陈德军——申通速递创始人兼董事长

陈德军在快递行业有着超过20年的经验，他从基层快递员做起，逐步晋升到管理层。1993年，他创立了申通速递，凭借对市场的敏锐洞察力和卓越的管理能力，将申通发展成为中国快递行业的重要参与者。陈德军致力于推动公司的技术创新和服务升级，不断提升客户体验。在他的领导下，申通速递在2016年成功在深交所上市，成为A股市场上的快递第一股。陈德军还积极推动申通的国际化战略，通过收购和合作，拓展公司的国际业务，致力于将申通打造成为全球领先的综合性快递和物流运营商。

任务二　掌握智慧供应链管理体系构建

知识链接

知识点1：智慧供应链管理体系的构建途径

智慧供应链管理体系的构建是一个复杂的过程，它不仅涉及技术的集成和应用，还包括组织结构与流程优化、管理理念与持续改进以及人才培养与文化建设等多个方面。下面对这些方面进行一一阐述。

1. 技术集成与应用

云计算平台：作为智慧供应链的基石，云计算提供了弹性的资源分配和按需付费的模式，使供应链管理更加灵活和高效。通过云平台，企业可以实现数据的集中存储、处理和分析，同时支持远程访问和协作。

物联网：通过在货物、设备和运输工具上安装传感器，物联网技术能够实时监控供应链的每一个环节，从而提高透明度和响应速度。例如，通过GPS追踪货物的位置，企业可以优化物流路线，减少运输成本。

大数据分析：智慧供应链产生的大量数据需要通过大数据分析技术进行处理和分析。通过数据挖掘和模式识别，企业可以预测市场趋势，优化库存水平，提高需求预测的准确性。

人工智能：人工智能技术可以自动执行复杂的分析和决策任务。例如，通过机器学习算法，人工智能可以分析历史数据来预测未来的市场需求，从而帮助企业制订更精确的生产和采购计划。

2. 组织结构与流程优化

组织结构调整：为了适应智慧供应链的要求，企业可能需要调整其组织结构，打破部门间的壁垒，建立跨部门的协作机制。这有助于提高企业决策的速度和效率，同时促进信息的流通和共享。

流程自动化：自动化技术可以减少供应链中的手动操作，降低错误率和提高效率。例如，自动化仓库系统可以加快货物的拣选和包装速度，而智能运输系统可以优化货物的装载和配送。

3. 管理理念与持续改进

管理理念更新：智慧供应链要求企业采用更加开放和协作的管理理念。企业需重视与供应商和客户的关系，建立长期的合作伙伴关系，共同应对市场变化。

持续改进与创新：智慧供应链是一个动态系统，需要不断地进行改进和创新。企业应该建立反馈机制，定期评估供应链的性能，识别瓶颈和改进点，不断优化流程，提升技术水平。

4. 人才培养与文化建设

人才培养：智慧供应链的建设需要一支具备数字技能的人才队伍。企业应该注重员工的培训和发展，特别是在数据分析、系统维护和项目管理等方面。

文化建设：企业文化对于智慧供应链的成功至关重要。企业应该培养一种鼓励创新、重视合作和持续学习的企业文化，以支持智慧供应链的发展。

5. 安全与合规

数据安全：随着供应链的数字化，数据安全成为一个重要的议题。企业需要采取有效的安全措施，保护供应链数据不被非法访问或泄露，同时遵守相关的法律法规。

6. 绿色供应链

可持续发展：智慧供应链还应该考虑环境影响，通过优化运输路线、减少包装材料和提高能源效率等措施，减少供应链活动对环境的影响。

7. 供应链金融

融资支持：智慧供应链可以为供应链金融提供更多的数据支持。通过分析供应链数据，金融机构可以更准确地评估企业的信用和风险，提供更灵活的融资方案。

通过上述途径，企业可以构建一个高效、透明、响应迅速的智慧供应链管理体系，从而在激烈的市场竞争中保持优势。智慧供应链不仅能够提高企业的运营效率，还能够增强企业的市场竞争力，为客户提供更好的服务体验。随着技术的不断进步和市场环境的变化，智慧供应链的建设和发展将持续成为企业战略规划中的重要组成部分。

知识点2：智慧供应链的管理体系

智慧供应链的管理体系包括智慧供应链管理信息系统和智慧供应链架构模型两个方面。

1. 智慧供应链管理信息系统

智慧供应链管理信息系统的体系结构可以用金字塔来表示，图5-7所示的是智慧供应链金字塔体系，该体系从整个供应链管理的视角对智慧物流系统进行协调、全面监控和管理。该金字塔的使用者是供应链物流服务的总包商。

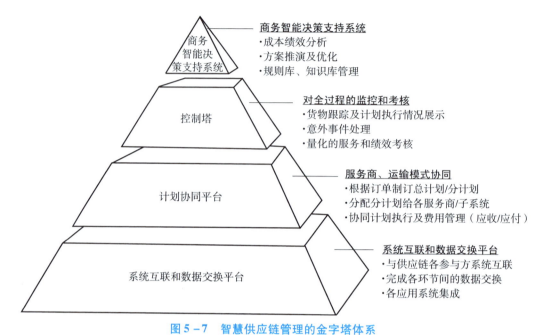

图5-7 智慧供应链管理的金字塔体系

智慧供应链的构建是一个多层次、多维度的过程，涉及从基础设施到高级决策支持系统的全面整合。智慧供应链构建的关键组成部分有以下几方面。

（1）系统互联和数据交换平台

这是智慧供应链的基础层，负责实现供应链内外部各参与方之间的系统互联和数据共享。通过企业服务总线（ESB）和电子数据交换（EDI）技术，企业内部的不同应用系统得以集成，同时与外部合作伙伴如货主、制造商和物流分包商等进行数据交换，确保信息流的无缝对接和实时共享。

（2）计划协同平台

计划协同平台位于智慧供应链的中间层，该平台利用订单和供应链资源信息，在商务规则的约束下，智能化地制订和分解物流计划。它不仅负责将分计划分配给相应的服务商或子系统，还协调各分计划的执行，并通过商务模块进行费用核算管理，确保供应链财务的准确性和及时性。

（3）控制塔

控制塔是智慧供应链的监控中心，负责对供应链的全过程进行监视和异常事件的控制。它提供了一个全局视角，使管理者能够及时识别问题、响应异常，并进行量化考核，从而实现供应链的高效运作和风险控制。

（4）商务智能决策支持系统

商务智能决策支持系统位于智慧供应链的最顶层，该系统采用基于规则库、知识库的决策支持体系，提供成本绩效分析、方案推演及优化等决策支持功能。通过对大量运行数据的分析，结合数学模型和大数据分析方法，该系统能够为供应链管理提供高层次的智能化决策支持，帮助企业在复杂多变的市场环境中做出更明智的战略决策。

通过这四个层面的构建，智慧供应链不仅能够实现高效的数据流动和计划协同，还能够提供全面的监控和先进的决策支持，从而提升整个供应链的透明度、响应能力和运营效率。

2. 智慧供应链架构模型

罗戈研究院提出了智慧供应链图谱，智慧供应链根据管理层级自上而下分为三个层级，包括智慧化平台（决策层）、数字化运营（管理层）、自动化作业（作业层），图5-8所示的是智慧供应链架构模型。如果将智慧供应链比作一个人，智慧化平台可以看成是"大脑"，数字化运营可以看成是"中枢"，而自动化作业则可以看成"四肢"。

图5-8 智慧供应链架构模型

（1）决策层

供应链决策层主要包括预测与计划、供应链产销协同、控制塔以及对这些决策功能支撑的大数据、云端和算法的优化。区别于传统供应链主要依靠ERP来连接各项业务，智慧供应链的中枢主要依赖供应链中台。从图5-9所示的阿里供应链中台可以看出，通过供应链中台，可以实现多资源组织和全生态管控与优化，可以满足供应链整体的信息化、系统化、互联网化的发展需求。

视频："中台供应链"系统助力产业发展

①预测和计划

预测和计划在智慧供应链中的作用不可或缺，它们为企业制订切实可行的计划提供了科学依据，是智慧化决策层的基石。通过大数据驱动的预测和决策平台，如欧睿数据公司所提供的服务，企业能够在物流、经营、生产和采购计划等方面做出更加精准的决策。这些系统不仅优化了库存和补货流程，还促进了全渠道的产销协同，加强了供应链上下游企业之间的集成和协同工作。

供应链中台

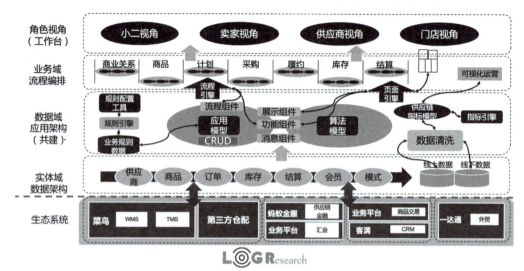

图 5-9 阿里供应链中台

在新零售、电商和时尚行业，智慧供应链的解决方案通过数字化转型，帮助企业实现从选品、促销、定价到库存管理的全流程优化。这些解决方案利用先进的数据分析技术，预测市场趋势和消费者行为，从而指导企业在快速变化的市场环境中做出灵活调整，提升竞争力和客户满意度。智慧供应链的构建，使企业能够更加高效地管理其供应链，实现成本控制和效益最大化，同时保持对市场变化的敏捷响应。

② 供应链产销协同

京东的供应链产销协同产品体现了端到端的供应链整合理念，覆盖了从原材料采购、制造、零售到最终消费者交付的全过程。这种模式强调了供应链各环节之间的紧密联系和协同作用，确保了信息流和物流的高效流转。

通过将供应链构建为一个统一的、以消费者为中心的模式，京东能够更好地预测市场需求，优化库存水平，减少过剩或缺货的风险。这种一体化的供应链管理方式不仅提高了整体的运作效率，还增强了对市场变化的响应能力，最终实现供应链成本的降低和客户满意度的提升。

③ 控制塔

以消费者驱动整个网络，能够实现自主控制，完成自动化作业，做出更好、更专业的决策。逐步从以企业为中心过渡到以消费者为驱动的网络视图，实现供应链网络结构下的参与者协作与信息共享；从供应链可视化到基于大数据与人工智能的自主认知分析与控制，驱动供应链的自动动态调整与优化，图 5-10 所示的是准时达控制塔。

④ 算法优化

应用运筹、服务、人工智能、启发式、机器学习等理论，利用算法优化，构建智能调度方案。图 5-11 所示的是菜鸟网络算法与优化，菜鸟网络从库存到末端派送，在其供应链体系里通过算法解决优化问题。

⑤ 大数据

数据灯塔以智慧物流为主旨。例如，顺丰的数据灯塔可以进行行业分析、供应链

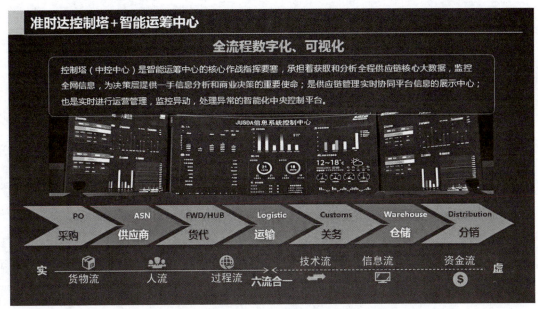

图 5-10 准时达控制塔

算法与优化——案例

菜鸟网络：算法在供应链作业中的应用

"算法与优化技术被应用于菜鸟网络面向商家的供应链服务的全环节，从采购到销售端，通过平台用户及销售数据，实现销售预测与库存布局规划。"

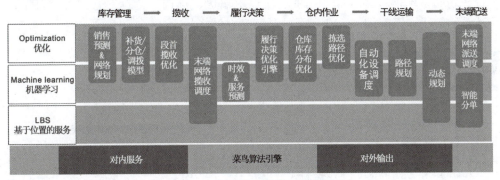

图 5-11 菜鸟网络算法与优化

分析、品牌分析、用户分析、产品分析，为企业更加精准地开拓市场提供更专业的解决方案。大数据资源的开发和利用可以促进快递企业转型升级，由同质化竞争向差异化竞争转型，由单一的快递服务向注重客户体验的服务转型。

(2) 管理层

数字化管理层通过管理系统连接作业层，支持决策层。从管理角度看，数字化管理层侧重供应链执行，即更多地关注物流和运营，包含车辆管理、运输管理、过程管理和仓储管理，未来会更多地涉及物联网。图 5-12 所示是唯智公司的全产品线，包含订单管理系统、物流财务控制系统、物流链产品线、物流机器人系统、运输管理系统、路径优化系统、车货交易系统和仓储管理系统。

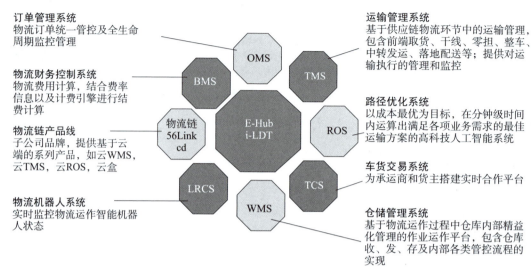

图 5-12　唯智公司的全产品线

（3）作业层

基于不同的仓储配送需求，自动化作业层主要涉及智慧仓储作业和智慧运输作业。在仓储和运输这个层面，主要关注自动化、无人化。

①智慧仓储作业。

智慧仓储系统是包括入库、出库、搬运、输送、拣选、分拣、仓储各个环节以及整个体系的解决方案，图 5-13 所示的是智慧仓储场景。

图 5-13　智慧仓储场景图

以快仓为例,其产品的特点主要如下。

A. 货到人。在所有涉及分拣库区的业务流程中,员工都无须进入分拣库区内部。

B. 系统主导。所有的资源调度与业务流程的推进均由系统主导,所有的数据流(包括表单)也由系统创建并维护,无须人工介入。

C. 机器学习。机器人和系统具备智能自主学习功能,系统可以辅助机器人提高自主决策的能力。

D. 场景驱动。系统可抽取复杂场景中的特征,形成模块化、可复制的产品级解决方案,利用自身的大数据分析及学习能力,对任何仓库模式都能进行适配。

②智慧运输作业。

在智慧运输领域,具体场景如图 5-14 所示,中国企业做了很多的创新。例如:

A. 易货嘀。面向 B 端和 C 端客户提供标准化、定制化的智慧城市配送解决方案。

B. 云鸟。通过鸟眼和司机的 App,能够为客户提供增值服务,同时做好司机的管理。

C. 货拉拉。提供同城即时整车货运匹配平台。

D. 福佑卡车。提供城际整车运输互联网交易平台。

E. 狮桥物流。通过"融资租赁模式+管理输出",提供定制化解决方案,向企业客户输出运力服务。

F. 货车帮。为整车干线零散运力需求及个体司机提供交易撮合平台。

G. 货车宝。基于全国各地最新的交通规则为用户提供适合其驾驶的车辆行驶路线,智能避开货车禁区和限重、限高、限宽道路。

图 5-14 智慧运输场景图

> 政策解读栏目
>
> 《供应链创新与应用的指导意见》
>
> 该指导意见是中国政府为促进供应链管理创新、提升供应链整体竞争力而制定的政策文件。政策鼓励企业利用大数据、云计算、物联网等现代信息技术，优化供应链设计和管理，提高资源配置效率。指导意见还提出了推动供应链金融服务创新、加强供应链风险管理和提升供应链国际化水平等任务。政策的目标是通过供应链的创新与应用，促进产业链上下游企业的协同发展，提升整个产业链的效率和价值创造能力。

任务三　了解智慧供应链应用与发展

知识链接

知识点1：智慧供应链的应用举例

智慧供应链的应用场景广泛，涉及多个行业和供应链的多个环节。以下是几个具体的智慧供应链应用场景介绍。

1. 制造业——预测性维护与生产优化

视频：我国产业链供应链数字经济市场高速增长

在制造业中，智慧供应链通过集成物联网（IoT）技术，实现对生产设备的实时监控。传感器收集的数据被用来预测设备故障，从而实施预测性维护，减少生产设备意外停机时间。此外，智慧供应链还能根据市场需求和生产能力，动态调整生产计划，优化库存，减少过剩或缺货情况。

> 案例：通用电气（GE）的智能供应链
>
> 通用电气是全球领先的高科技公司，其供应链管理一直走在行业前列。通用电气通过引入智慧供应链的概念，实现了生产计划的优化和排程，显著提高了生产效率和产品质量。
>
> 案例背景：通用电气的航空发动机制造部门面临着全球供应链的复杂性，需要实时监控和调整生产线以应对需求的波动。为了解决这一问题，通用电气引入了智慧供应链管理系统，该系统能够实时分析来自全球各地的数据，包括供应商的性能、物流状态、生产效率等。
>
> 技术应用：通用电气利用物联网（IoT）技术在生产线上部署了大量传感器，这些传感器能够实时收集机器运行数据，包括温度、压力、振动等关键指标。通过大数据分析，通用电气能够预测设备故障，实施预测性维护，从而减少设备停机时间。此外，通用电气还采用了先进的人工智能算法来优化生产计划，确保订单按时完成。

成效：据通用电气公布的数据，通过智慧供应链的应用，其航空发动机部门的生产效率提高了约20%，同时减少了约15%的库存成本。预测性维护的实施减少了30%的设备意外停机事件，显著提升了客户满意度。

2. 零售业——个性化库存与精准营销

零售商利用智慧供应链技术进行库存管理，通过分析消费者购买行为和市场趋势，预测出受欢迎的产品，从而实现库存的精准控制。同时，智慧供应链还能根据消费者的购物历史和偏好，提供个性化的推荐和促销活动，提升销售额和客户满意度。

视频：雅戈尔构建智慧供应链占领新高地

案例：沃尔玛的智慧库存管理

沃尔玛作为全球最大的零售商之一，一直在探索如何通过智慧供应链提高库存管理的效率和客户满意度。

案例背景：沃尔玛面临着全球数千家门店的库存管理和补货挑战。为了更好地满足消费者需求并减少过剩库存，沃尔玛开始实施智慧供应链战略。

技术应用：沃尔玛引入了先进的需求预测系统，该系统结合了历史销售数据、季节性趋势、促销活动和天气信息等因素，提高了预测的准确性。此外，沃尔玛还利用物联网技术监控货架上的库存水平，确保及时补货。

成效：据沃尔玛公布的数据显示，通过智慧供应链的应用，其库存周转率提高了约10%，缺货率降低了约5%。同时，通过优化配送路线和时间，沃尔玛减少了运输成本，提高了配送效率。消费者对沃尔玛的满意度也随之提升，因为商品的可用性得到了改善。

3. 农业——精准农业与资源优化

智慧供应链在农业中的应用包括精准种植和资源管理。通过安装在田间的传感器，农民可以实时监测土壤湿度、温度等关键指标，并根据这些数据调整灌溉和施肥计划。这种精准农业方法不仅提高了作物产量和质量，还减少了水资源和肥料的浪费。

案例：精准农业的智能灌溉系统

精准农业是现代农业的一个重要发展方向，它通过高科技手段提高农业生产的效率和可持续性。

案例背景：在美国加州一片广阔的葡萄园中，农场主面临着水资源短缺和作物产量优化的双重挑战。为了解决这些问题，农场主引入了基于物联网的智能灌溉系统。

技术应用：该系统通过在田间部署土壤湿度传感器和气象站的方式，收集土壤湿度、温度、光照和降雨量等数据。这些数据通过无线网络发送到云平台进行分析，智能算法根据作物需求和环境条件自动调整灌溉计划。

成效：智能灌溉系统的实施使用水量减少了20%，同时作物产量提高了15%。农场主能够通过手机应用实时监控农田状况，并远程控制灌溉系统。这种精准的农业管理方法不仅节约了资源，还提高了作物的整体质量和市场竞争力。

4. 物流行业——货物追踪与配送优化

物流公司通过智慧供应链技术实现对货物的实时追踪和监控。利用全球定位系统和射频识别技术，物流公司可以监控货物的位置和状态，优化配送路线，减少运输成本和时间。智慧供应链还能够帮助物流公司预测和管理运输过程中可能出现的风险。

视频：数智化供应链，中国智慧助力提升物流效率

案例：顺丰科技的智慧物流系统

顺丰科技，作为中国领先的快递物流公司，通过应用智慧物流系统，显著提升了其物流效率和服务质量。

案例背景：随着电子商务的迅猛发展，顺丰面临着日益增长的包裹处理量和对快速、准确配送的高要求。为了应对这些挑战，顺丰科技开始构建智慧物流系统，利用物联网、大数据分析和人工智能技术来优化其物流网络。

技术应用：顺丰科技在其物流中心部署了自动化分拣系统，该系统使用扫描技术和智能算法来自动识别和分类包裹。此外，顺丰还使用无人机和自动驾驶车辆进行配送试验，探索更高效的配送方式。物联网传感器被广泛用于监控车辆和包裹的状态，确保运输过程中的安全和准时。

成效：根据顺丰科技的数据，智慧物流系统的实施使得分拣效率提高了30%，错误率降低了50%。无人机和自动驾驶车辆的测试也显示出在特定条件下配送时间和成本的显著降低。客户满意度调查显示，客户对顺丰服务的满意度有了显著提升。

5. 医疗行业——药品追溯与供应链合规

在医疗行业，智慧供应链通过区块链和射频识别技术，确保药品从生产到分销的每个环节都可追溯，保障药品质量和供应链的合规性。这种透明化的供应链管理有助于减少假冒药品的流通，保护患者安全。

案例：辉瑞的智慧药品供应链

辉瑞公司，作为全球领先的制药企业，通过建立智慧药品供应链，提高了药品的可追溯性和供应链的透明度。

> 案例背景：在高度监管的医疗行业中，确保药品的质量和供应链的合规性至关重要。辉瑞公司为了提升药品供应链的效率和安全性，开始采用智慧供应链技术。
>
> 技术应用：辉瑞在其药品包装上使用了 RFID 标签，这些标签能够存储药品的生产信息、批号和有效期。通过 RFID 读取器，辉瑞能够实时追踪药品在全球供应链中的流动情况。此外，辉瑞还利用区块链技术记录和验证药品的来源和流向，确保供应链的透明度和药品的真实性。
>
> 成效：辉瑞公司通过智慧药品供应链的实施，显著提高了药品的追溯能力，减少了假冒药品的风险。药品供应链透明度的提升，使辉瑞能够更快地响应市场变化，同时也增强了消费者对辉瑞药品的信任。

这些应用场景展示了智慧供应链如何利用先进的信息技术，如物联网、大数据分析、云计算等来提升供应链的效率、透明度和响应能力。随着技术的不断进步，智慧供应链将在更多行业和领域发挥重要作用。

知识点 2：智慧供应链的创新发展

我国正大力推动智慧供应链在各个领域的发展和应用，2022 年，工业和信息化部、商务部、国家药品监督管理局、国家知识产权局、国家市场监督管理总局联合发布《数字化助力消费品工业"三品"行动方案（2022—2025 年）》，大力支持互联网、数字技术与制造业融合发展，鼓励制造业企业不断提升自身的创新能力。物流产业相关配套政策措施的持续完善，为物流行业的健康发展提供了保障，为企业参与供应链创新提供了保障。

降成本提效率智慧供应链催生商业新模式

1. 智慧供应链的主要优势

智慧供应链具有技术渗透性强、信息整合能力强、协作性强、延展性强和可视化等特点。

①技术渗透性强：智慧供应链融合了互联网、物联网、人工智能等技术，供应链的管理者和运营者可以通过各种技术提高智慧供应链的工作效率和工作质量。

②信息整合能力强：智慧供应链能够利用智慧网络高效采集和集成大量供应链信息，避免各系统之间出现异构问题，促进供应链各环节之间的信息共享。

③协作性强：智慧供应链中的企业可以通过信息共享来加强对各方成员的了解，以便在充分掌握各方信息的基础上，提高自身在面对变化时的灵活性，从而进一步加强供应链各环节之间的协作。

④延展性强：智慧供应链可以利用智慧信息系统提高企业沟通交流的实时性，从而防止出现信息不对称的情况，在保证绩效水平的同时提升供应链的延展性。

⑤可视化：智慧供应链可以利用可视化技术来呈现数据，并通过移动数据访问系统来访问相关的数据。

2. 智慧供应链面临的挑战

①技术层面的挑战：智慧供应链是一种在传统供应链中融入智能信息网络技术的

全新供应链。智慧供应链的发展离不开云计算技术、传感器技术等多种技术的发展和应用,但目前我国的相关技术水平还有待进一步提高。

②安全层面的挑战:智慧供应链支持基础设施、自然资源等在区域、国家乃至全球范围内实现全面互联,而资源的全面互联有助于部分跨国企业在全球范围内获取所需的资源。就目前来看,我国需要进一步提高智慧供应链的安全性和可靠性。

③力度层面的挑战:虽然大量城市将智慧城市建设纳入到了城市发展规划中,并十分重视物联网产业的发展,但部分城市可能会出现物联网产业发展过热的现象。

④人才层面的挑战:智慧供应链的长期健康发展离不开专业技术人才的支撑。在实践方面,许多企业存在供应链人才培育意识不足等问题,限制了智慧供应链的发展。

3. 我国智慧供应链的创新发展

我国智慧供应链的创新发展正受到政府和企业的高度重视,这一趋势体现在以下几个方面。

①政策引导与支持:国务院办公厅发布的《关于积极推进供应链创新与应用的指导意见》明确提出,到2020年,中国将形成一批适合国情的供应链发展新技术和新模式,基本形成覆盖重点产业的智慧供应链体系。这一政策目标的实现,标志着中国在全球供应链创新与应用方面的重要地位。

②技术创新与应用:随着物联网、大数据、人工智能等技术的快速发展,智慧供应链正在实现更高水平的数字化和智能化。这些技术的应用不仅提高了供应链的透明度和效率,还增强了公司对市场变化的响应能力。

③人才培养与教育:为了支持智慧供应链的发展,中国正在加强相关人才的培养。高等院校设置了供应链相关专业和课程,以满足培养行业发展需求的专业人才。

④国际合作与竞争力提升:中国企业在全球供应链中的布局不断优化,通过"一带一路"倡议等国际合作,中国企业正更深更广地融入全球供给体系,提升国际竞争力。

⑤应对挑战与风险管理:面对全球供应链中的不确定性和风险,中国正在建立和完善供应链风险预警系统,提高全球供应链风险管理水平,确保资源能源安全和产业安全。

中国的智慧供应链创新发展不仅提升了国内的产业竞争力,也为全球供应链的稳定发展做出了积极贡献。未来,随着技术的不断进步和应用的深入,智慧供应链将在促进产业升级、提升国家竞争力等方面发挥更加重要的作用。

案例:让供应链成为国际合作的"共赢链"

文化传承栏目

中医药的全球配送

中医药作为中华文化的瑰宝,在全球的知名度和影响力日益增强。现代物流企业通过提供专业的中药材和成品药的冷链物流服务,确保这些产品能够安全、快速地送达世界各地。在这个过程中，物流公司不仅仅是在运输商品，更是在传播一种文化。中医药的包装往往采用具有中国传统特色元素的设计方案，如使用中草药的插画、中医理论的简介等，这些细节不仅增加了产品的文化价值，也让收件人在打开包裹的瞬间，就能感受到中华文化的深厚底蕴。通过物流的全球网络，中医药不仅为世界各地的人们带去健康，也让中华文化的精髓得以传播。

任务实施

认真阅读项目实施任务要求,提交材料。

1. 准备一份详细的项目报告,阐述设计方案的设计过程、实施步骤以及预期效果。
2. 制作 PPT 进行展示,向同学们或书店管理人员展示项目成果,收集反馈意见。各组派一名代表上台,将本组分析的结果进行分享。

任务评价

在完成上述任务后,教师组织进行三方评价,填写三方评价表 5-2,并对学生任务执行情况进行点评。

表 5-2 三方评价表

评价维度	评价内容	学生自评	团队互评	教师评价
知识掌握	理解和应用智慧供应链的基本概念与原则	☆☆☆☆☆	☆☆☆☆☆	☆☆☆☆☆
技能运用	分析校园书店库存管理问题、提出优化方案的能力	☆☆☆☆☆	☆☆☆☆☆	☆☆☆☆☆
创新思维	提出的库存管理优化方案的创新性和实用性	☆☆☆☆☆	☆☆☆☆☆	☆☆☆☆☆
团队合作	团队协作和沟通能力,包括任务分配、讨论交流和共同解决问题的效果	☆☆☆☆☆	☆☆☆☆☆	☆☆☆☆☆
报告质量	库存管理优化方案报告的清晰度、组织结构、逻辑性和详细程度	☆☆☆☆☆	☆☆☆☆☆	☆☆☆☆☆
演示效果	库存管理优化方案演示的清晰性、逻辑性和吸引力	☆☆☆☆☆	☆☆☆☆☆	☆☆☆☆☆
总体表现	综合评价学生在智慧供应链优化方案设计——校园书店库存管理任务中的整体表现	☆☆☆☆☆	☆☆☆☆☆	☆☆☆☆☆

说明:
1. 评价者根据学生的表现在每个评价维度上选择相应的星级打钩。
2. 评价标准可以是 5 星制,其中 5 星代表优秀,1 星代表不足。
3. 学生自评、团队互评和教师评价的权重分别占 20%、30% 和 50%。

项目总结

本项目不仅涵盖了智慧供应链的理论基础,介绍了智慧供应链的基本概念、特点、流程和建设意义,探讨了智慧供应链管理体系的构建途径,通过制造业、零售业、农业、物流行业和医疗行业的应用案例,展示了智慧供应链的实际应用和创新发展,强调了政策引导和技术创新在推动行业发展中的作用。

通过项目实施任务,学生在智慧供应链优化方案设计方面获得了实践经验,提升了专业素养和综合能力。本项目不仅提供了系统的理论知识和实践指导,还通过融合文化传承的相关内容，全面提升了学生的综合素质，为学生未来在智慧物流领域的深入研究和职业发展奠定了坚实的基础，同时也为我国社会主义现代化建设培养了一批具有创新精神和实践能力的有用之才。

项目铸魂

供应链精神：协同合作与共赢发展

"共赢电子"的供应链革新：共赢电子是一家电子产品制造商，该公司通过与供应商建立长期合作关系，共同开发环保材料和节能技术。例如，共赢电子与一家名为"绿材科技"的供应商合作，共同研发了一种可降解的包装材料，不仅减少了环境污染，还降低了材料成本。通过这种协同合作，共赢电子不仅确保了供应链的稳定性和产品质量，还推动了供应商的技术进步和市场竞争力，实现了整个供应链的共赢发展。

考证小练

一、单项选择题

1. 以下不属于数字化供应链未来发展趋势的是（　　）。（2023年全国职业院校技能大赛"智慧物流"赛项题库）

　　A. 数字化采购　　　　　　　　　B. 数字化运营

　　C. 从传统ERP走向智慧ERP　　　D. 供应商主导的供应链

2. 针对市场的长期发展趋势，由于影响因素较多，未能掌握全面的信息，因此，此时为了能够对未来进行分析和预判，较好的方法是（　　）。（2023年全国职业院校技能大赛"智慧物流"赛项题库）

　　A. 定性分析　　B. 定量分析　　C. 数据统计　　D. 数据建模

3. 供应链管理环境下企业信息的传递模式和传统企业的信息传递模式不同，它具有（　　）结构特征。（2023年全国职业院校技能大赛"智慧物流"赛项题库）

　　A. 系统化　　　B. 直线化　　　C. 自动化　　　D. 网络化

4. 在供应链中用于跟踪和管理库存最常用的技术是（　　）。（2023年全国职业院校技能大赛"智慧物流"赛项题库）

　　A. 人工智能　　B. 区块链　　　C. RFID　　　　D. 云计算

5. 供应链协同的主要作用是（　　）。（2023年全国职业院校技能大赛"智慧物流"赛项题库）

　　A. 降低沟通成本　　　　　　　　B. 增加市场份额

　　C. 提高整体运营效率　　　　　　D. 提高产品价格

二、多项选择题

1. 下列选项中，对推动式供应链描述正确的是（　　）。（2023年全国职业院校技能大赛"智慧物流"赛项题库）

　　A. 库存水平较大　　　　　　　　B. 反应能力较好

　　C. 提前期一般较大　　　　　　　D. 服务水平一般较低

2. 数字化供应链的特征是（　　）。（2023年全国职业院校技能大赛"智慧物流"赛项题库）

　　A. 连接　　B. 智能　　C. 灵活　　D. 迅捷　　E. 创新

3. 供应链管理的意义包括（　　）。（2023年全国职业院校技能大赛"智慧物流"赛项题库）

　　A. 节约交易成本　　　　　　　　B. 缩短交易时间

　　C. 降低存货水平　　　　　　　　D. 降低采购成本

4. 智慧物流未来发展的重要方向和能否进一步迭代升级的关键技术主要包括（　　）。（2023年全国职业院校技能大赛"智慧物流"赛项题库）

　　A. 物联网　　　B. 大数据　　　C. 人工智能　　D. 密集存储技术

5. 下列选项对于物流管理与供应链管理的关系描述正确的是（　　）。（2023年全国职业院校技能大赛"智慧物流"赛项题库）

　　A. 物流管理是供应链管理的一个子集或子系统

　　B. 物流管理是供应链管理的核心内容

C. 供应链管理是物流一体化管理的延伸

D. 物流管理和供应链管理没有区别

三、判断题

1. 当某些产品的需求消失时会使供应链产生大量的过时库存，这是拉动式供应链战略的主要缺陷之一。（   ）（2023 年全国职业院校技能大赛"智慧物流"赛项题库）

2. 供应链的创新与应用已经上升为国家战略。（   ）（2023 年全国职业院校技能大赛"智慧物流"赛项题库）

3. 供应链管理者的视角不能仅仅局限在组织内部，而是需要更多地理解组织如何在外部变化的环境中生存与发展。（   ）（2023 年全国职业院校技能大赛"智慧物流"赛项题库）

4. 加快供应链创新，建设现代供应链，已经成为深化供给侧结构性改革、建设现代化经济体系的重要内容。（   ）（2023 年全国职业院校技能大赛"智慧物流"赛项题库）

5. 供应链创新的目的是实现降本增效。（   ）（2023 年全国职业院校技能大赛"智慧物流"赛项题库）

参考答案

一、单项选择题

1. D   2. B   3. D   4. C   5. C

二、多项选择题

1. ACD   2. ABCDE   3. ABCD   4. ABC   5. ABC

三、判断题

1. ×   2. √   3. √   4. √   5. √

竞赛实训

需求预测

一、实训背景说明

经过与采购部门的访谈,在经营前期为了保证没有缺货现象,总部为门店铺设了大量货物,但这样的经营方式令订货成本、库存成本、门店管理成本都有所增加。而经过一个月试运营,目前开设门店的经营基本平稳,需求已完全打开。

因此,经过商讨,决定调整当前的订货策略。

二、实训信息说明

1. 目前门店的主动订货能力较弱,为了保证订货精准性,门店的要货量由配送中心进行需求预测,并生成订货量,取代原有的门店主动订货模式。

2. 需要先确定门店的需求预测模型。

3. 根据合家乐便利店(宝安店)10月份前10天的商品销量数据(见表5-3)进行需求预测。

表5-3 合家乐便利店(宝安店)10月份前10天的销售数据

商品	日期	时序	销售量/件
雁塘鹃珊鲜奶屋	2022/10/1	1	372
雁塘鹃珊鲜奶屋	2022/10/2	2	346
雁塘鹃珊鲜奶屋	2022/10/3	3	346
雁塘鹃珊鲜奶屋	2022/10/4	4	317
雁塘鹃珊鲜奶屋	2022/10/5	5	352
雁塘鹃珊鲜奶屋	2022/10/6	6	323
雁塘鹃珊鲜奶屋	2022/10/7	7	308
雁塘鹃珊鲜奶屋	2022/10/8	8	369
雁塘鹃珊鲜奶屋	2022/10/9	9	332
雁塘鹃珊鲜奶屋	2022/10/10	10	346

4. 通过对数据趋势的观察,总部决定采用一次指数平滑法进行预测,可只取上期值进行预测。计算过程中,每个预测值均需向上取整。并从 0.3,0.4,0.5,0.6,0.7 中选出最合适的 α 值,在判断模型预测效果时,采用均方误差判断,均方误差越小,则模型预测效果越好。

5. 计算时取值范围为10月1日至10月31日,均方误差的计算公式如下:

$$MSE = \frac{1}{N}\sum_{i=1}^{n}(y_i - \hat{y}_i)^2$$

其中,MSE 是均方误差,反映预测值与实际值之间差异程度的一种度量;n 是数据样本的天数;y_i 是第 i 天的实际值(商品实际销量);$\hat{y}_i$ 是第 i 天的预测值(商品预测销量)。

6. 为方便计算，10月1日的预测值为10月1日的实际值。

7. 需要从所有商品中挑选出日均销售量最高的商品及门店，并以此为例构建需求模型，教会采购部使用这种需求方法。

请以合乐家便利店（宝安店）的雁塘鹃珊鲜奶屋为例，完成模型构建及10月11日该商品在该门店的需求预测。最终取值须向上取整。

请核算不同 α 值的均方误差，计算结果保留2位小数，确定模型最合适的 α 值。

三、实训操作说明

步骤一：计算一次指数平滑值、预测值，一次指数平滑法计算公式如下：

$$\hat{y}_{t+1} = d_t^{(1)} = ay_t + (1-\alpha)S_{t-1}^{(1)}$$

其中，$\hat{y}_{t+1}$ 是第 $t+1$ 天的预测值，即商品预测销量；α 是一次指数平滑公式的平滑常数，取值范围为 $[0,1]$；$S_t^{(1)}$ 是第 t 天的平滑值；$S_{t-1}^{(1)}$ 是第 $t-1$ 天的平滑值。预测表见表5-4。

表5-4 预测表

时序	销售量	$S_t^{(1)}$, $\alpha=0.3$	$S_t^{(1)}$, $\alpha=0.4$	$S_t^{(1)}$, $\alpha=0.5$	$S_t^{(1)}$, $\alpha=0.6$	$S_t^{(1)}$, $\alpha=0.7$
0		372	372	372	372	372
1	372	372	372	372	372	372
2	346	365	362	359	357	354
3	346	360	356	353	351	349
4	317	348	341	335	331	327
5	352	350	346	344	344	345
6	323	342	337	334	332	330
7	308	332	326	321	318	315
8	369	344	344	345	349	353
9	332	341	340	339	339	339
10	346	343	343	343	344	344

步骤二：计算均方误差。

计算公式如下：

$$MSE = \frac{1}{10}\sum_{t=1}^{10}(y_t - \hat{y}_t)^2 = \frac{1}{10}\sum_{t=1}^{10}(y_t - S_{t-1}^{(1)})^2$$

均方误差计算表见表5-5。

表5-5 均方误差计算表

α 值	0.3	0.4	0.5	0.6	0.7
均方误差	632.50	597.30	606.90	635.00	676.30

步骤三：确定最合适的 α 值。

$\alpha = 0.4$，预测值为343

项目六　智慧物流信息技术及应用

学习目标

[知识目标]
1. 理解智慧物流信息技术的基本概念、特点及其在现代物流中的作用
2. 掌握智慧物流信息技术的主要类型，包括自动识别技术、数据分析技术、物联网技术、移动通信技术和区块链技术等。
3. 熟悉智慧物流信息技术在仓储、运输、配送等物流环节的典型应用。
4. 了解智慧物流信息技术的发展趋势，包括人工智能、物联网、大数据等技术在物流领域的创新应用。

[能力目标]
1. 能够评估和选择适合特定物流场景的智慧物流信息技术。
2. 能够分析智慧物流信息技术对物流业务流程的影响，并提出优化建议。

[素质目标]
1. 培养对智慧物流信息技术发展的敏感性和创新意识，积极参与技术创新。
2. 强化职业道德和责任感，理解智慧物流信息技术在保障物流安全和提升客户服务质量中的重要性。
3. 增强团队合作精神，提升跨学科协作能力，以适应智慧物流多技术融合的特点。

项目导图

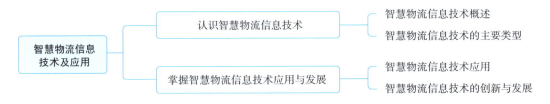

直通职场

参照二维码"物流信息技术岗位分析"的内容，各学习小组查找物流信息技术相关工作岗位，填写表6-1，至少包含以下模块：岗位名称、岗位职责、岗位技能、薪酬水平。

物流信息技术岗位分析

表 6-1　物流信息技术岗位表

岗位名称		薪酬水平	
岗位职责			
岗位技能			
备注			

物流先锋栏目

阿里巴巴集团

阿里巴巴集团通过创新的商业模式和技术应用,推动了中国乃至全球的电子商务和物流行业革命。阿里巴巴旗下的菜鸟网络,利用大数据分析和云计算技术,优化了物流配送网络,实现了包裹的高效追踪和分拣。在"双11"等大型购物节期间,菜鸟网络的智能物流系统能够处理数亿计的订单,确保了消费者能够及时收到商品。阿里巴巴集团不仅推动了中国物流行业的数字化转型,也为全球电商物流树立了新的标杆。

项目引入

智慧物流信息技术,助力物流产业升级

二十大报告中强调指出:"坚持把发展经济的着力点放在实体经济上,推进新型工业化,加快建设制造强国、质量强国、航天强国、交通强国、网络强国、数字中国……加快发展物联网,建设高效顺畅的流通体系,降低物流成本"。和传统物流相比,智慧物流最显著的特征就是"物"有智慧,即在流通过程中获取信息、分析信息,通过推理判断做出决策,从源头开始对商品实施跟踪与管理,实现自动化运作和高效率优化管理。智慧物流的核心是物联化、互联化和智能化,它以信息技术为支撑,通过射频识别、传感器、移动通信技术等设备技术,在物流的运输、仓储、包装、装卸搬运、流通加工、配送、信息服务平台等各个环节,通过运用系统感知、全面分析、及时处理及自我调整等功能,实现物流的自动化、可视化、可控化、智能化、信息化和网络化。智慧物流将物联网、人工智能、云计算、大数据等技术与现代物流技术相结合,实现物流活动的智能化、自动化、可视化、可控化、信息化和高效化,从而提高物流效率、降低物流成本、提升物流服务质量。

物联网、云计算等新一代信息技术与传统物流相融合,对物流产业升级的带动作用持续增强。在以国内大循环为主体、国内国际双循环相互促进的大背景下,随着物联网、无人驾驶、无人配送、高精度地图等技术加快应用,数字货运、数字园区、数字仓库等新基建推广建设,物流行业必将迎来一场巨大变革。以更低的资源投入、更低的环境资源要素占用,全面优化物流模式,提升发展质量,发挥更大效能,实现物流行业转型升级,支撑现代化产业体系的智能化、网络化发展。

价值探究:

智慧物流信息技术在提高物流效率的同时可能带来就业结构地变化,你是如何看待这一现象,并计划如何在未来的职业生涯中积极参与到技术创新与社会责任之间的平衡中去。

项目实施任务：校园快递服务中的智能通知系统优化

任务背景：在校园快递服务中，及时准确地通知学生取件是提升用户体验的关键环节。当前的取件通知方式可能存在延迟或不准确的情况，导致学生长时间等待或错过取件。智能通知系统的优化可以确保学生在正确的时间收到快递，减少等待时间，提高快递服务的整体效率。

任务目标：

理解智能通知系统在快递服务中的作用。

分析当前校园快递服务中通知流程的效率和问题。

设计并提出改进校园快递服务中智能通知系统的方案。

任务要求：

1. 智能通知系统知识学习：

学习智能通知系统的基本原理，包括短信通知、移动应用推送、电子邮件等通知方式。

了解智能通知系统在快递服务中的应用案例和效果。

2. 现状调研与问题识别：

调研校园快递服务中现有的取件通知流程，包括通知方式、通知内容、学生反馈等。

识别通知流程中存在的问题，如通知延迟、信息不明确、学生取件不便等。

3. 优化方案设计：

基于现状调研，设计一个旨在提高通知效率和准确性的智能通知系统优化方案。

方案应考虑用户友好性、技术可行性、成本控制等因素。

4. 方案模拟与效果预测：

利用现有的模拟工具或创建简单的模拟场景，对优化方案进行模拟测试。

预测实施优化方案后的效果，如通知速度的提升、学生满意度的增加等。

任务一　认识智慧物流信息技术

知识链接

知识点1：智慧物流信息技术概述

1. 智慧物流及智慧物流信息技术

智慧物流（Smart Logistics）是利用物联网、云计算、大数据、人工智能等现代信息技术，以物流信息化和智能化为核心，融合物流基础设施和服务系统，提高物流效率、安全性和可持续性的一种创新型物流模式。

智慧物流将物流链各环节的信息数据标准化、共享化，并通过先进的算法和模型进行分析和优化，实现物流过程的可视化、透明化、智能化和优化效益的最大化。智慧物流适用于电商物流、仓储物流、运输物流、供应链管理等领域。

智慧物流信息技术是指在物流各个环节中，应用现代信息技术手段，如物联网、大数据、区块链、云计算、人工智能等，对物流活动进行智能化管理和优化的技术体系。它通过整合资源，提高物流系统的感知、分析、决策和执行能力，从而实现物流过程的自动化、信息化、网络化和智能化。

2. 智慧物流信息技术的作用及意义

智慧物流信息技术在当今的物流领域中发挥着越来越重要的作用，其作用及意义主要表现在以下几个方面。

①增强供应链协同：智慧物流信息技术可以实现供应链各环节的信息共享，增强各方的协同合作。例如，通过实时共享库存信息，供应商可以提前预测需求，提前备货，减少缺货的可能性。

②促进产业升级：智慧物流信息技术可以促进整个物流产业的升级。通过引入先进的技术和管理模式，传统的物流企业可以提升自身的运营效率和服务质量，从而获得更大的竞争优势。

③提升物流智能决策水平：通过大数据分析和人工智能技术，智慧物流信息技术可以提供强大的决策支持。通过对大量数据的挖掘和分析，企业可以更好地理解市场需求、预测未来趋势，从而做出更加科学、合理的决策。

3. 智慧物流信息技术的性质及特点

智慧物流信息技术的性质及特点表现在以下几个方面。

①智能化：智慧物流信息技术通过人工智能算法和智能设备，提高了物流系统的自主决策能力。它能够对复杂多变的数据进行智能分析，自动调整物流流程，适应不同的运营环境。

②实时性：智慧物流信息技术能够实现物流信息的实时采集、处理和传递，使物流活动能够即时响应市场变化和客户需求，提高物流系统的灵活性和适应性。

③数据驱动：智慧物流信息技术依赖于大数据分析，通过对物流过程中产生的大量数据进行深入挖掘和分析，为物流决策提供科学依据，驱动物流业务的持续改进和创新。

④可追溯性：通过物联网技术，智慧物流信息技术能够对物流过程进行全程追踪，确保物流运输过程的安全可控，增强客户的信任感。

物流人风采栏目

聂腾云——韵达快递创始人兼董事长

聂腾云是中国快递行业的重要人物，是韵达快递的创始人兼董事长。聂腾云的职业生涯始于1999年，当时他创立的韵达快递只是一家小型的快递公司，主要服务于浙江省内的快递业务。凭借对快递市场的深刻理解和不断追求卓越的精神，聂腾云带领韵达快递逐步扩大业务范围，实现了跨省、全国乃至国际的快递服务网络布局。

在聂腾云的领导下，韵达快递注重技术创新和服务品质，不断引入先进的物流设备和技术，如自动化分拣系统和信息化管理系统，大幅提升了快递处理效率和客户服务质量。聂腾云还积极推动企业文化建设，倡导"以客为尊、以人为荣"的价值观，强调员工的培训和发展，为公司的稳定增长和行业的良好形象奠定了基础。

> 随着中国电子商务的蓬勃发展，聂腾云抓住机遇，将韵达快递发展成为国内领先的快递服务提供商之一。聂腾云的成功不仅体现在公司的业绩增长，更体现在他对行业发展趋势的准确把握和对企业社会责任的积极履行，为快递行业的健康发展作出了重要贡献。

知识点 2：智慧物流信息技术的主要类型

智慧物流信息技术是现代物流行业的重要支撑，它通过结合多种先进技术，实现了物流运作的智能化和高效化。智慧物流信息技术的主要类型包括自动识别与感知技术、数据分析与处理技术、物联网与移动通信技术及区块链技术等四大模块。

1. 自动识别技术与感知技术

（1）条码识别技术

条码技术是电子与信息科学领域的高新技术，其研究重点是如何将需要进行计算机处理的信息用一组条形编码表示出来，并将条形码携带的信息转化为计算机可读信息，主要技术包括：编码规则及标准、符号技术、自动识读技术、印制技术、应用系统设计技术等。

目前条码识别技术已广泛应用于物流领域，特别是在库存管理中，条码识别技术被用在入、出库及在库管理业务环节。采用条码识别技术的场景，如图6-1所示。作为数据输入手段，实现商品、产品及原材料的到货清点入库赋码、在库扫码盘存、出库扫码确认等，有利于管理者随时了解储存物品的入、出库情况及当前仓库中货架的在库数量和品种，及时掌握库存的动态变化情况，能够及时、定量地分析各种物品库存、销售、生产情况等信息，从而及时制订计划、采取措施，以保持最优库存量，改善库存结构，加速资金周转。在进行每一项识别操作的同时，系统将自动对采集到的相关数据进行处理，为下一步的业务操作提供基础数据。

图6-1 条码识别技术

(2) 射频识别技术

射频识别（Radio Frequency Identification，RFID）技术，通过无线电信号识别并读写相关数据，不需要将识别系统与识别对象之间进行机械或光学接触，是一种无线通信技术，如图 6-2 所示。将 RFID 技术应用到物流行业管理中，可有效提高物流系统的运作效率，降低行业总体运营成本，提高盈利能力和竞争力。

图 6-2 射频识别技术

RFID 是一项简单实用、易于操控的智能技术，非常适用于物流领域，可以在各种恶劣环境下自由工作。一套完整的 RFID 系统，是由阅读器、应答器（电子标签）及应用软件系统组成，其基本工作原理并不复杂。当电子标签进入磁场后，接收阅读器发出的射频信号，凭借感应电流获得的能量，将存储在芯片中的产品信息（无源标签或被动标签）发送出去，或者由电子标签主动发送某一频率的信号（Active Tag，有源标签或主动标签），阅读器读取信息并解码后，送至中央信息系统进行有关数据处理。

案例：京东物流郑州
智能分拣中心升级

(3) 生物识别技术

生物识别技术是利用人类自身生理或行为特征进行身份认定的一种技术。可用于识别的生物特征包括手形、指纹、脸形、虹膜、视网膜、脉搏、耳廓等；行为特征包括签字、声音等。由于人体的这些特征具有不可复制性，生物识别技术的安全性较传统意义上有很大提高。目前已发展了虹膜识别技术、视网膜识别技术（如图 6-3 所示）、面部识别技术、签名识别技术、声音识别技术、指纹识别技术等六种生物识别技术。

人脸识别（Face Recognition）是一种依据人的面部特征自动进行身份识别的生物识别技术，利用摄像装置采集含有人脸的图像或视频，自动在其中检测和跟踪人脸，并对检测到的人脸图像进行一系列的应用操作。技术上包括图像采集、特征定位、身份确认和查找等。

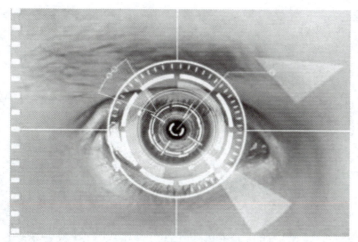

图6-3 视网膜识别技术

（4）GIS 技术

地理信息系统（Geographic Information System，GIS）是一种基于计算机的工具，可以对空间信息进行获取、存储、编辑、分析和数据显示，其核心是用计算机来处理和分析地理信息。简而言之，GIS 技术就是将地图的视觉化效果和地理分析功能，与一般的数据库操作（例如查询和统计分析等）进行集成的技术。GIS 技术广泛应用于军事领域及公共设施管理、交通、电信、城市建设、能源、电力、农业等民生领域。

GIS 是物流智慧化的关键技术与工具之一，可以帮助物流企业实现基于电子地图的决策分析服务，包括将订单信息、网点信息、送货信息、车辆信息、客户信息等数据进行集中并以电子地图的形式呈现，实现形象化管理，达到快速智能分单、网点合理布局、送货路线合理规划、包裹监控与管理等智能化目标。

例如，运用 GIS 技术进行网点标注，将物流企业的网点及网点信息（如地址、电话、提送货等信息）在电子地图上标注，以便使用者快速查询；运用 GIS 技术进行快速分单，通过地址匹配技术搜索，将地址快速定位到相应的区域及网点并确认责任人，完成"最后一公里"配送作业；运用 GIS 技术进行物流配送路线规划和车辆监控管理（如图6-4所示），合理规划路线和调度车辆，提高车辆利用率，保证货物快速到达，节省企业资源，提高用户满意度，并对货物进行从出库到送达客户手中的全程监控，保证货物及车辆安全；运用 GIS 技术进行数据统计与服务，将物流企业的数据信息在地图上进行可视化直观显示，通过科学的业务模型、GIS 专业算法和空间挖掘分析，深入分析其趋势和内在关系，为物流企业制定市场营销策略、分析预测发展趋势等提供依据和便利，使决策系统更加智能和精准。

2. 数据分析与处理技术

（1）数据挖掘技术

数据挖掘是从大量的、不完全的、模糊及随机的实际应用数据中，挖掘出隐含的、未知的、对决策有潜在价值的知识和规则的过程。其目的是通过对数据的统计、分析、综合、归纳和推理，揭示事件间的相互关系，预测未来的发展趋势，为决策者提供决策依据。

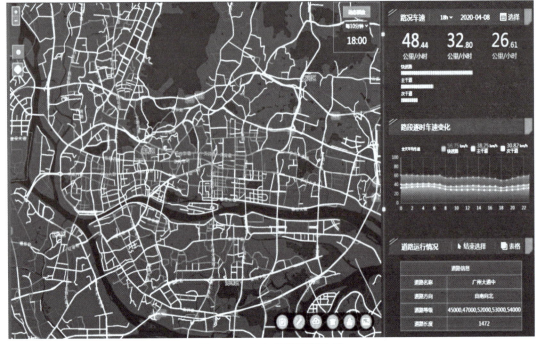

图 6-4　GIS 交通规划决策

数据挖掘的常用方法，包括聚类检测法（使同一簇内任意两个对象之间具有较高的相似性及不同簇内两个对象间有较高的相异性）、决策树法（适合于处理非数值型数据的分类和预测方法）、人工神经网络法（模仿人脑神经元连接处理数据不定性和没有任何明显模式的情况）、遗传算法（模仿人工选择培育良种的思路优胜劣汰积累计算）、关联分析法（适用于从事物相互关系中挖掘知识）和基于记忆的推理算法（使用一个模型已知的实例来预测未知的事物）等。通过对物流过程中产生的大量数据进行采集、存储、处理和分析，挖掘有价值的信息，为物流决策提供数据支持。

（2）大数据分析技术

大数据分析是智慧物流信息技术的重要组成部分。通过对大量数据的分析和挖掘，可以发现潜在的市场需求和运作模式，为企业提供决策支持。同时，大数据分析还可以优化物流路径和配送策略，提高运输效率和服务质量。

（3）人工智能技术

人工智能（Artificial Intelligence，AI）是研究、开发用于模拟、延伸和扩展人的智能的理论、方法、技术及应用系统的一门新的技术科学，它企图了解智能的实质，并生产出一种新的能以人类智能相似的方式做出反应的智能机器，该领域的研究包括机器人、语言识别、图像识别、自然语言处理和专家系统等。

AI 学科研究的主要内容包括知识表示、自动推理和搜索方法、机器学习和知识获取、知识处理系统、自然语言理解、计算机视觉、智能机器人、自动程序设计等。目前能够用来研究人工智能的主要物质手段及能够实现人工智能技术的机器是计算机。

人工智能借鉴仿生学思想，用数学语言抽象描述知识，用以模仿生物体系和人类的智能机制。主要的方法有神经网络、进化计算和粒度计算三种。

(4) 机器学习技术

机器学习是指利用计算机自动学习模式，让计算机更好地执行任务和决策的一种技术。机器学习的目的是从数据中挖掘出规律和模式，并利用这些规律和模式来完成未知数据的预测和分类，如图6-5所示。

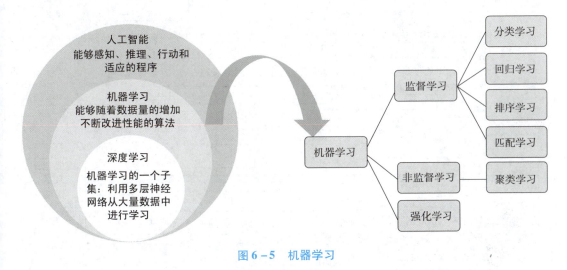

图6-5 机器学习

机器学习技术是智慧物流信息技术的重要组成部分。通过机器学习技术，可以训练智能算法，不断优化和提高自身的能力，从而实现更加精准的预测和决策支持。同时，机器学习技术还可以帮助企业发现潜在的市场需求和运营模式，提高企业竞争力。

3. 物联网与移动通信技术

(1) 物联网技术

物联网（Internet of Things，IoT），即"物物相联"的互联网，是通过各类传感装置、视频识别技术、红外感应、全球定位系统、激光扫描仪等信息传感设备，按约定的协议，根据需要实现物品互联互通的网络连接进行信息交换，以实现智能化识别、定位、跟踪、监控和管理的智能网络系统。

物联网具有展示、传送、处理三大功能，其体系架构应具备三个基本层面：感知层、网络层和应用层，如图6-6所示。感知层包括传感器或读卡器等数据采集设备，数据接入网关之前的传感器网络，采用RFID、传感与控制、短距离无线通信等技术，其任务是识别物体和采集系统中的相关信息，从而实现对"物"的认识与感知；网络层将各种接入设备与移动通信网及互联网相连，通过现有的互联网及通信网络实现信息的传输、初步处理、分类、聚合等；应用层是将物联网技术与专业技术相互融合，利用分析处理的感知数据，为用户提供丰富的特定服务，是物联网发展的目的。

(2) 移动通信技术

移动通信技术是以无线电波为通信用户提供实时信息传输的技术，实现在保障覆盖区或服务区内顺畅的个体移动通信。该技术领域主要包括无线数字传输技术、路由器技术、网络管理以及终端业务服务等方面的技术。

移动通信技术是实现智慧物流信息传输的关键。通过移动通信技术，可以实现物

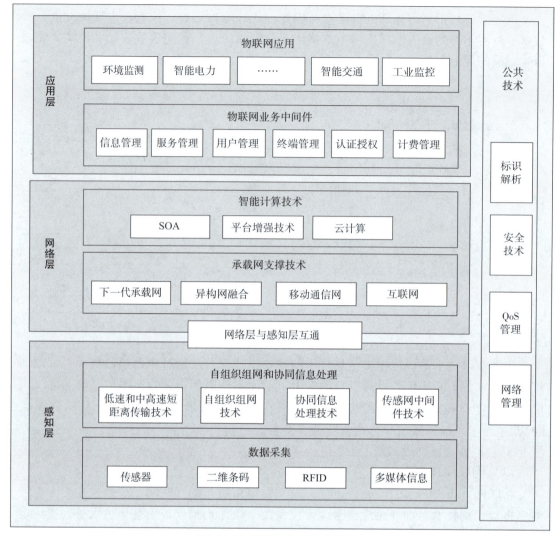

图 6-6 物联网技术体系架构

流信息的实时传输和处理，提高物流运作的效率和透明度。同时，移动通信技术还可以为远程控制和智能化管理提供支持。

4. 区块链技术

区块链（Blockchain 或 Block Chain）是一种块链式存储、不可篡改、安全可信的去中心化分布式账本，它结合了分布式存储、点对点传输、共识机制、密码学等技术，通过不断增长的数据块链记录交易和信息，确保数据的安全性和透明性。它能安全地存储交易或其他数据，信息不可伪造和篡改，可以自动执行智能合约，无须任何中心化机构的审核。交易既可以是比特币这样的数字货币，也可以是债权、股权、版权等数字资产，大大降低了现实经济的信任成本与会计成本，重新定义了互联网时代的产权制度。

视频：什么是区块链

区块链技术也是智慧物流信息技术的重要组成部分，可以提高物流运作的可追溯性和透明度，降低风险和成本。通过区块链技术，可以实现货物的全程追溯，提高消费者的信任度，同时，区块链技术还可以实现信息的共享和协同，提高物流运作的效率和可靠性。图 6-7 所示为京源链在京东农场的立体溯源体系。

案例：京东区块链溯源
技术助力五常大米

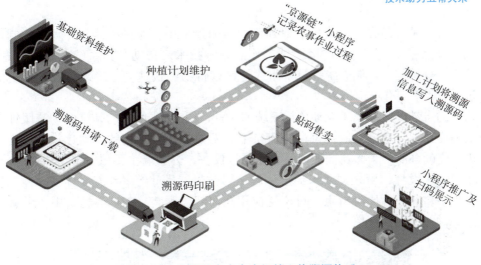

图 6-7　京源链在京东农场的立体溯源体系

> **政策解读栏目**
>
> **《关于推进物流业降本增效的若干政策措施》**
>
> 　　该政策聚焦于降低物流企业运营成本，提高物流效率，支持实体经济的发展。政策措施包括简化行政审批流程，降低物流企业税费负担，优化物流通行环境等。此外，政策还提出支持物流企业采用先进的物流装备和技术，如自动化装卸设备、智能物流系统等，以提升物流作业效率。政策的实施旨在通过降低物流成本，提升中国产品和服务的市场竞争力。

任务二　掌握智慧物流信息技术应用与发展

知识链接

知识点 1：智慧物流信息技术应用

1. 仓储场景应用

（1）自动分拣系统

视频：京东——全球首个全流程无人仓

视频：京东无人仓配智能分拣系统

自动分拣系统是在物品从集散地到目的地的过程中，通过机器和计算机控制自动处理物流分拣、分类、打包、运输等工作的一种技术。自动分拣系统主要由传送带、扫描设备、分拣器、控制系统等设备组成，可以将物品快速、准确地分拣到指定的位置并进行分类和打包。

京东的自动分播墙属于自动分拣系统的一种，图6-8所示的是京东物流服饰仓自动分播墙作业。自动分播墙是京东物流自主研发并已投入使用的自动化物流设备。作为国内领先的多品类、多流向的商品自动分货设备，分播墙主要用于中小件商品分播，它采用模块化设计，可根据需求灵活配置格口数量、尺寸等。具有立体、柔性、高效率、占地小、高性价比等特点，可广泛应用在商超、服装、B2C等场景中，极大提高了企业的供应链运营效率。

图6-8 京东物流服饰仓自动分播墙作业

（2）自动导引车（AGV）

自动导引车（Automated Guided Vehicle，AGV）是指具有磁条、轨道或者激光等自动导引设备，沿规划好的路径行驶，以电池为动力，并且装备安全保护以及各种辅助机构（例如移载，装配机构）的无人驾驶的自动化车辆。通常多台AGV与控制计算机（控制台）、导航设备、充电设备以及周边附属设备组成AGV系统，其主要工作

视频：地狼

原理表现为在控制计算机的监控及任务调度下，AGV可以准确地按照规定的路径行走，到达任务指定位置后，完成一系列的作业任务，控制计算机可根据AGV自身电量决定是否到充电区进行自动充电。

京东物流自主研发了一款名为"地狼"的AGV机器人，主要用于仓库内的智能搬运作业。"地狼"机器人可以按照预设程序或通过无线网络接收指令，自动完成仓库内货架搬运、货物存取等工作，具有灵活机动、高效准确的特点。在实际应用场景中，

"地狼"AGV已经成功部署在京东各地的智能物流仓库中（图6-9所示的是京东物流沈阳"亚洲一号"地狼仓），尤其是在高原地区以及海外自动化仓库中得到广泛应用，有效地提升了仓储物流的智能化水平和作业效率。

图6-9　京东物流沈阳"亚洲一号"地狼仓

案例：京东物流携手华兴源创破解离散型制造业生产物流难题

（3）无人驾驶叉车

无人驾驶叉车，是一种通过计算机控制系统和传感器实现自主导航、搬运货物的智能化设备。它可以根据预先设定的路径和任务，自动完成货物的装卸、运输和堆垛等任务，无须人工操作。无人驾驶叉车利用自动驾驶技术实现在仓库内的精准定位、物料搬运和安全行驶。无人驾驶叉车如图6-10所示。

图6-10　无人驾驶叉车

无人驾驶叉车具备多种功能特点。首先，它具备高度的智能化和自主性，能够根据环境变化进行实时决策和路径规划，避免碰撞和堵塞。其次，它具备灵活的应用场景和适应性，可以通过定制化开发满足不同行业和企业的需求。此外，它还能与物联网技术结合，实现对叉车状态和作业数据的实时监控和分析，提供数据支持和决策参考。

2. 运输场景应用

案例：京东物流携手牧原创新养殖行业物流仓配模式

（1）智能调度系统

智能调度系统是一种基于人工智能技术的自动化调度系统，能够实现对资源的高效管理和优化配置。该系统能够根据实际需求和资源状况，自动制订最优调度方案，提高生产效率和管理水平。该系统具有自动化、高效性、灵活性和可靠性等特点，能够适应不同场景和需求，广泛应用于物流、交通、电力、金融等领域，为企业和机构提供高效、可靠的调度方案。在运输领域，可利用该系统进行路线优化、运力分配，从而达到降低空驶率，提高运输效率的目的。

（2）无人驾驶汽车

无人驾驶汽车也称智能车、无人自动驾驶车、自主导航车或轮式移动机器人，是室外移动机器人在交通领域的重要应用。无人驾驶汽车利用传感器技术、信号处理技术、通信技术和计算机技术，通过集成视觉、激光雷达、超声传感器、微波雷达、GPS、里程计、磁罗盘等多种车载传感器来辨识汽车所处的环境和状态，并根据所获得的道路信息、交通信号信息、车辆位置和障碍物信息做出分析和判断，向主控计算机发出期望控制，控制车辆转向和速度，从而实现无人驾驶车辆依据自身意图和环境的拟人驾驶。

无人驾驶汽车的应用场景有以下几个方面。

①长途运输：传统的长途货运往往需要驾驶员进行驾驶，难免出现疲劳驾驶的情况，而无人驾驶技术可以使货车在高速公路等开放道路上自动驾驶，减少驾驶员的劳动强度和交通事故的发生。

②港口运输：无人驾驶技术在港口码头场景的转化应用，可有效解决传统人工驾驶时存在的行驶线路不精准、转弯造成视线盲区、司机疲劳驾驶等问题，节约人工成本。

③公共交通：将无人驾驶汽车应用于公共交通，能及时对突发状况做出反应，可实现无人驾驶下的行人车辆检测、减速避让、紧急停车、障碍物绕行变道、自动按站停靠等功能。

④矿场运输：在大型露天矿山开采中，随着开采深度下探，坡度大、弯道多的现象逐渐增多，矿山运输难度不断增加，矿区内采用无人驾驶汽车开展运输作业，是实现安全生产、降低人工和整车使用成本、提升运行效率的有效途径。

3. 配送场景应用

（1）无人机

视频：从运输、仓储到配送……盘点无人机物流的六大应用

无人机配送是指利用无人机技术，通过空中飞行将物品从发货地点运送至收货地点的配送方式。无人机配送适用于小件物品的快递、紧急医疗用品的运输、农产品等的配送，具有快速、高效、不受地面交通限制等优势。

①短途运输：无人机物流和快递可以利用无线电遥控设备和自备的程序控制装置操纵的无人驾驶的低空飞行器运载包裹，自动送达目的地，其优点是提高配送效率，同时减少人力成本。

②交通监视：利用无人机帮助交管部门解决城市的交通顽疾，在宏观上可以确保交通发展规划贯彻落实，在微观上可以进行实况监视，确保交通畅通，及时应对突发事件。

③货物盘点：在大型的高位货架仓库中，货物检视和盘点是一项费时费力的工作，且人工盘点易出现误差。而无人机结合视觉识别、RFID、条形码等技术，就可以对货架上存放的货物信息进行捕捉，从而实现货物盘点。

（2）无人配送车

无人配送车是指利用自动驾驶技术在地面行驶，将物品从发货地点运送至收货地点的配送方式。这种配送方式具有高效、快捷、灵活等优点。无人配送车适用于城市内的快递、餐饮外卖等配送服务，可以减少人力成本，提高配送效率，提升用户体验，图 6-11 所示为京东研制的无人配送车。

图 6-11 京东研制的无人配送车

①最后一公里配送：无人配送车可以根据配送订单自主导航，准确地将货物送达目的地，实现物流配送的自动化，提高效率和灵活性。

②货物追踪：通过无人配送车搭载的传感器，可以实时追踪货物的位置和状态，提高物流的可视化和监控能力。

> **【知识拓展】**
>
> ### 京东物流"揽派一体"功能型无人车应用
>
> 京东物流分布全国的600多台智能快递车上线揽收业务，成为行业首个规模化实现"揽派一体"的功能型无人车。
>
> 在天津西青区，目前京东物流运营的50台智能快递车，服务覆盖多个住宅小区和工业园区，通过与京东快递小哥的高效配合，进一步提升了快递站点的派送效率。以京东快递天津张窝小镇营业部为例，智能快递车不仅能载着快递包裹自动驾驶到小区或园区外指定位置，等待用户灵活安排时间来取件，还能针对一些路途较远、货量较多的配送区域，将一次性装不下的包裹接驳到京东快递小哥身边，轻松实现补货。
>
> 因为操作简便，快递员能轻松上手，张窝小镇营业部已经常态化运营20多台智能快递车，逐步形成"一人一车""一车多用""货到货走"的作业模式，揽派效率提升近2倍。"随着揽收功能的上线，智能快递车能帮助我们更好地服务用户，我最近的揽收单子也多了起来，"京东快递小哥王彦龙兴奋地说。
>
> 据了解，京东物流自2016年开始致力于智能快递车的研发和应用，也是首家将自动驾驶应用到物流实际场景中的企业。智能快递车目前已升级至第5代，最大可载重200千克，续航100千米，集成了高精度定位、融合感知、行为预测、仿真、智能网联等10大核心技术。截至目前，京东物流已经在全国30多座城市投入运营600多台智能快递车，不仅覆盖社区、商圈的快递揽派，还与七鲜等商超系统打通，提供超市订单无人即时配送服务。

（3）动态路径规划

动态路径规划是指根据当前场景的实时信息，动态计算最佳路径的一种技术。它广泛应用于无人驾驶、机器人导航、物流配送等领域，可以在实时变化的环境下，快速准确地找到最佳路径，提高效率，降低风险。

动态路径规划的关键在于实时获得环境的信息，并根据这些信息重新计算路径。这些信息可以来自传感器、监控设备、网络等多个渠道。比如，在无人驾驶车辆的路径规划中，可以通过激光雷达、摄像头等设备获取车辆周围的障碍物信息，然后根据这些信息进行路径规划。

实时信息的获取是动态路径规划的关键，在传感器技术不断发展的今天，我们可以获得更加精准、详细的环境信息。这使动态路径规划有了更高的准确性和鲁棒性。另外，云计算和大数据技术的发展，也为动态路径规划提供了更加强大的计算和处理能力，使其可以应用于更加复杂的场景。

4. 数智化技术应用场景

（1）大数据分析

大数据分析是一种数据处理技术，用于发现和分析大量数据的模式、趋势和关联。这个过程需要使用特殊的工具和技术以挖掘和分析数据。大数据分析可以帮助企业掌握客户需求、优化业务流程、提高销售和利润等，被广泛运用于社会各个领域。

①智能决策：大数据分析广泛应用在企业管理和决策制定的过程中，帮助企业管理者发现市场趋势、客户需求以及其他关键指标，为企业制订合理的战略和计划提供有效依据。

②产品开发：对于新产品的市场研究和市场调查，可以使用大数据分析技术分析消费者的兴趣、需求以及行为模式，为新产品的开发提供支撑，满足客户的需求。

③客户管理：利用大数据分析技术，企业可以对客户信息进行分类、筛选、分析和评估，从而了解客户需求、偏好和行为模式，为企业提供更好的客户服务和产品体验。

④风险控制：使用大数据分析技术可以预测和评估风险，可以检测出可能存在的交易风险和市场波动风险，更好地制定应对策略。

⑤医疗研究：在医疗领域，大数据分析可以帮助医生找到疾病的风险因素，并对疾病进行更精准和更早期的诊断。

如今，数据正在以前所未有的规模和速度生成。有了大数据分析，各个行业的组织都能够利用这些传入的信息来获取见解、优化运营和预测未来的成果，进而促进发展。

（2）云计算平台

云计算平台也称为云平台，是指基于硬件资源和软件资源的服务，具备计算、网络和存储能力。云计算平台是一个融合了各种云计算技术的网络，它需要整合多项技术及相关资源，以达到更好的运作效果。云计算平台所整合的资源大部分来自各种不同的云计算服务供应商。在整个资源整合过程中，存在着不同的资源，通过整合云平台资源，构建云端物流信息系统，可实现全程可视化管理，多方协同作业，提高供应链透明度。

①运输管理：在物流运输过程中，云平台可以为企业运输管理提供一系列的支持，包括车辆调度、物流数据跟踪、运输效率分析等。通过云平台的运用，企业的运输效率得到明显提高，从而提升企业的运作效率和利润。

②仓储管理：企业可以通过云平台对仓储设备进行智能监控和管理，对存储、运输、管理进行信息化处理，并能够通过云端的分析统计，优化仓储流程，提高效率和精度。

③智能运营：物流企业通过云平台技术的应用，可以构建起智能化的运营系统。通过云端的各种数据信息，可以进行先进的预测分析、运营管理、服务优化等，对企业运营模式进行整合与升级，实现更加智能、便捷、高效的服务模式。

④客户端服务：客户端服务是物流行业中的重要一环，云平台技术能够在这一方面起到很大的作用。通过客户端应用，可以实现物流信息查询、订单追踪、支付结算、反馈投诉等多项服务，提高用户体验度。

5. 智能客服系统

智能客服系统的出现，大大提升了企业的客户服务水平，降低了人力成本，对于各行各业的企业来说具有重要的应用价值。根据不同的应用场景和功能，可以将智能客服系统分为以下三种。

①文本型智能客服系统：这种系统主要通过文字对话的形式与用户交流。用户可以通过键盘输入问题，系统会根据语义理解和自然语言处理技术分析问题，并给出相应答案或建议。这种系统适用于在线客服咨询、问题解答等场景。

②语音型智能客服系统：这种系统具备语音识别和语音合成等能力，能够通过语音交互方式与用户进行对话。用户可以通过讲话提问的方式进行咨询，系统会自动识别语音内容并进行语义理解，然后用语音回答用户的问题。这种系统适用于电话客服语音助手等场景。

③图像型智能客服系统：这种系统可以通过图像识别、目标检测等技术分析用户上传的图片，识别出图中的物体或场景，并给出相应的回答或建议。这种系统适用于售后服务、产品认证等场景。

随着技术的不断进步，智慧物流的信息技术应用场景还在持续拓展和深化，比如区块链技术在保证物流信息透明性和安全性上的应用，5G技术在低延迟高带宽通信方面的贡献等。

知识点2：智慧物流信息技术的创新与发展

1. 智能物流信息技术的创新

（1）供应链管理系统的智能化升级

传统的物流供应链管理系统主要通过人工操作和经验判断来进行管理，效率低下且易出错。智能物流技术的应用，可以实现物流供应链的自动化和智能化管理。通过物联网技术，实现对物流过程中各个节点的实时监控和数据采集，将数据传输到中央管理系统，并借助人工智能技术实现对数据的智能分析和预测，帮助物流企业实现供应链的高效运作和优化管理。

（2）自动化仓储和搬运设备的应用

传统的物流仓储和搬运过程需要依靠人工操作，效率低下且易出错。随着机器人技术和自动化设备的发展，物流企业可以采用智能化的仓储和搬运设备，实现物品的自动化分拣、包装和装运，大大提高了物流的效率和准确性。

（3）无人配送的发展

随着电商行业的迅猛发展，快递配送需求不断增加，传统的快递配送方式已无法满足当前日益增长的需求。智能物流技术为快递配送业带来了新的解决方案。通过利用物联网技术和大数据分析技术，无人配送系统可以实现对快递人员和运力资源的智能调度和优化，提高配送效率和服务质量。

（4）数字孪生技术助力供应链体系进行升级

通过构建供应链的数字孪生模型，可以实时模拟和监控整个供应链的运行状态，实现从原材料采购、生产制造、仓储物流到终端销售的全链条可视化管理。而且基于历史数据和实时运营数据，数字孪生技术能够对供应链未来可能出现的问题进行预测，并通过仿真模拟找到优化方案。除此之外，数字孪生技术可以进行故障诊断与快速响应、智能决策支持以及提升协同效率，以推动供应链体系向智能化、高效化方向发展。

2. 智能物流信息技术的发展

（1）人工智能生成的广泛应用

人工智能生成（AIGC）作为一种人工智能自动生成内容的技术，将会逐步在物流业得到重视和广泛应用，它可以进行订单处理与文档生成，并能用于构建智能客服系统，根据用户输入内容自动生成问题解答、建议方式或个性化推荐，也可以进行定制化解决方案及数据分析与洞察。人工智能生成可以间接或直接地促进物流流程的自动化和智能化，通过生成各种形式的内容和服务，提升物流企业的综合竞争力。

（2）物联网技术的全面覆盖

物联网技术可以实现对物流过程中的各个环节进行实时监控和数据采集，为物流企业提供准确的运输信息和环境数据，未来，物联网技术将更广泛地应用于物流行业，实现物流过程的全面可视化和智能化管理。

（3）大数据技术的深入应用

随着物流过程中数据量的不断增加，如何快速、准确地分析和应用这些数据将成为物流企业面临的一个重要问题。大数据技术的应用可以帮助物流企业对物流过程和客户需求进行全面分析和预测，优化物流资源的配置和利用，实现物流过程的智能化管理和决策支持。

（4）绿色低碳物流的发展

在"双碳"政策的背景下，绿色低碳物流的发展趋势必将越发明显，绿色低碳物流将从人工智能技术、新能源车辆技术、物联网技术等方面实现低碳、高效、环保的物流运输方式。

智能物流信息技术的创新与发展近年来取得了显著的进步，正在深刻改变着全球物流行业的面貌。智能物流信息技术的创新与发展无疑将推动物流行业向着更高效、更智能、更可持续的方向发展。面对日益激烈的市场竞争和不断变化的需求，物流企业需要及时关注和应用智能物流信息技术，不断创新和改进物流业务，提高服务质量和竞争力。未来，智能物流信息技术将成为物流行业的主要发展方向，为物流行业带来更多的机遇和挑战。

文化传承栏目

传统工艺品的电商物流

中国的传统工艺品，如剪纸、陶瓷、刺绣等，是中华文化的重要组成部分，承载着丰富的历史和民族特色。随着电子商务的发展，这些工艺品通过网络平台走向世界，物流企业在其中扮演着至关重要的角色。物流公司通过提供定制化的包装和配送服务，确保这些易碎、具有文化价值的商品能够安全送达消费者手中。在这个过程中，物流不仅仅是商品的搬运者，更是文化传承的守护者。一些物流企业还会在包装上印制中国传统文化元素，如山水画、诗词等，使每一次的配送都成为一次文化的体验。此外，物流企业还会参与到传统工艺品的保护和推广活动中，如支持非物质文化遗产的展览和交流，通过现代物流手段，让传统工艺品焕发新的生命力，走向更广阔的市场。

任务实施

认真阅读项目实施任务要求,提交材料:
1. 编写一份案例研究报告。
2. 准备一个演示文稿,向班级或评委展示优化方案及其预期效果。

任务评价

在完成上述任务后,教师组织进行三方评价,填写三方评价表6-2,并对学生任务执行情况进行点评。

表6-2 三方评价表

评价维度	评价内容描述	学生自评	团队互评	教师评价
知识掌握	理解和应用智能通知系统的基本概念,包括技术原理和操作流程	☆☆☆☆☆	☆☆☆☆☆	☆☆☆☆☆
技能运用	分析校园快递服务的现状和问题,提出切实可行的优化方案的能力	☆☆☆☆☆	☆☆☆☆☆	☆☆☆☆☆
创新思维	提出的优化建议在创新性和实用性方面是否能够显著提升系统效率或用户体验	☆☆☆☆☆	☆☆☆☆☆	☆☆☆☆☆
团队合作	在团队项目中的协作和沟通能力,包括分工合作、交流想法和解决冲突的能力	☆☆☆☆☆	☆☆☆☆☆	☆☆☆☆☆
报告质量	案例分析报告的清晰度、组织结构和详细程度,以及是否能够清晰地阐述优化方案和预期效果	☆☆☆☆☆	☆☆☆☆☆	☆☆☆☆☆
演示效果	演示文稿的清晰性、逻辑性和吸引力,以及演讲者的表达能力和互动效果	☆☆☆☆☆	☆☆☆☆☆	☆☆☆☆☆
总体表现	综合评价学生在智能通知系统优化任务中的整体表现,包括专业知识、技能应用、创新思维和团队协作等方面	☆☆☆☆☆	☆☆☆☆☆	☆☆☆☆☆

说明:
1. 评价者根据学生的表现在每个评价维度上选择相应的星级打钩。
2. 评价标准是5星制,其中5星代表表现优秀,1星代表表现不足。
3. 学生自评、团队互评和教师评价的权重分别占20%、30%和50%。

项目总结

本项目以智慧物流信息技术为核心,旨在通过深入学习和实践,培养学生们在现代物流领域的专业技能和综合素质。项目的成功实施,让学生不仅在技术和知识层面取得了显著成果,也在职业发展等方面实现了预期目标。

通过项目学习,培养了学生们对智慧物流信息技术发展的敏感性和创新意识,使他们积极参与到技术创新与社会责任之间的平衡中去。强化了职业道德和责任感,理解智慧物流信息技术在保障物流安全和提升客户服务质量中的重要性。增强了团队合作精神，提升了跨学科协作能力，以适应智慧物流多技术融合的特点。

本项目通过引入党的二十大报告中关于物流发展的指导思想，让学生深刻认识到智慧物流在国家战略中的重要地位，以及其在推动实体经济发展中的关键作用。学生们掌握了智慧物流信息技术的主要类型，如自动识别技术、数据分析技术、物联网技术等，并能够将这些技术应用于物流环节的优化。通过案例分析和实际操作，学生们熟悉了智慧物流信息技术在仓储、运输、配送等物流环节的典型应用，提高了他们解决实际问题的能力。

综上所述，本项目不仅提升了学生的专业技能，更在思想政治教育、职业规划、创新意识等多方面发挥了重要作用，为学生的全面发展和未来职业生涯奠定了坚实的基础。

项目铸魂

信息伦理：智慧物流的数据责任

信盾科技的数据保护战略：信盾科技是一家提供物流信息技术解决方案的公司，在开发新的货物追踪系统时，特别重视用户数据的保护。公司采用了先进的加密技术和匿名化处理，确保客户信息的安全。同时，信盾科技还建立了数据使用和共享的严格规定，只有在客户授权的情况下，才会使用数据进行分析和服务改进。这种对数据责任的坚守，赢得了客户的信任，也为公司在激烈的市场竞争中树立了良好的信誉。

考证小练

一、单项选择题

1. AI 的英文全称是（　　）。（1+X 中级理论模拟试题）
   A. Automatic Intelligence　　　　B. Artificial Intelligence
   C. Automatic Information　　　　D. Artificial Information

2. GIS 是一门综合性的技术，也是一种对（　　）进行采集、存储、更新、分析、输出等处理的工具。（2022 年智慧物流省赛习题）
   A. 时间数据　　　　　　　　　　B. 物流数据
   C. 图像数据　　　　　　　　　　D. 空间数据

3. 条形码 6921167593538 中，根据条码的组成，8 表示的是（　　）。（2022 年智慧物流省赛习题）
   A. 国别码　　B. 起始码　　C. 校验码　　D. 结束码

4. 射频识别系统是通过（　　）进行数据传输的。（2022 年智慧物流省赛习题）
   A. 可见光　　B. 磁场　　C. 声波　　D. 无线电

5. 支付宝中的人脸支付模块采用的是自动识别技术中的（　　）。（2022 年智慧物流省赛习题）
   A. 生物识别　　B. 条码识别　　C. 射频识别　　D. 语音识别

6. 根据当前场景的实时信息，动态计算最佳路径的一种技术是（　　）。（2022 年智慧物流省赛习题）
   A. 路径规划技术　　　　　　　　B. 货物识别技术
   C. 数据挖掘技术　　　　　　　　D. 实时定位技术

7. 众物智联物流与供应链集团某配送中心在车辆调度时主要做法为：车辆系统与 WMS 系统或配送管理系统集成，在完成配送作业计划后，根据配送线路优化和配载优化结果，估算车辆需求数量、时间、车型等，再根据运输服务供应商数据库优先供应商，生成车辆调度推荐任务单，经作业人员确认后系统自动下达给运输服务商，完成车辆调度。这种调度方式为（　　）。（2022 年智慧物流省赛习题）
   A. 人工车辆调度　　　　　　　　B. 客户指定方式
   C. 智能化车辆调度　　　　　　　D. 随机指派

8. 下列系统中不属于无人仓系统组成的是（　　）。
   A. 运输管理系统　　　　　　　　B. 智能机器人系统
   C. 智能调度系统　　　　　　　　D. 仓储管理系统

9. 智慧物流是以"互联网+"为核心，以物联网、大数据、（　　）及"三网融合"等为技术支撑的。（2022 年智慧物流省赛习题）
   A. 可视化　　B. 云计算　　C. 智能化　　D. 实时化

二、多项选择题

1. 智慧物流未来发展的重要方向和能否进一步迭代升级的关键技术主要包括（　　）。（1+X 中级理论模拟试题）
   A. 物联网　　B. 大数据　　C. 人工智能　　D. 密集存储技术

2. 智能物流的技术体系包括（　　）。（1+X 中级理论模拟试题）

A. 自动识别技术 B. 数据挖掘技术
C. 末端技术 D. GIS 技术

3. 射频识别技术是近几年来发展起来的现代自动识别技术，其最突出的特点是（　　）。（2022 年智慧物流省赛习题）
A. 非接触识别 B. 可识别高速运动物体
C. 抗恶劣环境 D. 保密性强
E. 同时识别多个对象

4. 目前物流行业中所使用的关键信息技术包括（　　）等。（2022 年智慧物流省赛习题）
A. EDI B. GPS C. GIS D. RFID

5. 用于识别的生物特征包括（　　）。（2022 年智慧物流省赛习题）
A. 手形 B. 指纹 C. 虹膜 D. 视网膜 E. 脉搏

6. 智能客服系统包含（　　）。（2022 年智慧物流省赛习题）
A. 文本型智能客服系统 B. 语音型智能客服系统
C. 图像型智能客服系统 D. 图画型智能客服系统

7. 自动分播墙具有（　　）的特点。（2022 年智慧物流省赛习题）
A. 立体性差 B. 柔性化高 C. 分播效率高 D. 占地面积大

8. 移动通信技术领域主要包括（　　）。（2022 年智慧物流省赛习题）
A. 无线数字传输技术 B. 路由器技术
C. 网络管理 D. 终端业务服务

9. 无人驾驶叉车根据使用场景可分为（　　）。（2022 年智慧物流省赛习题）
A. 室内型 B. 室外型 C. 平衡重式 D. 堆高式

10. 干线运输技术包含（　　）。（2022 年智慧物流省赛习题）
A. 物联网技术 B. 智能调度系统
C. 无人驾驶技术 D. 动态路径规划

三、判断题

1. 在区块链技术当中，其存储的数据信息可以被篡改。（　　）
2. 人脸识别是一种依据人的面部特征，自动进行身份识别的生物识别技术。（　　）
3. 通过实时共享库存信息，供应商可以提前预测需求，提前备货，减少缺货的可能性。（　　）
4. 以数据处理为主的云平台为存储型云平台。（　　）
5. 传统的物流供应链管理系统可以实现物流供应链的自动化和智能化管理。（　　）

参考答案

一、单项选择题

1. A　　2. D　　3. C　　4. D　　5. A
6. A　　7. C　　8. A　　9. B

二、多项选择题

1. ABC
2. ABD
3. ABCDE
4. ABCD
5. ABCDE
6. ABC
7. BC
8. ABCD
9. AB
10. ABC

三、判断题

1. ×
2. √
3. √
4. ×
5. ×

采购计划任务

一、实训背景说明

经过同运营及门店的访谈发现,目前门店采用定期订货法的方式,即以 1 天为周期,每天向配送中心要货,使门店库存达到最大库存,基于目前采购与配送中心的配合,可以做到每家门店晚上 10 点盘点后下单,下单后,早上 7 点前,由配送中心完成配货,而门店可按最小单位拿货。当前的订货策略并不合理,有成员提出可以采用 Updated s 策略。

Updated s 策略解释如下:基于门店当前的库存及对未来的需求预测,不断更新安全库存量及再订购点的订货策略。其中安全库存的计算公式为:

$$ss = z\sqrt{R^2(\text{sLT})^2 + X(sR)^2}$$

R 为平均需求,即往期需求的平均值,可以取 1 日到 31 日的平均需求。

X 为平均前置时间,由于门店订货夕发朝至,所以这里的前置时间取 0.5 天,且保持不变。

$$\text{sLT} = \sqrt{\frac{1}{n}\sum_{i=1}^{n}(t_i - \bar{t})^2}$$

其中,t_i 为 i 期的前置时间;$\bar{t}$ 为平均前置时间;sLT 为前置时间的标准差。

sR 为需求的均方根误差,求该值时,可以取预测日前 10 日的预测数据进行计算,sR 均方根误差计算公式如下:

$$sR = \sqrt{\frac{1}{n}\sum_{i=1}^{n}(y_i - \hat{y}_i)^2}$$

其中,y_i 为当期需求实际值,$\hat{y}_i$ 为当期需求预测值,在项目五竞赛实训任务中已求出最合适的 α 对应的需求的均方误差为 597.30,那么这里需求的均方根误差平方为 597.30。

z 为安全系数,这里取值 2.05,来保证一定的服务水平。

$$\text{再订购点} = \text{预测需求} + \text{安全库存}$$

最大库存经经验判断,取平均库存的 2 倍,计算平均库存时,取每日盘点库存的算数平均值。结果需向上取整。

若货物库存小于等于再订购点,则需要订货,订货量 = 最大库存 − 当前库存,若库存大于再订购点,则不需要订货。

其中预测方法采用项目五竞赛实训中的一次指数平滑法,并取最合适的 α 值。

采购单价为门店拿货价。

确定新采购策略后,请完成新订货策略的参数计算,并以合乐家便利店(宝安店)的雁塘鹊珊鲜奶屋为例,完成门店在 10 月 11 日的采购订单。其中采购周期可直接填入订单提前期。在填制单证时,对最大库存及安全库存向上取整。

二、实训信息说明

门店盘点数据见表 6 – 3。

表 6 – 3　门店盘点数据

门店	商品	日期	库存量/个
合乐家便利店（宝安店）	雁塘鹃珊鲜奶屋	2022/10/1	318
合乐家便利店（宝安店）	雁塘鹃珊鲜奶屋	2022/10/2	344
合乐家便利店（宝安店）	雁塘鹃珊鲜奶屋	2022/10/3	344
合乐家便利店（宝安店）	雁塘鹃珊鲜奶屋	2022/10/4	373
合乐家便利店（宝安店）	雁塘鹃珊鲜奶屋	2022/10/5	338
合乐家便利店（宝安店）	雁塘鹃珊鲜奶屋	2022/10/6	367
合乐家便利店（宝安店）	雁塘鹃珊鲜奶屋	2022/10/7	382
合乐家便利店（宝安店）	雁塘鹃珊鲜奶屋	2022/10/8	321
合乐家便利店（宝安店）	雁塘鹃珊鲜奶屋	2022/10/9	358
合乐家便利店（宝安店）	雁塘鹃珊鲜奶屋	2022/10/10	344

步骤一：计算安全库存。

因为前置时间取值为定值，保持不变，所以前置时间的标准差为 0，即 sLT 取值为 0。所以求解的安全库存为：

$$ss = z\sqrt{X(sR)^2} = 2.05 \times \sqrt{0.5 \times 597.30} = 35.42706063$$

结果向上取整为 36。

步骤二：计算再订购点。

$$再订购点 = 预测需求 + 安全库存 = 343 + 36 = 379$$

步骤三：计算最大库存。

平均库存 = Σ各日期库存量/10 = 348.9，向上取整为 349。

$$最大库存 = 2 \times 平均库存 = 698$$

步骤四：计算订购量。

$$订货量 = 最大库存 - 当前库存 = 698 - 344 = 354$$

项目七　智慧物流应用场景

学习目标

[知识目标]

1. 了解常见的智慧物流应用场景与发展。
2. 了解应急物流背景、内涵、特点、应用与发展。
3. 了解智能生产物流的背景、定义、应用与发展。
4. 了解新零售内涵、特征、商业模式、应用与发展。
5. 了解智慧港口物流的特征、功能构成、应用与发展。

[能力目标]

1. 能够分析和评估智慧物流技术在实际业务中的应用效果和潜在价值。
2. 设计和实施有效的应急物流方案,以应对不同类型的突发事件。
3. 利用智能生产物流系统,优化生产流程,提高生产效率和降低成本。
4. 通过新零售物流案例分析,提出创新的物流解决方案,以满足消费者多样化的需求。
5. 评估智慧港口物流系统的效益,提出改进建议,促进港口物流服务的智能化和绿色化。

[素质目标]

1. 培养学生在面对智慧物流应用场景中的挑战时,能够运用创新思维提出解决方案的能力。
2. 强化学生对于物流行业职业道德的认识,特别是在处理应急物流和新零售物流中的客户数据时,坚守隐私保护和诚信原则。
3. 提高学生对智慧物流在环境保护和节约资源方面重要性的认识,特别是在新零售和智慧港口物流中实施绿色物流策略。

项目导图

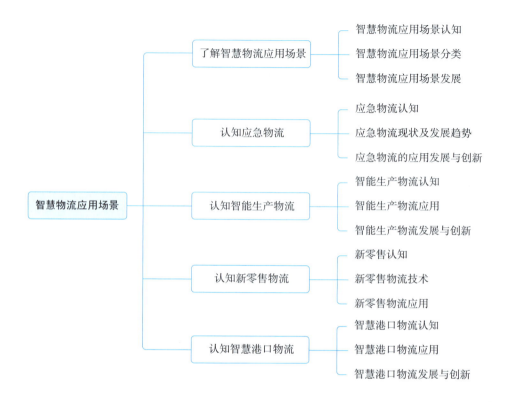

直通职场

参照二维码"智慧物流应用场景工作岗位表"的内容，各学习小组查找与应急物流、智能生产物流、新零售与智慧港口等相关的工作岗位，填写表7-1，至少包含以下模块：岗位名称、岗位职责、岗位技能、薪酬水平。

智慧物流应用场景工作岗位表

表7-1 智慧物流应用场景工作岗位表

岗位名称		薪酬水平	
岗位职责			

续表

岗位名称		薪酬水平	
岗位技能			
备注			

物流先锋栏目

中远海运集团

中远海运集团是中国最大的航运企业之一,在全球海运物流领域具有重要影响力。集团通过参与"一带一路"倡议,积极拓展国际合作,建立了广泛的航线网络和港口设施。中远海运集团不仅为中国的进出口贸易提供了坚实的物流保障,也通过其全球服务网络,促进了国际贸易和文化交流。集团的集装箱运输、船舶管理、港口运营等业务,展现了中国航运企业的国际竞争力和品牌影响力。

项目引入

应急物流积极抗疫保供，科技抗疫筑牢智慧防线

2022年上海新型冠状病毒感染疫情爆发后，3月28日，京东物流紧急调运的智能快递车抵达上海浦东新区，为区域内封控小区提供物资运送服务。同时，在浦东新区、杨浦区的部分高校中，智能快递车也在通过无接触配送方式保障校园生活物资运送。

视频：打通物流"血管"，长三角重要物资应急保供中转站落地

在进入浦东新区后，京东物流智能快递车就以最快速度投入到抗疫物资运送工作中，实现无接触配送，满足居民的日常物资需求。据了解，京东智能快递车每次可载重约100千克货物，车辆续航里程为80千米，可实现全天运营。封控期间，智能快递车将根据货物量、社区需求等随时配送，直至解封。

京东物流智能快递车此次奔赴上海，是继武汉、石家庄、广州、北京、天津、深圳之后，再次助力防疫一线。2020年年初武汉疫情暴发后，京东物流依托L4级别自动驾驶技术和北斗卫星定位系统，迅速在武汉投用智能快递车，让无接触配送成为疫情期间的一大安全保障。2021年年初石家庄出现疫情后，京东物流智能快递车率先在街头开跑，用科技为快递和物资配送带来保障。2021年6月初，京东物流智能快递车奔赴广州，服务抗疫保供。2021年10月，京东物流智能快递车在北京海淀区芙蓉里等封闭社区为居民配送生活物资。值得一提的是，武汉抗疫期间，智能快递车在武汉往返行驶总里程超过6 800千米，运送包裹约1.3万件，该车后来被国家博物馆收藏。

京东物流始终致力于自动驾驶在物流末端配送的创新与实践。目前已实现城市社区、商业园区、办公楼宇、公寓住宅、酒店、校园、商超、门店等八大场景的覆盖，满足消费者的多元需求。京东物流通过智能快递车承担"最后一公里"配送的重任，有效减少了人员接触带来的风险，助力疫情防控。

价值探究：

在智慧物流信息技术的背景下，你如何理解京东物流智能快递车在抗击疫情中发挥的作用，以及这种技术应用对于未来应急物流和城市安全管理的长远影响。同时，你认为作为物流专业的学生，应如何准备让自己可以适应和参与到这种科技驱动的物流变革中。

项目实施任务：智慧物流园区规划设计优化方案

任务背景：随着全球供应链的日益复杂化和对物流效率要求的提高，传统的物流园区规划已无法满足现代物流的需求。智慧物流园区利用先进的信息技术和自动化设备，实现物流活动的智能化管理和自动化操作，从而提高物流效率，降低运营成本，增强服务能力。本项目旨在通过优化智慧物流园区的规划设计，打造一个高效、智能、环保的现代物流中心。

任务目标：分析现有物流园区的运营状况，结合智慧物流的理念和技术，提出具体的规划设计优化方案，以实现物流园区运营的高效化和智能化。

任务要求：

1. 现状分析（关联任务一）：

调研并描述选定物流园区的现有运营情况，包括仓库布局、物流设备使用、作业流程、信息化水平等。

识别存在的问题，如仓库空间利用不均、物流设备效率低下、作业流程烦琐、信息化系统不完善等。

2. 技术与策略分析（关联任务二）：

分析智慧物流园区的关键技术，如自动化立体仓库、AGV无人搬运车、物联网技术、大数据分析等，并评估其在现有服务中的应用情况。

探讨优化策略，如智能路径规划、动态库存管理、能源管理系统等，分析其在提升物流效率和降低成本中的潜在效果。

3. 优化建议（关联任务三）：

基于现状分析和技术策略分析，提出具体的规划设计优化措施，如重新规划仓库布局、引入自动化物流设备、优化作业流程、升级信息化系统等。

讨论这些建议如何帮助提升物流园区的整体运营效率，减少能源消耗，提高物流服务质量，并为可持续发展做出贡献。

任务一　了解智慧物流应用场景

知识链接

知识点1：智慧物流应用场景认知

随着5G技术、物联网、大数据、云计算、数字孪生、人工智能等先进技术的高速发展，世界经济步入智慧经济时代。新技术以及新经济形态的迅猛发展，对物流业的发展提出新的挑战，同时伴随着新零售行业、智能制造业等行业对物流行业提出新的更高的要求，传统的物流模式已经无法跟上技术和经济发展的步伐。同时用户需求也逐渐朝着个性化的方向发展，传统的物流模式也已无法满足用户个性化的需求。这些原因迫使物流企业进行物流行业商业模式的深度变革，将新一代的信息技术与物流行业进行全面融合，朝着智能化、个性化的方向发展，这样才能满足经济社会发展的需要和用户的个性化需求，于是智慧物流模式应运而生。

传统的物流模式主要靠人工管理仓库和运输环节，其模式特点就是信息滞后、效率低下，只能凭借经验来决策。在智慧物流应用模式下，通过智能硬件、物联网、大数据等智慧化技术与手段，提高物流系统分析决策和智能执行的能力，提升整个物流系统的智能化、自动化水平。

智慧物流的应用能够实现物流各环节精细化、动态化、可视化管理，提高物流系统智能化分析决策和自动化操作执行能力，提升物流运作效率，助力物流企业数字化转型。

知识点2：智慧物流应用场景分类

1. 工业生产物流与商品配送物流

根据业务性质，智慧物流主要应用于两大领域：工业生产物流和商业配送物流。其中，工业生产物流服务于生产，对工厂内部的原材料、半成品、成品及零部件等进行存储和输送，侧重物流与生产的对接；商业配送物流则为商品流通提供存储、分拣、配送服务，使商品能够及时到达指定地点，侧重连接工厂、贸易商和消费者。

2. 传统作业环节中的智慧物流

根据物流环节，智慧物流主要应用于仓储、运输、配送等各个环节。其中，在智慧仓储中，人工智能技术可以通过机器人、AGV等自动化设备实现对仓库内货物的智能化处理和自动化作业，可以通过控制机器人和AGV等设备的行动，实现货物的智能化搬运、码垛、拣选等作业，提高仓储效率；在智慧运输中的应用主要包括路线规划和配送计划的自动化和智能化控制、车辆状态的实时监测和预测等方面，在路线规划和配送计划方面，可以通过算法模型实现对物流系统的自动化优化，可以通过大数据分析和算法模型，实时获取路况、交通状态、订单信息等多维数据，并结合运输规则、车辆资源等限制条件，实现最优路线规划和配送计划的智能化决策；在智慧配送中能够对整个物流配送过程进行管理和调控，通过智慧算法和大数据技术来分析对比多条运输线路和运输方式的成本、时间、效率等，从而实现对货物和商品配送路线的优化与调度，进一步提高物流配送的效率，使消费者能够在更短时间内收到货物或商品，提升货物或商品配送的精准性，有效降低物流配送成本。

知识点3：智慧物流应用场景发展

1. 智慧仓储应用场景

物流仓储作为物流行业的关键环节之一，面临着碎片化仓储利用率低、多仓联合管理困难、高标准仓占比少、商品分拣准确率低等问题。为提升仓储效率，解决仓储瓶颈问题，需要加强数字物流基础设施建设，使仓储管理朝着自动化、智能化方向发展。

视频：海外博主看中国，智慧物流跑出"中国速度"

> **案例：京东亚洲一号物流中心**
>
> 亚洲一号是京东为电子商务业务所建设的自动化程度较高的智能物流运营中心，一般拥有立体仓库、生产作业区、多层拣货区以及出货分拣区等不同功能区。亚洲一号的核心在于运用人工智能技术实现系统的智能决策。2014年，京东在上海建立的亚洲一号，作为全国第一座亚洲一号仓库正式投入运营。随后该项目在全国多所城市投入建设，截至2018年，京东在全国范围内已经拥有14个亚洲一号仓库。并非所有的亚洲一号都是全程无人化操作的，根据自动化程度的不同，可以分为高度自动化、适度自动化、普通园区三个类别。亚洲一号汇聚了控制算法、工业设计、机械设计、电气工程等方面的创新型技术，使用的智能化装备包括AGV机器人、Delta拣选机器人、智能穿梭车、智能叉车、交叉皮带分拣线等智能物流

机器人。同时，通过使用人工智能、大数据、图像识别、深度学习等信息技术赋予传统机器人自主的判断能力，使其能够适应不同场景下的各种任务，也能解决机器人之间协调配合的问题图7-1所示的是京东物流广州亚洲一号。

图7-1 京东物流广州亚洲一号

亚洲一号首先使用自动存取系统（AS/RS系统），将到达的货物存放入立体仓库，提高了入库的效率。收到顾客的订单之后，由自动化设备拣选出对应的货物，再将之放置于传送带，运送到生产作业区进行复核打包，在一些自动化程度高的园区会使用打包机器人在出货区进行打包工作。以上就是京东亚洲一号无人仓实施货到人拣选的流程，各环节使用机器设备代替人力劳动，提高了分拣效率。完成打包工作的货物通过自动化输送系统流出分拣区，最终装上货车。同时，亚洲一号仓库内实行的多项作业策略也大大提升了作业的效率：分区混编作业策略，在固定区域内针对各项任务进行人员灵活调度，减少了人员移动的距离；基于托盘的流向管理策略，使人员扫描托盘即可知晓任务的流向，自动分配任务，提升调度质量与速度；主动补货策略，即当低于安全库存量时自动触发紧急移库，空托盘转移后自动触发补货指令，实现主动补货。

2. 智慧运输应用场景

除物流仓储外，物流运输也是物流产业链中不可或缺的重要环节，物流的运输效率直接决定了整个物流的成本。智慧物流能够推动车联网和自动驾驶技术的发展，提升智能交通系统的运行效率，降低运输过程中对人的依赖，进一步完善物流运输模式，优化配送路径。

在物流领域，车联网已成为智慧物流的刚需，也是5G技术在物流领域的重要赋能方向。车联网，顾名思义就是以车内网、车际网和车载移动互联网等为基础，融合智能感知传感器和设备识别技术,采集车辆和车外环境之间产生的交互信息,实时上传云服务器,利用数据挖掘技术、大数据分析技术等对数据进行分析,将分析后的数据传送给运输车辆,实现运输车辆和交通流量的远程控制,图7-2所示的即为智慧运输车辆。其中,5G技术应用于物流运输车辆、物流应用服务及远程运控中心间的信息交互和通信,信息终端主要负责采集路况信息、车辆状况信息等数据,发送信息,接受指令,最终通过对周围车辆间距离的自动化监测感知车流量,规划车辆最佳行驶路线。

图7-2 智慧运输车辆

3. 智慧配送应用场景

物流配送环节是传统物流运输的最后一个环节,伴随着互联网和移动互联网的发展,物流配送与互联网电商的关系越来越密切。

> **案例:京东无人配送**
>
> 京东最早于2016年成立JDX部门,开展无人机研发。目前,京东已完成无人机飞行控制调度中心、飞行服务中心、研发中心、制造中心等一系列配套技术与设施的落地。无人机作为京东智慧物流体系中的重要组成部分,主要承担的责任是打造"干线-支线-末端"三级智慧物流航空体系。第一级是干线的无人配送,主要通过大型无人机实现区域之间仓到仓的物流调拨。第二级是支线的无人配送,完成的是配送中心之间小批量转运。最后一级是末端无人化配送,由小型无人机将货物派送至乡村推广员处,再由乡村推广员完成最后的配送。目前,京东物流的高成本支出在于末端配送的快递员人工支出。特别是一些交通条件不便的偏远乡村,长期存在物流效率低、经济效益差的现象。将无人机配送运用于乡村末端物流配送,可以很好地解决"乡村最后一公里"的物流配送问题。京东目前使用的无人机种类分别为垂直起降无人机和多旋翼无人机。前者具有更强的避障和抗风等环境适应能力,同时具备航时长、航程远的优势;后者的机身重量更加轻盈,比前者的飞行速度更快,适合最后一级的末端配送。目前,京东还在开发续航时间更长、承载货物量更大、能够适应复杂山地环境的新型无人机。

4. 智慧供应链应用场景

与传统供应链相比，智慧供应链可以实现供应链中信息流、物流、资金流的无缝对接，提高企业内外部的运行效率，具备六大明显特征：技术渗透性更强、可视化更强、信息集成性更强、可延展性更强、协作性更强、敏捷性更强。

以京东智慧供应链为例，其主要有三个要点：第一，以顾客为中心；第二，建立数字化供应链；第三，实现敏捷化供应链。首先，为了应对消费者不断变化的需求，京东依托大数据技术，借助线上销售平台汇聚的大量数据，整合供应链上下游企业物流能力以及信息流，不仅达到了供应链智慧协同的效果，也更好地响应了持续变化的顾客需求。其次，区块链技术是实现数字化供应链的底层技术，京东使用区块链技术，与供应商之间建立起联盟网络，将供应商的仓库信息与自己的物流信息绑定在一起，消费者可以通过手机 App 查询以上信息，这就实现了货物的溯源。最后，敏捷化供应链是指可通过多渠道实时获取并最大化利用数据，敏捷感知与识别客户需求，并通过与外部合作伙伴之间的高效协同，实现快速响应，以提升企业效率与业绩。

> **物流人风采栏目**
>
> **訾胤——海航货运董事长**
>
> 在 2022 年疫情的严峻挑战下，海航货运董事长訾胤迅速响应国内外运输需求，紧急调配了 25 架宽体客机，全力推动"客改货"国际业务，这一举措不仅有效缓解了航空货运运力紧张的局面，更为维护国家产业链和供应链的稳定做出了显著贡献。他的领导和决策使得公司在逆境中实现了突破性发展，在 2023 年前三季度，公司境内航司货邮运输量达到了 43.6 万吨，同比增长了 27.6%。这一成绩在行业内引起了广泛关注和赞誉，使他获评"2023 中国物流十大年度人物"。

任务二　认知应急物流

知识链接

知识点 1：应急物流认知

1. 应急物流定义

应急物流是指为应对严重自然灾害、突发性公共卫生事件、公共安全事件及军事冲突等突发事件而对物资、人员、资金的需求进行紧急保障的一种特殊物流活动。应急物流的目标是追求时间效益最大化和灾害损失及不利影响最小化，通过现代信息和管理技术整合采购、运输、储存、储备、装卸、搬运、包装、流通加工、分拨、配送、信息处理等各种功能活动，对各类突发性公共事件所需的应急物资实施从起始地向目的地的高效率流通的计划、组织、实施和控制过程。

2. 应急物流存在的意义

应急物流的产生源于突发性自然灾害、公共安全事件、突发性公共卫生事件及军事冲突等突发事件的发生。这些事件难以预测和预报，即使可以预报，由于预报时间与发生时间相隔太短，应对的物资、人员、资金难以实现其时间效应和空间效应。例如，唐山大地震、美国"9·11"事件、"SARS"、"禽流感"、"新型冠状病毒感染疫情"以及近年频发的矿难等，都暴露出现有应急机制、法律法规、物资准备等多方面的不足。因此，为了应对这些突发事件，对应急物流的内涵、规律、机制、实现途径等进行研究，构建完善的应急物流体系是十分必要的。

3. 应急物流的特点

①突发性：应急物流活动是由突发事件引发的，其发生的时间、地点和影响范围等具有极大的不确定性。

②弱经济性：与一般物流活动追求经济效益最大化不同，应急物流更注重社会效益，具有弱经济性的特点。

③需求多样性：应急物流的需求往往涉及各种类型的物资，从救灾专用设备、医疗设备、通信设备到生活用品等都有涉及。

④强时效性：应急物流要求快速响应，对应急物资的配送时效要求极高。

⑤事后选择性：应急物流的配送目的地和配送方式等在事前往往难以确定，具有事后选择性的特点。

⑥不均衡性：应急物流的物资需求量在事件发生后可能会突然增大，导致物资需求的不均衡。

⑦紧迫性：应急物流活动通常需要在极短的时间内完成，具有紧迫性。

社会责任栏目

运输多批救援物资　地震后配送不间断　京东物流多举措驰援灾区

2023年12月19日甘肃积石山发生6.2级地震，在一周左右的时间内，京东物流紧急承运来自京东捐赠灾区的多批救援物资，于19日下午第一时间运抵地震灾区，同时京东物流承运的数十批救灾物资也平稳有序抵达灾区。此外，在甘肃积石山县、青海民和县，当地京东快递员克服自身困难，正常上岗，保障当地网购需求的通畅。

地震发生后，京东物流已承运数十批来自企业、公益基金会、爱心人士等社会各界捐赠的物资，包括：从兰州到积石山县的食品、取暖设备；从西宁运输到民和县的热水瓶、电热毯、保暖内衣等；从西安出发抵达积石山县的羽绒服；从西安运输到青海省海东市民和县的约1 000个"小太阳"取暖器和折叠床；从武汉运输到积石山县的棉衣、电热毯、棉被；从常熟分批运输的3 000余箱羽绒服……其中不少爱心网友也通过京东快递为青海和甘肃地震灾区邮寄爱心物资，12月20日7点，京东物流承运客户捐助物资抵达甘肃积石山县，12月22日，京东物流承运捐赠物资抵达青海省海东市民和县，及时为受灾地区运输救援物资，如

图 7-3、图 7-4 所示。为保障长途运输安全,京东物流为所有的专车均配备两名司机,提前准备行车途中相关物资装备,确保司机安全驾驶,平安抵达。

图 7-3 京东物流承运捐助物资抵达甘肃积石山县

图 7-4 京东物流承运捐助物资抵达青海省海东市民和县

除积极承运各界救援物资外,京东物流也通过调配人手、增加运力资源,保障灾区快递的正常运营与配送。在积石山县,为第一时间将当地客户网购商品送到,地震发生后,京东物流甘肃省公司在周边县市抽调近 10 名快递人员、城配司机支援积石山营业部,保障京东快递员送货从未间断,全力守护灾区群众网购和寄递需求。地震发生后,京东快递临夏积石山营业部、京东快递海东民和营业部正常营业,京东小哥持续配送包裹,如图7-5、图7-6所示。

图7-5 京东临夏积石山营业部正常营业,京东小哥配送包裹中

图7-6 京东海东民和营业部正常营业,京东小哥配送包裹中

> "捐助物资当天到",在这高效、安全的运输背后,是京东物流建立在一体化供应链基础上的应急救援体系在发挥作用。灾害发生时,京东物流通过遍布全国的超 1 600 个仓库和自营运输系统,可紧急协调距离灾区最近的仓库调配应急物资,后续京东物流也将发挥全球领先的一体化供应链优势,为社会抗震救灾持续贡献力量。

4. 应急物流的分类

(1) 根据突发应急事件所发生的领域划分

可分为自然灾害类应急物流、人为事故灾难类应急物流和公共卫生重大疫情类应急物流。自然灾害类应急物流主要是指应对由地震、海啸、泥石流等地质灾害,暴雨暴雪、沙尘暴、高温、台风洪涝灾害等自然气象灾害为主而发生的救灾行动中的应急物资运输过程;人为事故灾难类应急物流主要指发生在各工商贸易企业的安全事故、厂生产事故、大型交通安全事故以及恐怖主义袭击、突发涉外安全事故等危害公共安全的事件而产生的应急物流,例如 2018 年 "8·12" 天津滨海特大爆炸事故;公共卫生重大疫情类应急物流是指应对各种传染性疫情,如 "非典"、禽流感等以医疗设备、医疗物资为主要运输对象的应急物流。

(2) 根据应急管理事件的预测性划分

可分为可预测和不可预测两种应急物流。突发事件的可否预测性,对于应急物流系统的构建、方案的选取具有举足轻重的影响。针对那些数据通信顺畅、可预测的突发应急事件,可以预先将待运送物资准备齐全以应对突发事件,这是不可预测应急物流无法实现的。但是,对于事件发生后的反应速度要求,无论突发事件是否可预测,都需要迅速响应,使损失降到最低。

(3) 根据突发应急管理事件的影响和危害大小划分

可分为特别重大事故应急物流、重大事故应急物流、较大事故应急物流和一般事故应急物流。根据突发事件的等级可以制定不同类型的应急物流,这样有利于合理的管控应急物流的运输规模和运输力度,使其可以在减少损失的大前提下尽可能地减少应急物流的成本。

知识点 2:应急物流现状及发展趋势

1. 应急物流现状

随着全球自然灾害和公共安全事件的频繁发生,应急物流逐渐受到重视。各国政府和企业都在加强对应急物流的投入和建设,提高应对突发事件的能力。当前,我国应急物流网络在很多地区已经建立,但整体上仍存在诸多问题。

(1) 信息整合与共享不足

在应对突发事件时,信息的及时获取和整合至关重要。然而,目前各部门之间的信息共享程度有限,导致应急物流的协调和响应速度受到制约。

(2) 基础设施建设不足

一些地区的应急物流基础设施建设相对滞后,如交通网络、仓储设施等,这影响了应急物资的快速运输和有效分发。

(3) 专业化程度低

我国应急物流缺乏专业的应急物流人才和成熟的应急物流方案,专业化水平有待提高。

(4) 预案的可操作性不强

虽然各级政府和企业都制定了应急预案,但很多预案的可操作性不强,缺乏实际演练和经验总结,导致预案在应对突发事件时效果不佳。

(5) 资源储备与调配能力有限

目前,我国的应急物资储备体系尚不健全,储备的物资品种和数量不足,同时物资的调配能力也有限,这制约了应急物流的快速响应。

(6) 物流技术应用不足

先进的物流技术在应急物流中应用不足,如物联网、大数据、人工智能等技术的应用还不够广泛,制约了应急物流的效率和准确性。

2. 应急物流的发展趋势

随着人工智能、物联网、5G 网络、大数据等技术的发展,智慧物流将逐渐取代传统物流方式,实现高效的人员及物资的调配,迅速完成物资的送达任务。这可以有效弥补突发事件发生时出现的各种调配任务的短板,提高应急物流的效率和准确性。

(1) 智能化和信息化

随着大数据、人工智能等技术的广泛应用,应急物流将更加数字化和智能化。通过数据分析和人工智能技术,可以更好地预测和应对突发事件,提前做好应急准备。大数据技术可以对大量的应急数据进行挖掘和分析,为决策提供有力支持。同时,信息技术在应急物流中的应用逐渐普及,通过信息化手段,可以实现对应急物资的实时监控和调度,提高物流效率和响应速度。此外,无人机、无人车等智能设备也逐渐应用于应急物流领域,提高了应急物资的配送效率和准确性。

(2) 多元化和协同化

面对各种复杂的突发事件,应急物流需要多元化和协同化的运作方式。多元化意味着需要整合各种资源,包括人力、物资、设备等。而协同化则要求各方加强合作,实现信息共享和资源整合,提高整体应对能力。

(3) 专业化和标准化

随着应急物流的发展,专业化和标准化将成为必然趋势。专业化可以提高应急物流的服务水平和效率,而标准化则可以确保各个操作环节的规范性和一致性,提高整个行业的运行效率。

(4) 绿色化和可持续发展

随着环保意识的提高,应急物流将更加注重绿色化和可持续发展。在应急物资的运输、储存和处理过程中,将更加注重环保和资源节约,减少对环境的负面影响。

(5) 高度关注人文关怀

在应对突发事件时,应急物流不仅要关注物资的运输和配送,还要高度关注人文关怀。这包括保障受影响人群的基本生活需求、提供心理支持等方面。通过人文关怀,可以更好地满足受影响人群的需求,增强应急响应的效果。

（6）加强国际合作

在全球化背景下，各种突发事件往往超越国界，需要各国加强合作。因此，应急物流将更加注重国际合作，共同应对全球性挑战。

随着技术的进步和社会需求的变化，应急物流将通过更加智能化、自动化、信息化的手段，朝着更加"高效、快速、准确"的方向发展，为应对突发事件提供更加高效和可靠的保障。

案例：推进应急物流智能化　京东物流牵头此重大项目

知识点3：应急物流的应用发展与创新

1. 应急物流的应用

应急物流的应用通常是在非常紧急的情况下，需要在短时间内对大量物资进行快速、准确地调配，以满足应急需求，主要体现在以下几个方面。

（1）救援物资的快速调配

在自然灾害、事故灾难等突发事件发生后，应急物流系统需要快速响应，将救援物资及时送达受灾地区。这需要物流企业具备高效的物流配送网络和先进的物流技术，以确保物资能够快速、准确地送达目的地。

（2）医疗物资的保障

在公共卫生事件发生后，医疗物资的保障成为关键。应急物流需要将医疗物资、药品等快速送达医疗机构，确保医疗系统的正常运转。

社会责任栏目

火力支援医疗物资，温情助力民生用品

2022年4月6日，京东工业品收到了中铁建工集团一项紧急采购需求，需要在72小时内提供9万件床位及台灯、保温壶、垃圾桶等配套生活用品，这些物资必须如期配送到国家会展中心（上海）方舱医院，以确保方舱医院能够如期投入使用。短时间内这么大的需求量，难度极大。京东迅速从附近的江苏、浙江、安徽、湖北等地调配货源，同时调度了69辆大型卡车，从各地的京东仓库运往上海。

"抗疫物资十万火急，我们协同作战，争取最短的时间供货到位"，作为京东一名负责企业业务的客户经理，刘翔那几天跟着物流运输一样停不下来，"崇明区的项目接到需求后仅用3个小时，凌晨5点送达；临港新区的需求是中午接到，当天下午5点前送达；嘉定项目凌晨3点送达"。

在社区封控期间，上海市居民通过线上订单的民生类物资激增。仅4月9日之后的一周时间里，京东就通过上海本地仓储累计为140多万家庭提供了近4000吨粮油肉奶等民生物资。然而，这远远不够。

从4月14日开始，京东每天开始从全国各地调配紧缺药品和民生物资，通过包机航班、全货机运抵上海。除了空运之外，从广州发出的海运专线，以及从广

> 州、武汉、成都等地发运的铁路集装箱,都满载着米面粮油等生活物资运往上海。截至5月底,京东物流累计为上海运送包括米面粮油、药品、母婴用品等在内的物资超过15万吨。

（3）救援人员的运输

在应急救援中,救援人员的及时到达也是非常重要的。应急物流需要协调航空、铁路、公路等多种运输方式,确保救援人员能够及时到达受灾地区,展开救援工作。

（4）资金的快速流动

在应对突发事件时,资金的快速流动也非常关键。应急物流需要协调金融机构,确保救援资金能够及时到账,为救援工作提供资金支持。

2. 应急物流的创新发展

当前应急物流的发展水平正在不断提高,政策环境、市场环境和技术应用水平等因素共同推动行业快速发展,但同时也面临一些挑战。为了更好地适应市场需求和社会发展需要,应急物流行业还需要不断创新提升。应急物流的创新发展需要从技术、模式、组织和政策等方面入手,加强其标准化和规范化建设,提高整个行业的水平,为应对突发事件提供更好的支持和保障。

案例:利用"细而全"的大数据,承托"快而准"的应急管理

（1）技术创新

应急物流的发展离不开技术的进步。如物联网、大数据、人工智能等技术的应用,可以实现物资的实时监控、需求的预测和智能调度,提高应急物流的效率和准确性。

（2）模式创新

传统的应急物流模式通常是在灾后进行大规模的物资调配和运输,而现在越来越多的地区开始探索建立常态化的应急物流体系,通过建立健全的应急物流网络和配送体系,提高应对突发事件的能力。

案例:"借鸡生蛋"实现"三赢"——广西建立应急物资紧急采购

（3）组织创新

应急物流的组织需要更加灵活和高效。例如,通过建立应急物流联盟或虚拟物流中心等组织形式,可以实现资源的共享和协同,提高组织效率和应对能力。

（4）政策创新

政府在应急物流的发展中起着重要的作用。政府可以出台相关政策,鼓励和支持企业、社会组织等参与应急物流的建设和发展,同时也可以加强应急物流的标准化和规范化建设,提高整个行业的水平。

> **政策解读栏目**
>
> ### 《"十四五"现代物流发展规划》
>
> 该规划是中国物流业未来五年发展的蓝图,它强调了现代物流体系建设的重要性。规划提出了加快物流数字化转型,推动物流智慧化改造以及促进物流网络化升级等关键任务。政策旨在通过提升物流服务效率和质量,支持国家经济高质量发展。规划还提出了加强国际物流合作,推动中国物流企业"走出去",参与国际竞争与合作,提升中国在全球物流体系中的地位。

任务三 认知智能生产物流

知识链接

知识点1:智能生产物流认知

受"工业4.0""中国制造2025"等智能制造概念的影响,不仅制造业的生产流程与产出形式发生了巨大的改变,而且重新定义了供应链物流的方式。传统制造业的革命将引发流通革命,制造业与物流业将以深度融合的方向进行发展。智慧物流作为"工业4.0"三大主题之一,是为另两大主题"智能工厂""智能生产"所服务的,即智能生产物流。图7-7所示的是"工业4.0"下的智能物流。

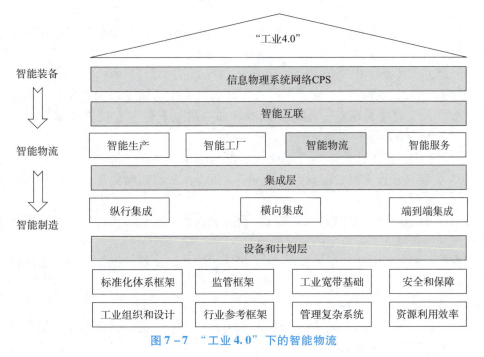

图7-7 "工业4.0"下的智能物流

智能工厂中的智能生产物流可以看成是传统工业工程中物料搬运的升级，结合精益思想的应用，在其基础上更加数字化、网络化、系统化、柔性化，实现了物料在生产工序间流转，支持智能制造系统高效运行，因此，智能生产物流是实现智能制造的核心与关键。智能生产物流具体可认为是智能制造企业在智能生产车间中，通过 AGV（自动导引车）、传送设备、升降机、通信设备和计算机控制系统等技术，根据生产计划在生产作业时，按照生产工艺进行原辅料的配送，部件或半成品在不同的加工点转运，成品从生产线到仓库出入库等作业活动立体化、动态化的全过程。

知识点 2：智能生产物流应用

智能工厂中通常包括原料（辅料）存储区、生产制造（装配）车间和成品存储区，智能生产物流则是借助数字化信息手段以及智能设施设备，实现由原料存储区运输原料到生产车间，并按照生产工序加入生产车间进行生产加工，最终成品由生产车间运输至成品存储区存储的智能生产全过程。

视频：推进企业智能生产，赋能高质量发展

1. 智能生产物流流程

（1）原料入库及生产流程

①外地原料运输进厂后，通过与运输车接驳的输送链条实现接驳。

②机械臂抓取原料箱并读取 RFID 信息进行校验，RFID 信息正常时调度 AGV 将进行原料运输入库任务，否则将该原料箱运输至 RFID 异常处理区，由入库异常处理工人处理后，系统调度 AGV 将该原料箱运输入库。

③若原料入库时需要进行抽检，则由 AGV 运输待抽检原料至抽检处进行抽检。完成取样抽检的原料箱由系统调度 AGV 进行入库运输。

④原料入库后将近期没有生产计划的原料从一楼存储区移动运输至二楼存储区，为后续入库原料腾出存储空间。

⑤原料入库后有生产任务时，系统调度 AGV 将原料存储区中的原料箱运输至生产车间原料生产工位，经由机械臂开箱后进行生产加工。

（2）辅料入库及生产流程

①外地辅料运输进厂后，通过人工叉车将辅料入库运输至辅料仓库。入库前由入库工人核对入库的辅料信息，核对完成后将辅料信息上传至仓储管理系统中，再由 AGV 运送至辅料仓库辅料存储区暂存，等待配盘。

②配盘工人根据下达的生产计划生成的配盘清单，发送辅料出库配盘指令，系统调度 AGV 将辅料运输至辅料配盘区进行配盘。配盘工人将运输到配盘工作台的辅料根据配盘方案进行人工配盘。

③调度系统根据生产计划，调度 AGV 将配完盘的标准盘辅料通过物流走廊运输至智能车间辅料存储区，等待生产调度使用。

④有生产需要时由调度系统调度 AGV 运输智能车间辅料存储区辅料出库至辅料加工台进行生产。

（3）成品入库及出库流程

①原料加工线生产出半成品后，通过 AGV 在生产线上进行转运操作，结合辅料加工线将半成品打包封装为成品。

②成品通过机械臂进行装箱，并由工人进行信息录入操作，完成后由调度系统调度 AGV 执行成品入库运输任务。

③当有成品出库任务时，调度系统调度 AGV 从指定的货位中取出成品箱，运输至成品出库工位，通过机械臂读取成品箱上 RFID 标签验证出库的成品信息，出库信息正确时成品由机械臂移入成品输送系统，若出库信息错误或异常，机械臂将对应成品移至异常处理工位，并通过调度系统运输至异常处理区，进行人工处理。

④根据成品出库计划出库完成后，由人工叉车将成品箱装车并运输出智能工厂。

2. 智能生产物流系统组成与应用

智能生产物流系统能够将生产线每一个原材料与产品的信息立刻传回到库房，信息网络把所有的生产物流和生产能力进行统筹，根据每天的生产计划确定物料需求和物料消耗情况，以及生产能力分布情况，对包装物流进行调度，实现零库存以及全过程高度智能化（信息收集智能化、仓储管理智能化、物料配送智能化、计划协同智能化、智能决策等）。在这些环节中，智能单元化物流技术、智能物流装备、物联网技术以及智能物流信息系统是打造智能物流的核心元素。

（1）智能单元化物流技术

单元化物流根据集装器具可分为：集装箱单元化物流、托盘单元化物流和周转箱单元化物流。在现代智能单元化物流技术中，单元器具不仅是物料的载体，也是信息流的载体。智能单元化物流的功能，是将原来分立的物流各环节有效地联合为一个整体，使整个物流系统实现合理化。

（2）智能物流装备

结合射频识别（RFID）、光电感应、红外感应器、超声波感应、激光扫描器、机械视觉识别等技术和装备，按约定的协议，将它们加载到物流装备上（如搬运装卸、输送、分拣、货架等设备），并且通过数据共享让它们自主决策。

（3）物联网技术

设备和设备之间直接的信息交换需要以物联网作为载体，物联网满足了智能物流网络化的需求，同时也是实现全流程数字化的关键。这个的技术很好地契合了智能物流的要求，实现各智能物流单元和智能物流装备之间低层面的相互交流和决策，真正实现了一个密集网状连接，提高信息交换效率及准确性。

（4）智能物流信息系统

智能物流信息系统将所有的数据信息存在云端，通过制定的协议和规则进行数据的共享和处理，以及在使用过程中保证数据的安全性和准确性，使整个智能物流系统正常运作。依托互联网、人工智能、大数据等技术，智能物流信息系统可以实现网络全透明与离散式实时控制，实现"工业 4.0"和智能制造的技术对接。

案例：中车株机领先的智能生产物流系统

作为中国最大的电力机车研制基地，中车株洲电力机车有限公司早在 2015 年开始打造现代化智能物流系统。随着中车株机业务种类及规模的不断拓展以及"中国制造 2025"战略的逐步推进，信息化、自动化、智能化技术的应用不断推动装备制造业升级改造,通过对自动化仓库系统整体规划、生产车间智能物流规划优化,从而达到率先在该行业实现"工业4.0"智能生产物流实际运用的目标。中车株机智能生产物流系统主要组成模块如下。

1. 智能物流包装器具方案

物流包装规范化、标准化是实现物流自动化、信息化的基础。根据零部件分类建立标准化的物流包装体系,并与转运工具相配合,为齐套化、节拍化、自动化配送奠定了基础。

中车株机的智能物流整体包装器具规划以"小批量包装,多频次供货,高质量的精益物流"为理念,以标准化的包装体系为基础,为智能物流项目配备或设计合适的标准数量的料箱和器具。基于德国 VDA 标准将总体物料归入三类:KLT(小件)、GLT(大件)、SLT(特殊件),如图7-8所示。

KLT通用标准料箱

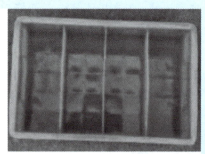

KLT分隔断标准料箱

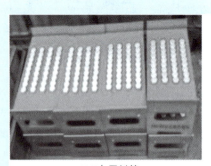

KLT专用料箱

GLT周转筐

SLT专用器具

SLT专用器具

图7-8 中车株机标准化包装器具

2. 智能物流信息采集系统

智能物流对实物流与信息流要求高度一致。中车株机通过采用全过程二维码及立体库托盘 RFID 技术，实现物料流转过程中大量数据的高效实时自动采集与监控，通过手持终端及 RFID 读写器，获取入库、检验、出库、仓位、包装、装卸搬运、工位配送运输和自制件加工流转各个环节的大量信息，并进行数据捆绑，通过系统能够准确掌握物料、配送工装和仓库的即时信息。

3. 智能物流 IT 系统

在智能物流 IT 系统实施之前，中车株机工厂信息系统使用 EAS 系统集成各业务的模式进行业务运作，资源共享模块多，速度慢，以结果为导向的 EAS 系统中的仓储管理模块及生产执行模块已经不能满足物流管理精细化的要求。规划后的智能物流 IT 系统包括：WMS、MES、IWMS 和 SRM。

仓库管理系统 WMS 应用于仓储配送库、发运库、备品备件库、成品库及材辅料库的仓储管理作业，根据业务需求定制系统业务支持功能。

自动化立体库管理系统 IWMS 与公司 WMS 系统对接，完成立体库物料需求信息上传，及 WMS 系统物料配送信息传递等。

生产管理系统 MES 与 EAS 系统对接，完成项目计划接收，生成物料需求计划、生产计划、异常信息的上传；与 WMS 系统对接，完成物料需求计划、立体库物料配送计划、异常信息等数据的传递；与 AGV 系统对接，完成配送指令的传递，对 AGV 进行统一调度与管理，保证产线物料供应；与产线设备对接，完成生产指令及设备状态数据的传递，对整个生产设备进行控制，保证物料需求信息实时传递库房；与叉车终端设备对接，完成搬运、配送指令及设备状态数据的传递，对行车及叉车进行统一调度与管理，保证上线物料及时下料到指定工位。

供应商关系管理系统 SRM 是面向供应链前端，用来改善主机厂与其上游供应商关系的系统，旨在改变主机厂传统的供应商管理模式，建立双方合作共赢的战略伙伴关系，并通过信息手段控制优化双方之间的信息流、物流和资金流。

4. 智能仓储与配送系统

中车株机转向架事业部新扩建厂房，引入了自动化立体库与 AGV 系统，实现了智能仓储与配送。

新厂房中的自动化立体库共六层，四排货架，两个巷道，配备两台堆垛机。货架单元采用三种不同规格混合布局（1 300 mm、2 100 mm、2 700 mm），两个巷道物料均匀分布。在自动化立体库货架东侧，还设置了 6 200×2 500 mm 空托盘自动化输送线。

自动化立体库中心监控室可实时显示任意一路或多路监控点的影音信息；可对任一路摄像机的显示效果、录像速度进行设置，以达到最佳效果；并且还可对某一路或某几路重要监控点的图像进行多种模式的存储录像以及任意控制前端云台和摄像机镜头，选取最佳角度和距离监测现场情况；同时具有强大完善的报警联动功能。

> 叉车型 AGV 自动配送系统由 AGV 系统、MES 系统、WMS 系统控制，能及时响应生产计划及物料库存等因素的变化，自动化程度高，灵活性强。IWMS 系统接收 MES 系统的实时生产需求，由立体库 AGV 控制系统，组织调度 AGV，将组盘后的工位物料，按时、按量、准确地配送到线边工位。工序间物料转运由 MES 系统根据工序物料加工状态，调度空闲 AGV，完成工序间物料配送。
>
> **5. 智能物流仿真**
>
> 物流仿真是针对物流系统进行系统建模，并在电子计算机上编制相应应用程序，模拟实际物流系统运行状况，并统计和分析模拟结果，用以指导实际物流系统的规划设计与运作管理。通过模拟仿真物料配送过程，以及在自动化立体库区的自动存取、进出入库、设备运作等，观察不同条件下的物料配送状态与立体库运作状态，为决策者提供超前方案优化和决策依据，例如物流路径优化、库存结构调整、仓储设备及人员方案等。
>
> 未来，中车株机厂区的智能化物流方案将以"数字化工厂建设信息化需求（工业4.0）"为目标，以"工厂现有 IT 系统运营"为基础，以"建立完善的物流 IT 基础支撑平台、确保各业务系统实现高效、持续的运转"为核心，进行分析和规划。

知识点3：智能生产物流发展与创新

从智能生产物流发展进程来看，主要可分为机械化阶段、自动化阶段、高柔性自动化阶段、智能化阶段，如图7-9所示。

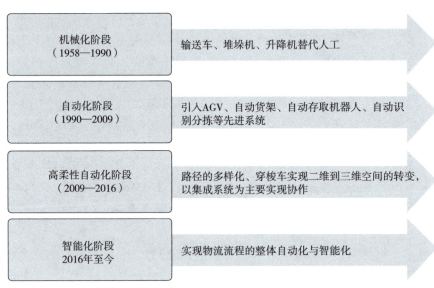

图7-9 智能生产物流发展进程

1. 机械化阶段

以输送车、堆垛机、升降机逐步替代人工。叉车是这一阶段的典型代表，它实现了作业的机械化，大大提高了搬运和装卸效率，减轻了工人的工作强度。

2. 自动化阶段

在机械仓储的基础上引入 AGV、自动货架、自动存取机器人、自动识别分拣等先进系统。这一阶段出现了早期的 AGV 搬运系统，其导引技术是靠感应埋在地下的导线产生的电磁频率，使 AGV 沿着预定路径行驶。由于路径相对固定，AGV 小车不具备自动避障能力，控制系统单一。

3. 高柔性自动化阶段

AGV 的导航方式更迭带来路径的多样化，穿梭车实现二维到三维空间的转变，以集成系统为主实现协作。这一阶段的 AGV 在新的导航方式（激光导航、惯性导航、GPS 导航等）引领下路径更加多样化，控制系统也可以做到简单路径优化和规避。智能穿梭车的出行，使 AGV 小车开始从二维平面运动拓展到三维空间，使立库存储成为现实，大大提高了仓库的空间利用率，同时车辆控制系统可以与仓储管理系统无缝衔接，实现出入库的自动化，降低了人工成本，提升了物流运作效率。

4. 智能化阶段

利用智能化设备和软件实现物流流程的整体自动化与智能化。这个阶段物流发展不再局限于存储、搬运、分拣等单一作业环节的自动化，而是大量应用 RFID、机器人、AGV 以及 MES、WMS 等智能化设备与软件，实现整个物流流程的整体自动化与智能化。这个时期的物流系统融入了大量人工智能技术、自动化技术、信息技术，例如，大数据、数字化等相关技术，不仅将企业物流过程中装卸、存储、包装、运输等诸环节集合成一体化系统，还将生产工艺与智能物流高度衔接，实现了整个智能工厂的物流与生产高度融合。

从全球看，智能生产物流的发展是社会生产和科研技术发展的结果。目前，欧洲、日本和美国的智能生产物流系统在全球占据领先地位，我国智能生产物流系统行业起步较晚，仍存在一定差距。但在近年"中国制造 2025"全面推进的背景下，产业转型升级同样需要物流自动化、智能化技术的支持，智能生产物流在我国还有很大的发展空间。无论是智能生产物流产业链上游的智能物流装备行业和物流软件行业（分别提供物流硬件装备和相应的物流信息软件系统用于生产装配），还是中游的智能物流系统集成商（根据行业的应用特点使用多种物流装备和物流软件，设计开发物流系统），以及下游应用智能物流系统的各个行业（如烟草、汽车、锂电池、工程机械等诸多行业），国内智能生产物流整体渗透率都在持续增长，促进制造业数字化、网络化、智能化，推动制造业实现由大变强的历史跨越。

任务四 认知新零售物流

知识链接

知识点 1：新零售认知

1. 新零售的定义及发展动因

（1）新零售定义

新零售是指企业以互联网为依托，通过运用大数据、人工智能等先进技术手段，对商品的生产、流通与销售过程进行升级改造，进而重塑业态结构与生态圈，并对线上服务、线下体验以及现代物流进行深度融合的零售新模式。图7-10所示的是新零售组成结构。

图7-10　新零售组成结构

（2）新零售发展动因

①传统销售方式遭遇瓶颈。

电子商务和移动消费曾经作为新兴事物，对消费者有着强大的吸引力，消费者都有猎奇的心理，对电子商务和线上消费具有神秘感、新鲜感，自然会增加其销售业绩。但随着消费者对电子商务和移动消费新鲜感的降低，线上互联网和移动互联网终端大范围普及所带来的用户增长以及流量红利便会逐渐萎缩，消费增长"瓶颈"便开始出现。此外电子商务和移动消费也会出现信任问题。受传统观念的影响，人们总是更信任看得见摸得着的商品，对线上产品的质量存在疑虑，特别是随着电子商务和移动消费退换货制度的完善，部分消费者担心会买到别人退还的商品，甚至是使用过的商品，这会大大降低消费者的消费体验。

②消费者的消费期望不断增高。

随着中国居民人均可支配收入不断提高，人们对购物的关注点已不再仅仅局限于价格低廉等线上电商曾经引以为傲的优势方面，而是愈发注重对消费过程的体验和感受。传统网购模式已不能满足人们日益增长的对高品质、异质化、体验式消费的需求，因此，探索运用"新零售"模式来启动消费购物体验的升级，推进消费购物方式的变革，构建零售业的全渠道生态格局，必将成为传统电子商务企业实现自我创新发展的又一次有益尝试。

③新技术的出现。

移动支付、云计算、大数据分析、物联网等新兴技术的发展为新零售提供了技术支撑。移动支付的普及使线上支付变得更加便捷快速，消费者可以通过扫描二维码或使用手机NFC等方式轻松完成支付。物联网技术的发展使线下实体店铺也能够与互联网连接，实现智能化管理和营销。云计算和大数据分析为商家提供了更多的数据获取和分析手段，帮助企业获取精准的用户全息画像，实现精准营销，为消费者提供"有用、有趣、有心"的产品或者服务，增强用户黏性。公司也可以充分运用自身的交易数据，发现新老客户的变迁情况，掌握具体品类与产品的销售情况，调整自己的生产计划。

2. 新零售的特征

（1）以消费者为核心

虽然传统零售和电商零售都是围绕着消费者进行营销，但是新零售模式深化了其内涵。利用大数据分析消费者的购物习惯与消费需求，企业为了更好地践行以消费者为核心这一理念，往往会加大对全渠道平台的升级改造，消费者可以在线上商城丰富的品类中购买心仪产品的同时,感受到线下零售商的购物真实性。新零售企业不再只关注产品本身,更多的是与消费者建立联系,让消费者需求驱动产品升级。

(2) 大数据技术的应用

运用大数据等前沿技术来采集、整理和分析相关数据,进而了解顾客的消费行为,丰富、创新每一零售环节,从而更好地适应消费者日益多变的需求。利用数字化科技更新改造线下店面,优化管理过程,增加店面顾客流量,实现经营规范化。而随着技术的进一步发展,必将催生出多元零售新形态,打破过去的传统零售业态。

(3) 全渠道零售

新零售模式下,企业的销售渠道拓宽了,不仅可以为足不出户的消费者提供线上平台方便的购物流程,还可以让休闲娱乐的顾客体验到线下实体的消费场景化,按照自身的需求选择心仪的购物模式,将两个独立的消费渠道通过消费者连接起来,打破了时间、空间上的局限性,真正契合了"随时、随地、随心"的消费理念。未来,智能试装、隔空感应、拍照搜索、语音购物、VR 逛店、无人物流、自助结算、虚拟助理等图景都将真实地出现在消费者眼前甚至获得大范围的应用与普及。

知识点 2:新零售物流技术

1. AR 与 VR 技术应用

AR 指增强现实(Augmented Reality),是一种将计算机生成的虚拟信息与真实世界场景相结合的技术。AR 技术通常需要使用摄像头和显示器等设备来呈现虚拟信息。

VR 指虚拟现实(Virtual Reality),是一种通过计算机模拟的技术,创造出一个虚拟的环境,让用户感觉自己置身其中。VR 技术通常需要使用头戴式显示器、手柄等设备,以及专门的虚拟现实软件来呈现虚拟环境。

视频:智能穿戴

虚拟现实(VR)和增强现实(AR)技术已经成为数字时代的关键创新,改变了我们与数字世界互动的方式,它们的区别与联系如图 7-11 所示。它们不仅为娱乐体验提供了新的可能性,还在零售、教育、医疗保健、工业和其他领域发挥了巨大的作用。

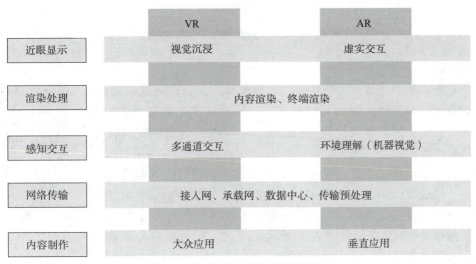

图 7-11 AR 与 VR 的区别与联系

2. 大数据与人工智能

大数据是指规模巨大、类型多样、增长迅速的数据集合。它包括结构化数据（如数据库中的数据）、半结构化数据（如日志文件、XML 文件）和非结构化数据（如文本、图片、视频等）。大数据具有高维度、高速度、高价值等特点，需要借助先进的技术和工具进行存储、处理和分析。

人工智能是一种模拟人类智能行为和思维的技术。它通过模拟人类的感知、理解、推理、学习和决策等能力，实现对复杂问题的分析和解决。人工智能包括机器学习、深度学习、自然语言处理、计算机视觉等技术和算法。

在新零售领域，零售商可利用大数据与人工智能分析用户的历史行为和偏好，结合大数据和人工智能技术，为用户提供个性化的推荐和服务，实现精准的市场定位和用户画像，提高营销效果和用户满意度，如图 7-12 所示。

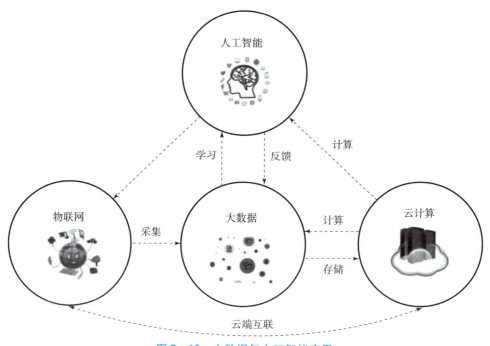

图 7-12 大数据与人工智能应用

3. 无人零售与智能支付

智能支付是指通过利用物联网、大数据和人工智能等技术手段，实现更便捷、安全和高效的支付方式。与传统的现金支付和刷卡支付相比，智能支付具有便捷快速、安全可靠等特点，如图 7-13 所示的掌纹支付。

视频：杭州云栖小镇新零售体验

无人零售是指利用自动化和人工智能技术，实现无人值守的零售业务。通过智能柜、无人超市和自动售货机等设备，消费者可以自主选择商品并完成支付，无须人工服务。无人零售设备不需要人工休息或轮班，可为顾客提供 24 小时全天候服务，节约人力成本、提升客户购物体验。图 7-14 所示的是无人零售便利店。

图 7-13 掌纹支付

图 7-14 无人零售便利店

智能支付和无人零售都是零售行业发展的重要趋势,二者的融合将进一步推动零售业的创新和发展。智能支付为无人零售提供了便捷的支付手段,而无人零售则为智能支付提供了更广阔的应用场景。通过智能支付技术,消费者可以实现无人零售的一键支付,而不必再使用现金或银行卡。例如,消费者在无人超市选择商品后,通过扫描二维码或指纹验证即可完成支付,这一支付过程快捷、安全且不需要人工干预。同时,无人零售也为智能支付提供了更多的数据来源。由于消费者在无人零售中的购物行为和消费偏好都可以被记录下来,零售商可以通过智能支付数据进行精准的市场分析和营销策略制定。

知识点3:新零售物流应用

1. 京东便利店的无人零售

京东便利店是京东集团推出的无人便利店品牌,通过人工智能、物联网和自动化技术实现了24小时自助购物,如图7-15所示。

图7-15 京东便利店

①自动化技术:京东便利店通过人工智能和物联网技术实现了无人化运营,用户可以通过手机扫码进入便利店,选择商品后自动结算,不需要人工操作。同时,京东便利店还通过智能货架、智能摄像头等技术实现了商品的自动补货和防盗。

②便捷体验:京东便利店提供24小时自助购物的便利,用户可以随时随地购买所需商品,也不用排队等待。同时,京东便利店还提供了自助支付、无人售货等功能,进一步提升了用户的购物体验。

③数据分析:京东便利店通过对用户行为数据的分析,了解用户的购买偏好和消费习惯,从而进行个性化推荐和精准营销。同时,京东便利店还通过数据分析优化商品的布局和调整商品的种类,提高了销售效率和利润。

④社区服务:京东便利店通过布局在社区附近的方式,为用户提供了便利的购物服务。同时,京东便利店还可以充当社区服务中心,提供快递代收、生鲜配送等服务,满足用户多样化的需求。

2. 盒马鲜生的全渠道零售

盒马鲜生是阿里巴巴集团旗下的新零售品牌,以线上线下结合的方式经营生鲜食品零售业务。盒马鲜生通过线上 App 和线下实体店铺相结合的模式,实现了商品的选购、支付、配送和售后服务的全流程全场景体验。

①数据驱动:盒马鲜生通过线上线下融合的方式,实现了全渠道的数据共享和互通。通过对用户行为数据的分析,盒马鲜生可以了解用户的购买偏好和消费习惯,从而进行个性化推荐和精准营销。

②供应链整合:盒马鲜生通过与农场和海外供应商的合作,建立了自己的供应链体系。通过直采模式,盒马鲜生实现了商品的高品质和低成本,同时缩短了供应链的环节,提高了商品的新鲜度和时效性。

③无界零售:盒马鲜生将线上和线下的边界打破,实现了无缝连接。用户可以通过 App 选购商品,选择配送方式,也可以选择到实体店铺购买商品或者就餐。同时,盒马鲜生还通过线下实体店铺提供烹饪、烘焙和餐饮服务,进一步提升了用户体验。

④会员经营:盒马鲜生通过会员制度,建立了自己的会员体系。会员可以享受到更多的优惠和特权,同时盒马鲜生可以通过会员数据进行精准营销和个性化推荐,提高用户的忠诚度和购买频次。

3. 百果园的社群营销

百果园,全球水果专营连锁业态的开创者,全球水果专营连锁第一品牌,自 2018 年以来,百果园一直在微信进行私域探索,在无数公司"倒下"的疫情风暴中,百果园依靠社群互动营销方式实现了逆势增长。

①私域引流:百果园以线下门店作为流量入口,只要客户去店里购物,导购就会通过一元购、优惠券、积分等作为福利,引导用户注册会员,加入社群。门店会持续为社群注入流量,社群又作为一个营销和孵化的平台,给门店导流,流量不断积攒,形成了一个营销闭环,老客户和新客户都被留住了。

②社群运营:百果园为增加社群的活跃度,会每周定期开展打折活动,以此培养消费者的消费习惯。此外百果园还会在社群内不定时做一些活动,玩法有成语接龙、摇骰子、晒单抢红包等,用户可以直接获得现金奖励或者优惠券奖励,这些奖励可以直接用于线上、线下消费抵扣,为顾客提供惊喜。

③用户裂变:百果园通过其建立的社群,将粉丝聚集在一起开展裂变营销活动。如开展"朋友圈分享获取优惠券""百果园一元吃水果"等活动吸引顾客利用其自有社交媒体平台为百果园进行宣传,以此吸引更多用户参与其中,实现用户裂变。

文化传承栏目

农耕文化的现代物流支持

中国是一个农业大国,农耕文化深厚。现代物流企业通过支持农产品上行,将新鲜农产品快速送达城市消费者,这一过程体现了对农耕文化的传承与尊重。例如,物流公司会为季节性农产品如杨梅、荔枝等提供专门的保鲜运输服务,确保这些具有地域特色的农产品能够在最佳状态下送达消费者手中。此外,物流企业还会在包装和宣传中融入农耕文化元素,如使用带有农历二十四节气标识的包装盒,或是在产品描述中介绍农产品背后的农耕故事,让消费者在享受新鲜农产品的同时,也能感受到中国农耕文化的魅力。通过这些举措,物流企业不仅为农产品开辟了更广阔的市场,也为传统农耕文化的传播和发展做出了贡献。

任务五 认知智慧港口物流

知识链接

知识点1:智慧港口物流认知

1. 智慧港口的定义

2008年11月,IBM在美国纽约发布的《智慧地球:下一代领导人议程》主题报告中首次提出了"智慧地球"的概念。随后又进一步提出了"智慧城市"的概念,智慧交通是智慧城市的重要组成部分,而智慧港口是智慧交通的核心节点之一。智慧港口,作为数字化时代下的物流新革命,正引领着全球物流行业的变革。

视频:中国港口建设:风从海上来

智慧港口是以现代化基础设施设备为基础,以云计算、大数据、物联网、互联网、人工智能和区块链等新一代信息技术与港口运输业务深度融合为核心,以港口运输组织服务创新为动力,以完善的体制机制、法律法规、标准规范、发展政策为保障,能够在更高层面上实现港口资源优化配置,在更高境界上满足多层次、敏捷化、高品质港口运输服务要求,具有生产智能、管理智慧、服务柔性、保障有力等鲜明特征的现代港口运输新业态。智慧港口是互联网、物联网、5G、大数据、态势感知、人工智能等信息技术与港口运输要素、设施装备、生产运营等核心功能的深度融合,实现了港口基础设施的数字化、港口运输装备的自动化以及港口管理决策的智慧化。

2. 智慧港口的特征

(1)全面感知

智慧港口全面感知能力就是要能够准确、及时、全面地获取智慧港口相关的各类信息,并通过有效的机制得到正确响应,运用各种智能处理和智能计算技术,对汇聚的大量数据和信息进行分析处理、集成管理,达到服务实现港口智慧化的目标。以港口货物监控为例,利用各种信息获取设备,如射频识别技术、传感器、北斗卫星导航系统等,实现对整个运输过程实时跟踪、定位、监控和管理,并保障货物运输的安全性和经济性等。

(2)智能决策

智能决策是在基础决策信息感知收集的基础上,明确决策目标及约束条件,应用科学的理论、方法和工具,对诸如整体规划、复杂计划和动态调度等问题做出快速有效的决定。智能决策主要面对的是非程序化决策,即对管理中新颖的、复杂的和不确定结果的问题所做的决策,这种决策在很大程度上依赖于决策者政治、经济、技术的才智和经验，更需要应用创新的理论、方法和技术手段来实施。如根据系统中现有的数据，对运输活动的未来发展趋势进行预估，从而为未来港口发展决策提供依据。

> 【知识拓展】
> 智能决策在不同层面、不同方向和领域按决策范围可分为战略决策、战役决策、战术决策和行为决策。通过对智能决策进行分类，可以更有效地利用感知的信息，更恰当地应用人工智能知识，更迅速地对问题做出响应，提出正确的决定。以集装箱码头自动化堆场为例，如果把堆场的整体堆存原则、计划和实施看成战略决策，那么分航线、分港口、按周期、按动态的堆存计划和实施可看成战役决策，而具体每个堆区的集装箱动态计划和设备调度实施可以看成是战术决策，集装箱具体装卸过程的自动操控动作则可以看成行为决策。

（3）信息整合与共享

智慧港口通过信息获取技术得到整个运输过程中的所有活动信息，然后将该信息传送至港口后台数据库中，并通过信息处理和整合技术将其展示在码头综合信息化平台中以实现信息共享。

（4）全程参与

全程参与是通过5G技术、云计算、移动互联网技术、物联网技术、机器视觉技术等信息技术的应用，使港口相关方可以随时随地利用多种终端设备，全程实时信息全面融入统一云平台。通过全程参与、广泛联系和深入交互，使港口综合信息平台能最大限度优化整合多方（服务提供方与服务需求方）的需求与供给，使各方需求得到即时响应服务。

3. 智慧港口的功能构成

智慧港口的总体框架包括基础支撑层、数据资源层、应用层、展示层、用户层等，如图7-16所示。

①基础支撑层包括云基础平台、云储存平台、云视频平台、云安全平台等。

②数据资源层主要分为大数据中心和数据交换平台两部分，其中大数据中心负责数据质量管理、数据加工、数据融合等，数据交换平台负责数据抽取、数据清洗、数据格式转换等。平台所需要的数据类型包括专业数据和业务数据，其中业务数据包括高精度地图数据、船舶三维模型数据、港区三维模型、感知类数据，专题数据包括船舶、人员、车辆、事件、企业、物资等。

③应用层主要是指结合用户实际需求设计的业务应用，包括一站式网上服务大厅、港口智能集疏运协同平台、多式联运服务平台等，实现港口综合管理、港口车辆管理、港口货场管理、港口应急智慧、泊位动态监测等。

④展示层为平台用户操作提供了多种接入方式，主要采用门户网站、移动端、服务窗口、服务接口等方式。

⑤用户层由与应用层交互的管理员和最终用户组成，包括相关政府部门、港口集团人员、物流企业、金融服务企业及社会公众等。

基础支撑层	数据资源层		应用层	展示层	用户层
云基础平台	大数据中心	数据交换平台	一站式网上服务大厅	门户网站	相关政府部门
云储存平台	·数据质量管理	·数据抽取			港口集团人员
云视频平台	·数据标准化与建模	·数据清理		移动端	
云安全平台	·数据加工	·数据格式转换	港口智能集疏运协同平台		物流企业
	·数据融合	·交换接口		服务窗口	金融服务企业
通信网络	·数据梳理				
RFID			多式联运服务平台	服务接口	社会公众

图 7-16 智慧港口功能总体框架示意图

4. 智慧港口物流的概念

港口物流是指港口城市利用其自身的口岸优势，以临港产业为基础，以信息技术为支撑，以优化港口资源整合为目标，强化对港口周边物流活动的辐射能力，发展涵盖物流产业链所有环节的港口综合服务体系，是一种特殊形态的综合物流体系。

智慧港口物流则是指依托智慧港口建设，通过高新技术的创新应用，将各类信息汇聚到港口，推动港口物流的流程再造，使智能监管、智能服务、自主装卸等智慧化物流服务从技术上成为可能，如图 7-17 所示为智能闸口。

图 7-17 智能闸口

知识点2：智慧港口物流应用

通过物联网、传感器和无线通信技术，可以实现对货物、车辆和设备的实时追踪和监控，使港口能够更加精确地掌握货物的位置、状态和运输过程，提高货物的可视化程度和安全性。同时，还可以通过人工智能、大数据、云计算、物联网等技术，实现货物跟踪和设备管理的智能化、信息化和自动化。在此基础上，建立实时数据分析模型，优化车辆调度和货物运输路径规划等，提高港口物流的效率和准确性，减少物流时间和成本。此外，互联网、云计算等技术的应用可以实现物流信息的共享和协同，促进了港口物流各方的合作和沟通，提高了物流服务的质量和响应速度。典型的现代物流技术在智慧港口的应用如图7-18所示。

视频：山东青岛港：
打造"智慧港口"
无人码头

图7-18 典型的现代物流技术在智慧港口的应用

1. 典型应用场景

①智能集装箱管理：通过在集装箱上安装传感器和定位设备，可以实现对集装箱的实时监控和追踪，提高货物的安全性和可靠性。利用大数据分析，可以根据集装箱的历史数据和位置信息，预测货物的到达时间和需求量，提前做好卸货的准备工作。

②智能码头设备管理：智慧港口可以通过智能监控系统对港口设备进行实时监控和维护。利用物联网和大数据技术，可以实现设备的远程监控和故障预警，及时排除故障，提高设备的运行稳定性和使用寿命。

③智能船舶管理：利用智能化设备和人工智能技术，可以实现船舶的自动导航和自动停靠，减少人为操作错误和事故的发生。同时，可以通过大数据分析建立船舶运营的监控和评估系统，提高船舶的运输效率和安全性。

④货物跟踪：通过物联网技术，港口可以对货物进行实时监控，了解货物的存储状态、运输状态等信息，实现对货物的追溯和识别，这样不但可以避免货物丢失或损坏，还可以通过对这些信息的分析，优化运输路线。例如，利用RFID技术对货物进行

标识，然后通过读写器对货物的状态进行实时读取和更新；在危险品运输过程中，港口可以通过物联网技术对危险品的位置、温度、压力等信息进行实时监控，避免危险品泄漏或者爆炸等安全事故的发生。

2. 典型应用案例

（1）上海洋山四期自动化码头

上海洋山四期自动化码头是目前全球单体规模最大、综合智能化水平最高的自动化码头，以智能化、数字化技术为现代物流赋能，大大提高了港区作业效率。洋山四期始终坚持以现代化设施设备为基础，不断推进物联网、移动互联网、云计算、大数据、人工智能等新一代信息技术与港口功能深度融合，全力推进智慧绿色、安全韧性港口建设。

①数字孪生"智决策"：研发和构建运营大数据分析与智能决策平台，汇集码头作业大量数据，通过三维数字孪生，实时对码头作业延误、故障、冲突等进行预警和作业管理分析，进一步提升生产计划、装卸调度、过程控制、异常监控、决策调整的智能化水平和码头整体作业效率。

②纸质签证"电子化"：依托新兴技术定制研发码头电子作业签证系统，将船舶签证、设备维保单、门岗出入证、设备点检表从原先纸质签署升级为电子化流程操作，实现"数据多跑路"的无纸化传输模式，大幅提升工作效率。

③机械监管"提效能"：开发建设港口机械设备监控管理平台，将真实作业机械位置、机械及部件运行状态、机械指令等数据从各个设备的 PLC 中抽取到应用层，实现设备的接入，打破数据壁垒，助推码头机械监测数据、运营数据及管理数据协同应用。

（2）深圳蛇口妈湾智慧港

妈湾智慧港是我国首个由传统码头升级改造成的自动化码头，其前身妈湾港是传统散杂货码头。妈湾港智慧化改造升级依托人工智能、5G 应用、北斗系统、区块链等科技元素，将原海星码头四个泊位升级改造为全新的自动化集装箱港区，与现 MCT 港区一体化运营，形成年吞吐量约 250 万标箱的现代化智慧港口，如图 7-19 所示。

妈湾智慧港拥有全国单一码头最大规模无人集卡车队、全球首个具备实际作业能力的 5G 智慧港口水平运输场景。港区现有 38 台 5G + 自动驾驶集卡，全部采用"单车无人自动驾驶"操作。安装于灯塔上的 5G 基站，实现了港区 5G 信号全覆盖，为自动驾驶集卡提供了通信保障。

码头现场展现了丰富的科技应用场景。通过 5G 应用，实现高速率、高带宽、低延迟，保障港口设备的高效安全运行；通过北斗系统，实现了港口设备设施高精准定位；通过打造智慧口岸，集成先进技术，实现无纸、无人、无感的智慧口岸服务；通过区块链，让港口服务更高效、更便捷、成本更低；通过绿色低碳系统，全方位环境保护实现港口绿色发展；通过招商 ePort，集成线上线下，构建物流生态圈，为客户提供全流程的智慧服务；通过集成自动化技术，实现港口全场景生产自动化。

知识点 3：智慧港口物流发展与创新

港口的高质量发展离不开数字化转型与智能化升级，这是行业发展的必然趋势。深度应用第五代移动通信（5G）、北斗、移动互联网、大数据、人工智能等技术，分类推动物流基础设施改造升级，加快物联网相关设施建设，发展智慧物流枢纽、智慧港

图 7-19 妈湾智慧港

口等新型物流基础设施，推进物流智慧化改造，强化物流数字化科技赋能是《"十四五"现代物流发展规划》提出的重点任务。

在新一轮信息技术革命的背景下，智慧港口的发展趋势将更加多样化和广泛化。一方面，智慧港口将与其他智慧城市的建设相结合，形成智慧物流生态圈。另一方面，智慧港口将进一步拓展物流价值链和供应链，积极参与全球物流网络的建设和合作。此外，智慧港口还将更加注重可持续发展，推动绿色物流和低碳港口的建设。同时，智慧港口还将加强数据安全和隐私保护，保障港口运作的稳定性和安全性。未来，智慧港口将继续发展壮大，成为物流行业新的增长点和经济增长的重要引擎。

视频：【港口雄开万里流】科技赋能 争创世界一流智慧港口

1. 港口基础设施智慧化

依托港区和物流园区 5G 专网建设，在大型装卸设备、无人驾驶集卡的远程操控、监控高清视频回传等方面实现稳定应用，使智能化集装箱码头实现 5G 技术全场景应用。应用工业物联网、先进传感器等技术手段加速港口主要设施设备数字化升级，包括推进港口核心装卸设备与车辆 GPS 定位跟踪，实现冷藏箱温度远程监控系统，实现危险货物集装箱远程监管，实现能源使用状态实时数字化监控等。充分利用云计算集成架构的集约化管控优势，全面提升计算管理、资源管理、预警管理、拓扑管理、容量管理和配置管理水平，最终形成港口云数据中心软件服务体系。

2. 物流链数据融合化

依托大数据、物联网等技术，实现港航物流全过程信息采集。基于云计算平台，建设大型港口中台系统，提升数字港口中台数据服务和中台运算服务、中台授权服务能力，打造组件化系统集成服务模式，建设港区 GIS、政府监管系统对接等业务系统，促进港口大数据有效融合、有效利用，实现港口业务高度协同、资源深度聚合，为物流链企业提供大数据增值服务。

3. 运营管理智慧化

顺应港口精细化、敏捷化、柔性化和智能化发展新趋势，依托人工智能、5G 等高新技术，建立全港统一的、架构先进的、功能完善的一体化堆场生产管控系统，建设专业化的车队智能管控系统，实现车辆智能监控、智能调度、智能结算和智能服务等智慧化管理模式。

4. 供应链贸易服务便利化

在现有集装箱电子单证系统推广应用的基础上，进一步研发建立电子单证综合应用平台，实现港口与船公司、船代、堆场、码头间的全过程业务单证无纸化。综合利用大数据、云计算等信息技术，建设综合物流服务网络，打造"线上＋线下"相结合的一体化新型港口物流服务模式，提升腹地物流及贸易便利化服务水平。

5. 创新共享生态化

树立开放共享、合作共赢新理念，打造集港口数据信息枢纽、创新服务平台和知识共享于一体的智慧港口生态体系。积极推动 5G、IPv6 和北斗导航等前沿信息技术在港口的综合应用，研究下一代智慧型集装箱码头、智慧型干散货码头等智慧港口建设发展体系。

任务实施

认真阅读项目实施任务要求,提交材料:
1. 撰写一份案例研究报告。
2. 制作一份演示文稿,向班级或评委展示优化方案及其预期效果。

任务评价

在完成上述任务后,教师组织进行三方评价,填写三方评价表 7-2,并对学生任务执行情况进行点评。

表 7-2 三方评价表

评价维度	评价内容	学生自评	团队互评	教师评价
知识掌握	理解和应用智慧物流园区规划设计的基本概念与原则	☆☆☆☆☆	☆☆☆☆☆	☆☆☆☆☆
技能运用	分析现有物流园区问题、提出规划设计优化方案的能力	☆☆☆☆☆	☆☆☆☆☆	☆☆☆☆☆
创新思维	提出的规划设计优化方案的创新性和实用性	☆☆☆☆☆	☆☆☆☆☆	☆☆☆☆☆
团队合作	团队协作和沟通能力,包括任务分配、讨论交流和共同解决问题的效果	☆☆☆☆☆	☆☆☆☆☆	☆☆☆☆☆
报告质量	规划设计优化方案报告的清晰度、组织结构、逻辑性和详细程度	☆☆☆☆☆	☆☆☆☆☆	☆☆☆☆☆
演示效果	规划设计优化方案演示的清晰性、逻辑性和吸引力	☆☆☆☆☆	☆☆☆☆☆	☆☆☆☆☆
总体表现	综合评价学生在智慧物流园区规划设计优化方案任务中的整体表现	☆☆☆☆☆	☆☆☆☆☆	☆☆☆☆☆

说明:
1. 评价者根据学生的表现在每个评价维度上选择相应的星级打钩。
2. 评价标准为 5 星制,其中 5 星代表优秀,1 星代表不足。
3. 学生自评、团队互评和教师评价的权重分别占 20%、30% 和 50%。

项目总结

本项目旨在深入探究智慧物流在现代供应链管理中的应用与发展,通过分析智慧物流的多个关键应用场景,培养学生的创新思维、团队协作能力和社会责任感。项目内容涵盖了智慧物流的认知、应急物流的理解、智能生产物流的掌握、新零售物流的分析以及智慧港口物流的认识,旨在通过理论与实践相结合的方式,提升学生的专业素养和综合能力。通过本项目的学习和实践,学生不仅在智慧物流领域获得了丰富的知识和技能,更在思想政治教育方面取得了显著成效。学生们的爱国情怀、创新能力、绿色发展意识、团队协作精神以及职业道德观念得到了全面提升,为他们成为社会主义现代化建设的建设者打下了坚实的基础。

项目铸魂

场景实践：智慧物流与社会责任

"救援先锋"在灾害中的快速响应："救援先锋"是一家专门从事紧急物流服务的公司。在一次严重的地震灾害发生后，公司迅速启动了应急响应机制。利用先进的物流网络和信息技术，救援先锋为救援物资提供了快速有效的配送服务。公司不仅优先处理救援物资的运输，还通过实时数据分析，优化了救援路线和资源分配。此外，救援先锋还与政府和非政府组织紧密合作，确保救援行动的顺利进行。这一实践展示了智慧物流在紧急情况下的社会价值，体现了企业在社会责任中的积极作用。

> 考证小练

一、单项选择题

1. 安排生产计划的关键在于（　　）的生产计划是否合理。（2023 年全国职业院校技能大赛"智慧物流"赛项题库）

　　A. 关键工序　　　　B. 非瓶颈工序　　　C. 瓶颈工序　　　　D. 非关键工序

2. 生产设施选址时，经常会考虑到煤气、电、水的供应是否充足，这些条件属于（　　）。（2023 年全国职业院校技能大赛"智慧物流"赛项题库）

　　A. 原材料供应因素　　　　　　　　　B. 基础设施因素
　　C. 交通运输因素　　　　　　　　　　D. 环境保护因素

3. 在智慧配送应用场景中，可以通过（　　）完成末端物流配送。

　　A. 智能叉车　　　　B. 滚筒式输送线　　　C. 自动导引车　　　　D. 无人机

4. 新零售通过基于大数据的各种高效技术，可以（　　）实现对消费者全面、准确、快速的了解。

　　A. 掌握消费者各类隐私信息

　　B. 通过一对一的交流

　　C. 发现不同消费者的各种显性和隐性以及多样化的需求

　　D. 掌握消费者线下的消费情况

5. 在智能生产物流中，有多种补货方式，其中（　　）的优势在于能随时掌握商品的变动情况，补货及时，不易出现缺货现象。

　　A. 定点补货　　　　B. 定时补货　　　　C. 随机补货　　　　D. 经济补货

二、多项选择题

1. 智慧供应链目标是实现（　　）的无缝对接，尽可能地消除不对称影响因素所带来的影响，借此来提高企业内部以及整个行业供应链的效率与运营质量。

　　A. 商流　　　　　　B. 信息流　　　　　C. 物流　　　　　　D. 资金流

2. 应急物流具有（　　）特点。

　　A. 突发性　　　　　B. 弱经济性　　　　C. 需求多样性　　　D. 强时效性

3. 智能生产物流的核心要素包括（　　）。

　　A. 单元化物流技术　　　　　　　　　B. 智能物流装备
　　C. 物联网技术　　　　　　　　　　　D. 智能物流信息系统

4. 人工智能技术虽然实现了对人的识别追踪以及商品的匹配，但在无人销售领域，还有诸如（　　）等需要进一步解决的问题。

　　A. 如何识别少数消费者随便拿、放商品等行为，并准确归位

　　B. 对个别消费者随意拆解商品包装等不当消费行为的识别

　　C. 如何准确识别具有相似体态特征的消费者

　　D. 对相似品牌或包装的商品进行分辨和归类

5. 智慧港口的发展趋势包括（　　）。

　　A. 港口基础设施智慧化　　　　　　　B. 物流链数据融合化
　　C. 运营管理智慧化　　　　　　　　　D. 供应链贸易服务便利化

三、判断题

1. 从管理对象的角度出发,可以将生产运作系统分为两大类:制造性生产和服务性生产。(   )(2023 年全国职业院校技能大赛"智慧物流"赛项题库)

2. 工作中心就是生产能力单元。(   )(2023 年全国职业院校技能大赛"智慧物流"赛项题库)

3. 生产流程属于企业内部过程,无须关注客户需求。(   )(2023 年全国职业院校技能大赛"智慧物流"赛项题库)

4. 新零售模式下,供应链的调整会很快完成。(   )

5. 三千米的范围,可以用常温配送替代冷链物流配送,这样可以大大降低生鲜电子商务的物流成本。(   )

参考答案

一、单项选择题

1. C   2. B   3. D   4. C   5. A

二、多项选择题

1. ABCD   2. ABCD   3. ABCD   4. ACD   5. ABCD

三、判断题

1. √   2. √   3. ×   4. ×   5. √

供应商评估

一、实训背景说明

为了充分打造合乐家的生鲜品牌体系,在建设生鲜供应链之时,合乐家便尝试深入供应链,打造合乐家标准品质的商品,第一个品类便是鲜奶茶这一超级饮品。

目前已敲定了三家供应商,并组织采购部门联合外部专家,对三家供应商进行了为期一个月的详尽考察,利用层次分析法,得出了每个供应商的指标评分。

请根据以上结论,结合评估表得分,帮助采购部进行最终的供应商评估,并对最终结果保留 2 位小数。

二、实训信息说明

三位专家对供应商的各项指标评分见表 7 - 3。

表 7 - 3 三位专家对供应商的各项指标评分表

专家	评价指标	权重/%	明山乳品厂	光夏乳品厂	美乐乳品厂
张三	质量	20	82	79	72
	价格	30	91	57	83
	交货准时性	25	51	72	72
	品种柔性	5	68	50	77
	可靠性	15	58	81	54
	售后服务	5	56	83	63
李四	质量	20	52	91	69
	价格	30	93	85	95
	交货准时性	25	92	76	65
	品种柔性	5	64	59	87
	可靠性	15	68	91	88
	售后服务	5	59	85	86
王五	质量	20	69	87	93
	价格	30	73	56	64
	交货准时性	25	75	51	65
	品种柔性	5	85	81	79
	可靠性	15	56	63	69
	售后服务	5	76	86	72

三、实训操作说明

步骤一:计算单个专家评估的各供应商分数。

单个指标的加权分数 = 权重 × 指标分数

单个专家评估的各供应商所有指标的加权分数 = ∑该供应商各指标的加权分数

三位专家对供应商的加权评分见表7-4。

表7-4 三位专家对供应商的加权评分表

评分	明山乳品厂	光夏乳品厂	美乐乳品厂
张三	71.35	69.7	72.4
李四	77.65	83.55	80.4
王五	70.9	64.75	71.95

步骤二：计算所有专家评估的各供应商的总评估分数。

对上述步骤所求的各供应商的各专家评估加权分数求平均，即

各供应商的总评估分数 = (∑该供应商的各个专家加权分数)/专家个数

专家对供应商的总评估分数见表7-5。

表7-5 专家对供应商的总评估分数表

供应商	明山乳品厂	光夏乳品厂	美乐乳品厂
得分	73.30	72.67	74.92

步骤三：选择供应商。

选择评分最高的供应商，即美乐乳品厂。

参考文献

[1] 姜正国. 劳动教育与工匠精神教程 [M]. 北京：北京理工大学出版社，2023.

[2] 井颖，乔俊. 运输管理实务 [M]. 北京：高等教育出版社，2020.

[3] 李佑珍. 运输管理实务 [M]. 北京：高等教育出版社，2020.

[4] 北京中物联物流采购培训中心组. 物流管理职业技能等级认证教材（高级）[M]. 南京：江苏凤凰教育出版社，2021.

[5] 仪玉莉. 运输管理实务 [M]. 北京：高等教育出版社，2018.

[6] 吴冬升. 5G 与车联网技术 [M]. 北京：化学工业出版社，2021.

[7] 卢鋆. 北斗导航 [M]. 北京：国防工业出版社，2021.

[8] 米志强，杨曙. 射频识别技术与应用 [M]. 3 版. 北京：电子工业出版社，2019.

[9] 马士华，林勇. 供应链管理 [M]. 3 版. 北京：机械工业出版社，2012.

[10] 齐二石，霍艳芳，等. 物流工程与管理 [M]. 北京：科学出版社，2016.

[11] 王长琼，黄花叶，陈建华. 供应链管理 [M]. 北京：清华大学出版社，2017.

[12] 刘宝红. 采购与供应链管理 [M]. 北京：机械工业出版社，2015.

[13] 张宇，等. 智慧物流与供应链 [M]. 北京：电子工业出版社，2016.

[14] 周扬，吴金云，李强. 5G + 智慧物流赋能物流企业数字化转型 [M]. 北京：人民邮电出版社，2023.

[15] 之江实验室. 探路智慧物流 [M]. 北京：中国科学技术出版社，2022.

[16] 罗戈研究院. 2017 智慧供应链图谱 [EB/OL]. (2018 - 03 - 23) http：∥b2b. toocle. com/detail - 6441939. html.

[17] 钱颖萍. 企业智慧物流技术应用现状——以京东物流为例 [J]. 中国储运，2020（11）：3.

[18] 韩强. 大型智能工厂跨车间生产物流中 AGV 调度研究 [D]. 浙江理工大学，2022.

[19] 庾娟，冯晓洁. 新零售背景下的即时物流发展研究 [J]. 中国储运，2021，(04)：99 - 101.

[20] 龙明慧，江宏飞. 新零售环境下冷链物流模式创新策略 [J]. 商业经济研究，2021 (13)：107 - 109.

[21] 符瑜. 新零售模式下我国商贸物流业的发展路径分析 [J]. 对外经贸实务，2018 (10)：89 - 92.

［22］陈伟斌．浅析"新零售"发展现状及趋势［J］．现代营销（下旬刊），2017（03）：5.

［23］宓为健．智慧港口概论［M］．上海：上海科学技术出版社，2020.

［24］王潇迪．考虑物资优先级的应急物流定位-路径问题（LRP）研究［D］．北京交通大学，2022.

［25］房殿军，李伟．支持智能制造的智能物流系统建设［J］．物流技术与应用，2017，03（No.270）：92-96.

附 录

附表1-1 存货盘点表

商品名称	计量单位	平均单价/元	账面应存/数量	账面应存/金额	实际盘存/箱	实际盘存/元	盈或亏	数量	金额/元
雁塘金标鲜牛乳	箱	69.6	15	1 044	7	487.2	盘亏	8	556.8
雁塘鹃珊鲜奶屋	箱	51.6	20	1 032	18	928.8	盘亏	2	103.2
一碗香黑椒牛肉饭	箱	61.8	18	1 112.4	18	1 112.4	账实相符	0	0
一碗香鱼香肉丝饭	箱	55.2	12	662.4	12	662.4	账实相符	0	0
味鲜轻食三明治	箱	64.8	15	972	9	583.2	盘亏	6	388.8
味鲜鸡肉三明治	箱	75.2	19	1 428.8	17	1 278.4	盘亏	2	150.4
味鲜黑椒牛柳三明治	箱	84	20	1 680	15	1 260	盘亏	5	420
花农益生菌（原味）	箱	50.4	28	1 411.2	28	1 411.2	账实相符	0	0
花农益生菌（橘子味）	箱	50.4	21	1 058.4	21	1 058.4	账实相符	0	0
花农酸奶（原味）	箱	62.4	29	1 809.6	29	1 809.6	账实相符	0	0
花农酸奶（桑葚味）	箱	62.4	17	1 060.8	17	1 060.8	账实相符	0	0
梅林家奶香面包	箱	37.6	14	526.4	4	150.4	盘亏	10	376
梅林家精制软面包	箱	45.6	27	1 231.2	22	1 003.2	盘亏	5	228

续表

商品名称	计量单位	平均单价/元	账面应存/数量	账面应存/金额	实际盘存/箱	实际盘存/元	盈或亏	数量	金额/元
梅林家蒸真馒头	箱	58.4	18	1 051.2	9	525.6	盘亏	9	525.6
海南生椰乳	箱	45.6	18	820.8	16	729.6	盘亏	2	91.2
海南鲜榨椰汁	箱	38.4	12	460.8	2	76.8	盘亏	10	384
海南椰果酸奶	箱	50.4	27	1 360.8	23	1 159.2	盘亏	4	201.6

附表1-2 冷链车辆参数

车型	数量	牌照	内容积长/mm	内容积宽/mm	内容积高/mm	车辆时速/(km·h^{-1})	额定载重/kg	空载平均油耗/(L·百公里$^{-1}$)	载货增加油耗/[L·(百公里·吨)$^{-1}$]	限行说明	燃料类型	柴油价格/(元·L^{-1})
面包冷藏车	3	蓝牌	2 900	1 430	1 430	45	875	6	0.12	全天通行	柴油	8.01
窄体3.5米冷藏车	3	蓝牌	3 350	1 640	1 650	45	1 650	8	0.17	全天通行	柴油	8.01
窄体4.2米冷藏车	3	蓝牌	4 000	1 880	1 850	45	1 100	9.8	0.28	全天通行	柴油	8.01
全尺寸6.8米冷藏车	3	黄牌	6 600	2 450	2 500	45	10 000	19.8	0.4	21:00-6:00	柴油	8.01
全尺寸9.6米冷藏车	3	黄牌	9 600	2 440	2 450	45	14 870	30.2	0.6	21:00-6:00	柴油	8.01

附表1-3 商品物流属性表

商品编号	货物名称	包装单位	包装箱长/cm	包装箱宽/cm	包装箱高/cm	整箱重量/kg	箱内单位重量/kg	包装箱承重/kg	储运方式	储运说明
6956655701103	雁塘金标鲜牛乳	箱	32.5	21.5	12.8	2.71	0.225	17	冷藏保存	保存温度2℃~6℃
6953240758627	雁塘鹃珊鲜奶屋	箱	32.5	21.5	12.8	2.71	0.225	17	冷藏保存	保存温度2℃~6℃
6953229129303	一碗香黑椒牛肉饭	箱	64.5	33.5	23.5	2.92	0.486	18	冷藏保存	保存温度2℃~6℃
6956723639212	一碗香鱼香肉丝饭	箱	64.5	33.5	23.5	2.92	0.486	18	冷藏保存	保存温度2℃~6℃

续表

商品编号	货物名称	包装单位	包装箱长/cm	包装箱宽/cm	包装箱高/cm	整箱重量/kg	箱内单位重量/kg	包装箱承重/kg	储运方式	储运说明
6957495765192	味鲜轻食三明治	箱	64.5	33.5	23.5	3.36	0.42	21	冷藏保存	保存温度2℃~6℃
6957825791646	味鲜鸡肉三明治	箱	64.5	33.5	23.5	3.36	0.42	21	冷藏保存	保存温度2℃~6℃
6959343919231	味鲜黑椒牛柳三明治	箱	64.5	33.5	23.5	3.36	0.42	21	冷藏保存	保存温度2℃~6℃
6950938298138	花农益生菌（原味）	箱	32.5	24.5	14.8	4.88	0.406	30	冷藏保存	保存温度2℃~6℃
6953962306932	花农益生菌（橘子味）	箱	32.5	24.5	14.8	4.88	0.406	30	冷藏保存	保存温度2℃~6℃
6958628196313	花农酸奶（原味）	箱	32.5	21.5	12.8	2.71	0.112	17	冷藏保存	保存温度2℃~6℃
6958733629168	花农酸奶（桑葚味）	箱	32.5	21.5	12.8	2.71	0.112	17	冷藏保存	保存温度2℃~6℃
6958862899862	梅林家奶香面包	箱	64.5	33.5	23.5	2.62	0.327	16	冷冻保存	保存温度-20℃
6958948302394	梅林家精制软面包	箱	64.5	33.5	23.5	2.62	0.327	16	冷冻保存	保存温度-20℃
6958649389683	梅林家蒸真馒头	箱	64.5	33.5	23.5	2.62	0.109	16	冷冻保存	保存温度-20℃
6953968094358	海南生椰乳	箱	54.5	32.5	22.8	2.71	0.225	17	冷藏保存	保存温度2℃~6℃
6953929864211	海南鲜榨椰汁	箱	54.5	32.5	22.8	2.71	0.225	17	冷藏保存	保存温度2℃~6℃
6957847863482	海南椰果酸奶	箱	54.5	32.5	22.8	2.71	0.225	17	冷藏保存	保存温度2℃~6℃
6953689469134	合乐家原味鲜奶茶	箱	32.5	21.5	14.8	4.88	0.305	30	冷藏保存	保存温度2℃~6℃
6959064390232	合乐家凤凰单枞鲜奶茶	箱	32.5	21.5	14.8	4.88	0.305	30	冷藏保存	保存温度2℃~6℃
6956430963945	合乐家云顶茗兰鲜奶茶	箱	32.5	21.5	14.8	4.88	0.305	30	冷藏保存	保存温度2℃~6℃